D1726640

böhlau

KRUMME TOUREN IN DER WIRTSCHAFT

Zur Geschichte ethischen Fehlverhaltens und seiner Bekämpfung

Herausgegeben von
Jens Ivo Engels, Andreas Fahrmeir,
Frédéric Monier und Olivier Dard

2015

BÖHLAU VERLAG KÖLN WEIMAR WIEN

Gedruckt mit freundlicher Unterstützung
der Deutschen Forschungsgemeinschaft

Bibliografische Information der Deutschen Nationalbibliothek:
Die Deutsche Nationalbibliothek verzeichnet diese Publikation in der
Deutschen Nationalbibliografie; detaillierte bibliografische Daten sind
im Internet über http://portal.dnb.de abrufbar.

Umschlaggrafik: Sonja Stein, Mörlenbach

© 2015 by Böhlau Verlag GmbH & Cie, Köln Weimar Wien
Ursulaplatz 1, D-50668 Köln, www.boehlau-verlag.com

Einbandgestaltung: Satz + Layout Werkstatt Kluth, Erftstadt
Korrektorat: Kornelia Trinkaus, Meerbusch
Satz: WBD Wissenschaftlicher Bücherdienst, Köln
Druck und Bindung: Finidr, Cesky Tesin
Gedruckt auf chlor- und säurefreiem Papier
Printed in the EU

ISBN 978-3-412-22508-7

Inhalt

Einleitung

Jens Ivo Engels / Andreas Fahrmeir

Von je her steht wirtschaftliches Handeln unter besonderer moralischer Beobachtung. In der Tradition westlicher – nicht zuletzt christlich geprägter – Gesellschaften spielt die Einhegung unternehmerischen Tuns durch ethische Grundsätze seit dem Mittelalter eine wichtige Rolle, man denke an das Zinsverbot oder an die Ächtung von Habgier und Geiz im Sündenkatalog[1]. In der Regel erfolgte diese Einhegung durch Korporationen oder Zünfte mit einem eigenen Verhaltens- und Ehrenkodex, der von der Preisgestaltung über die Produktqualität bis hin zu den Arbeitsbedingungen Regeln formulierte, an denen sich die Akteure orientieren sollten und deren Einhaltung kollektiv überwacht wurde. Mit dem modernen Kapitalismus, insbesondere seit der Hochindustrialisierung, haben sich die Verhältnisse deutlich verkompliziert. Einerseits erwiesen sich Unternehmen und Unternehmer zunehmend als Produzenten und Garanten von Wohlstand und technischer Entwicklung in einer Welt, in der sich Formen, Bereiche und Produktivität wirtschaftlichen Handelns immer rascher veränderte. Seit dem 18. Jahrhundert wurde zunächst in kommerziellen Zentren wie London, dann weit darüber hinaus kontrovers darüber diskutiert, ob von individueller Habgier oder enthemmter Konsumbereitschaft nicht doch positive gesellschaftliche Effekte ausgehen konnten. Auch wenn die erstmals 1714 veröffentlichte These Bernard Mandevilles, „private Laster" (*private vices*) brächten „öffentlichen Nutzen" (*public benefits*), auf massive Skepsis stieß, verschob sich der Schwerpunkt der Debatte im Verlauf des Jahrhunderts deutlich. Spätestens in der Tradition der Saint-Simonisten des 19. Jahrhunderts durften Wohlstand und technische Entwicklung nun vielfach als Inbegriff des Fortschritts gelten, der vor allem auf wirtschaftlichen Veränderungen beruhte. Etwa zur gleichen Zeit vollzog sich der Aufstieg der Unternehmer in gesellschaftlichen Hierarchien, der sich in wachsenden Vermögen und gesteigerter Reputation niederschlug. Mit der

---

1   Vgl. etwa Art. „Zins" in Enzyklopädie der Neuzeit, Stuttgart 2005–2012.

Erhebung des Wirtschaftswachstums zur Grundlage aller wohlfahrtsstaat-
lichen Versprechen in der zweiten Hälfte des 20. Jahrhunderts avancierten
Unternehmer und Unternehmen zu zentralen Partnern der Politik. Nach den
wirtschaftlichen Verwerfungen der 1970er Jahre wurden privatwirtschaftliche
Methoden seit den 1980er Jahren sogar zunehmend Vorbild für staatliche
Verwaltungen, darunter auch Universitäten. Selbst Bereiche, die traditionell
durch eine internalisierte, an professionellen Standards orientierte Selbstre-
gulierung geprägt gewesen waren, die sich bewusst von rein wirtschaftlichen
Erwägungen abgesetzt hatten, sollten sich nun auch an unternehmerischem
Handeln orientieren – damit Effizienz, Wachstum und Kundenorientierung
dem vermeintlichen Schlendrian des unterbeschäftigten Postbeamten und des
faulen Professors den Garaus machten, so jedenfalls die Hoffnung.

Andererseits blieben kapitalistische Praktiken aus unterschiedlichen Rich-
tungen herber Kritik ausgesetzt, die von Ausbeutung und Sozialer Frage über
die Veränderung hergebrachter gesellschaftlicher Hierarchien durch den Aufstieg von „neureichen" Individuen oder Gruppen bis hin zur „Atomisierung"
des Individuums in der Konsum- und Konkurrenzgesellschaft und ihren
Folgen für die Aktionsfähigkeit des Staates reichen. Diese Kritik wurde und
wird von sehr unterschiedlichen Akteuren auf der politischen Linken wie auf
der Rechten, aus den Kirchen und von Teilen der Wissenschaft artikuliert.[2]
Vielfach berührten die Debatten Fragen nach moralischen Standards, die auch
im Wirtschaftsleben gelten sollten. Schon in der Frühphase der Industrialisierung war viel von der Verantwortung von Unternehmern für ihre Mitarbeiter,
aber auch für das Wohl von Kunden und Konsumenten die Rede. Im Laufe
der Zeit wurden die Kataloge von moralisch begründeten Anforderungen
an unternehmerisches Handeln immer länger, was auch an der steigenden
Größe und dem immer weiter ausgedehnten Tätigkeitsfeld von Unternehmen
lag. Der Bedeutungsgewinn „der Wirtschaft" ließ sie sogar zum Adressaten

---

2   Vgl. aktuell etwa Abmeier, Karlies: Kapitalismuskritik, Kulturkritik und Reformen in der
     Kirche. Evangelii Gaudium – Das erste apostolische Lehrschreiben von Papst Franziskus,
     Sankt Augustin 2014; Graeber, David: Schulden. Die ersten 5000 Jahre, Stuttgart 2012;
     Graeber, David: Inside Occupy, Frankfurt / Main 2012; Piketty, Thomas: Le capital au
     XXIe siècle, Paris 2013. Zu Geschichte und Problematik der Kritik vgl. auch Plumpe,
     Werner: Wirtschaftskrisen, München 2010.

von Forderungen nach Durchsetzung von Menschenrechten, nach Umweltschutz, Gesundheits- und Verbraucherschutz werden. Die Umsetzung solcher
Anforderungen ist in den letzten Jahrzehnten selbst zum Faktor für unternehmerischen (Marketing-)Erfolg geworden, wie die zahlreichen Bemühungen
um *compliance management* und Unternehmensethik in den Unternehmen
selbst wie auch in der öffentlichen Debatte zeigen – allerdings mit massiven
Rückschlägen, für welche die „moralische Bankenkrise" der ersten beiden
Jahrzehnte dieses Jahrhunderts ein ebenso signifikantes Beispiel ist wie die
Diskussion über den fehlenden Beitrag globaler Unternehmen zur Finanzierung der Staaten, in denen sie ihre Profite generieren.

Die moralische Kritik an wirtschaftstypischen Normen und Praktiken
beinhaltet(e) häufig die Sorge, von den Attraktionen „des Marktplatzes" oder
des Kapitalismus gehe die Gefahr der „Korruption" der Gesellschaft aus.[3]
Über diesen allgemeinen Kulturpessimismus hinaus kann „Korruption" im
Zusammenhang mit Wirtschaft in sehr verschiedenen Konstellationen diskutiert werden. Dazu gehört die Vorstellung einer die Sitten korrumpierenden
Anziehungskraft eines überreichen Angebots von Waren und Dienstleistun-
gen auf eine nicht hinreichend widerstandsfähige Öffentlichkeit. Daneben
richtet sich der Blick vor allem auf die Korruption „des Staates" (oder seiner
Amtsträger) durch „die Wirtschaft" sowie auf die Korruption „der Wirtschaft"
durch bestimmte Ausprägungen „des Staates".

Die Sorge vor einer Korruption „des Staates" ist aktuell in der Debatte über
„Postdemokratie" präsent. Angesichts der Verdrängung politischer Mechanis-
men und gesellschaftlicher Legitimität durch ökonomische Anreize könnte,
so die Sorge, die Bindung politischer Akteure an den Souverän und ihre
Orientierung am Allgemeinwohl so gefährdet werden, dass demokratische
Institutionen nur noch zur Kaschierung ökonomisch getriebener Entscheidungen dienen. In diesem Diskurs sind die Mechanismen und Praktiken der
Korruption entweder Fälle von Vorteilsnahme und Vorteilsgewährung oder
Vereinbarungen über lukrative Stellenangebote als Belohnung für im Amt
getroffene Entscheidungen, die bestimmten Unternehmern oder Unternehmen nützen. Allerdings ist dies keine Novität: In einer historischen Perspektive

---

3   Für das 19. Jahrhundert vgl. Engels, Jens Ivo: Die Geschichte der Korruption. Von der
     Frühen Neuzeit bis ins 20. Jahrhundert, Frankfurt a.M. 2014, Kap. 7.

spielt diese Korruptions-Konstellation in den meisten Korruptionsskandalen der letzten rund zweihundert Jahre eine entscheidende Rolle.

Mechanismen und Praktiken, die zu einer Korruption durch „den Staat" führen können, beziehen sich dagegen auf politisch gesetzte Anreize für ökonomisch kontraproduktive Maßnahmen, wie sie etwa in Planwirtschaften oder für stark klientelistisch strukturierte Wirtschaftssysteme typisch sind. Die befürchtete Folge ist in diesem Fall die (noch weitergehende) Gefährdung der wirtschaftlichen Effizienz einer Gesellschaft durch die Fehlallokation von Ressourcen oder die Behinderung des Prozesses der „kreativen Zerstörung", etwa durch den Schutz von „Zombie-Banken". Historisch ist diese Korruptions-Konstellation zwar auch in bestimmten Korruptionsskandalen thematisiert worden, sie ist aber noch stärker als Teil der fundamentalen Kritik an planwirtschaftlichen Steuerungsmechanismen präsent[4].

Dagegen wird „Korruption" innerhalb wie zwischen Unternehmen erst für die jüngste Zeit stärker thematisiert. Das hängt auch damit zusammen, dass über ihre angemessene Behandlung vor Gericht intensiv gerungen wird, ist aber vor allem auf die Intensität der moralischen Skepsis zurückzuführen. Wenn Wirtschaft und Markt ohnehin als Quell moralischer Gefährdungen erscheinen, die nur durch den strikten Verhaltenskodex des „ehrbaren Kaufmanns" und des „moralischen Konsumenten" einzuhegen sind, ist es wenig verwunderlich, dass Abweichungen von diesem Verhaltenskodex nur wenig Überraschungen generieren können. Wenn Preise innerhalb der Wirtschaft das zentrale Signal sind (oder sein sollen), das Handlungen steuert, dann ist die für andere gesellschaftliche Bereiche typische Praxis der Korruption, nämlich das Angebot eines materiellen Vorteils, in der Wirtschaft gerade kein Regelverstoß, sondern die normale Vorgehensweise: In der Konkurrenz um Arbeiter werden höhere Löhne geboten, um zum Wechsel von einer Fabrik in die andere zu verleiten, ohne dass man von „Korruption" zum Bruch der Loyalität sprechen könnte. Ähnliches gilt für Angebote für Rohstoffe, Preisgestaltung gegenüber Kunden und – bis in die jüngste Vergangenheit – für den Umgang mit Geschäftspartnern, deren Mitarbeiter als Privatpersonen „Diskretionsgelder" für Informationen oder Aufträge erhalten konnten.

---

4   Vgl. Steiner, André: Von Plan zu Plan. Eine Wirtschaftsgeschichte der DDR, München 2004.

Erst die intensive Diskussion über Wirtschaftsethik und die Ausweitung der staatlichen Regulierung von „Korruption" nicht nur gegenüber den eigenen Beamten, sondern auch ausländischen Staaten und anderen Firmen haben das grundlegend verändert, teilweise mit paradoxen Folgen. So kann man sich etwa darüber Gedanken machen, wie monetäre Incentive-Systeme für diejenigen Manager aussehen sollen oder können, denen die Implementierung unternehmensethischer Prinzipien obliegt – oder ob „ethisches" Verhalten auch dann noch als solches gelten kann, wenn es durch die Aussicht auf individuelle Belohnungen determiniert wird.

Solche Fragen der Wirtschafts- und Unternehmensethik gehören zu den in den letzten Jahren intensiv debattierten Problemen unter Wirtschaftswissenschaftlern wie auch Praktikern im Management.[5] In diesen Debatten geht es um die Frage, wie ethisch gebundenes Handeln unter Marktbedingungen erreicht werden kann, an welchen Normen es sich orientieren muss, ob und wie *codes of conduct* wirken. Im Selbstverständnis vieler Unternehmen, insbesondere weltweit tätiger Konzerne, gewinnt diese Dimension rasant an Bedeutung. Diesem aktuellen Interesse steht freilich eine erstaunliche Leerstelle in der Geschichtswissenschaft gegenüber. Es ist unstrittig, dass auch in der Vergangenheit darüber nachgedacht wurde, welchen ethischen Regeln sich Unternehmen verpflichten sollten. Zwar hat die Literatur zur Entwicklung betrieblicher Sozialleistungen, zu den Besonderheiten von Familienunternehmen ebenso wie zahlreiche Studien zu einzelnen Unternehmen nach der Balance zwischen ethischen Überzeugungen, Marktnotwendigkeiten, Gewinnerwartungen und Traditionen gefragt. Jedoch wurde Fehlverhalten von Unternehmern und Unternehmen und dessen mögliche Sanktionierung jenseits des wirtschaftlichen Scheiterns deutlich weniger intensiv untersucht. Erst in jüngster Zeit erscheinen verstärkt auch durch aktuelle Entwicklungen angestoßene Beiträge zu Korruption und ihren Folgen sowie zur Frage, warum Unternehmenskorruption zu bestimmten Zeiten intensiv verfolgt wird, in

---

5   Karmasin, Matthias / Litschka, Michael: Wirtschaftsethik. Theorien, Strategien, Trends, Wien 2008.

anderen dagegen weniger als Problem erscheint. Im Mittelpunkt der Betrachtung steht dabei vor allem die Zeit seit der zweiten Hälfte des 20. Jahrhunderts.[6]

Diese aktuellen Debatten waren für uns ein Anlass, über Normen und Vorstellungen von guter und vor allem moralisch einwandfreier Unternehmensführung, vor allem aber vom Gegenteil, von „krummen Touren" in der Wirtschaft, in historischer Perspektive nachzudenken. Die Herausgeber dieses Bandes beschäftigen sich seit einigen Jahren mit der Geschichte der politischen Korruption seit dem 19. Jahrhundert. Dabei ergab sich der Befund, dass in den Debatten über politische Korruption regelmäßig das Verhalten von Unternehmern und Unternehmen kritisch thematisiert wurde, so wie auch der moderne Industriekapitalismus häufig einer Fundamentalkritik unterzogen wurde.[7] Jedoch fehlt bislang eine spezifisch auf nichtstaatliche Akteure ausgerichtete Korruptionsforschung.

Kenntnisse von Debatten und Vorstellungen über moralisches unternehmerisches Fehlverhalten sind aber unabdingbar, um den normativen Rahmen wirtschaftlichen Handelns historisch zu erfassen. Dabei gibt es, wie bereits angedeutet, eine Vielzahl möglicher Handlungsbereiche und ethisch-normativer Diskurse, die zu beachten wäre. Neben der Debatte über soziale (Un-)Gerechtigkeit sind insbesondere die religiös grundierten Reflexionen zu beachten, etwa im Rahmen der christlichen Soziallehre. Wenn wir in diesem Buch vor allem, wenn auch nicht ausschließlich, auf das Verhältnis von Unternehmen

---

6   Vgl. Berghoff, Hartmut / Rauh, Cornelia: Korruption rechnet sich nicht, in: Frankfurter Allgemeine Zeitung, 6.2.2013, S. 12; Berghoff, Hartmut: From the Watergate Scandal to the Compliance Revolution. The Fight against Corporate Corruption In the United States and Germany, 1972–2012, in: Bulletin of the German Historical Institute Washington 53 (2013), S. 7–29.

7   Vgl. dazu die folgenden Publikationen, an denen die Herausgeber beteiligt waren: Engels, Jens Ivo / Fahrmeir, Andreas / Nützenadel, Alexander (Hg.): Geld, Geschenke, Politik. Korruption im neuzeitlichen Europa, München 2009; Asch, Ronald G. / Emich, Birgit / Engels, Jens Ivo (Hg.): Integration, Legitimation, Korruption. Politische Patronage in Früher Neuzeit und Moderne, Frankfurt a.M. 2011; Engels, Jens Ivo / Monier, Frédéric / Petiteau, Natalie (Hg.): La politique vue d'en bas. Pratiques privées et débats publics 19e–20e siècles, Paris 2011; Monier, Frédéric / Dard, Olivier / Engels, Jens Ivo (Hg.): Patronage et corruption politiques dans l'Europe contemporaine, Paris 2014; Monier, Frédéric / Dard, Olivier / Engels, Jens Ivo / Fahrmeir, Andreas (Hg.): Scandales et corruption à l'époque contemporaine, Paris 2014.

und Staat bzw. Politik abstellen (aber dabei den Fokus auf die Unternehmen legen), so hat das pragmatische wie auch systematische Gründe. Die geschichtswissenschaftlichen Arbeiten zur Wirtschafts- und Unternehmensethik sind noch sehr rar, auch wenn nicht wenige Studien vorliegen, die sich implizit mit diesem Themenkomplex beschäftigen, meist allerdings stark auf Unternehmen und ihre Selbstbilder und Ansprüche fokussiert (vgl. den Beitrag von Jens Ivo Engels / Julian Ostendorf).

Angesichts eines noch wenig explorierten Feldes ist es sinnvoll, sich zunächst auf einen Themenkomplex zu konzentrieren. Dabei bietet sich das Korruptionsverbot als Referenz unternehmerischen Handelns an, weil es im Grundsatz in modernen Gesellschaften unbestritten ist, also prinzipiell eine konsensuale Verbotsnorm zum Ausgangspunkt hat.[8] Damit ist es auch geeignet, in hohem Maß öffentliche Aufmerksamkeit zu generieren, etwa in Form von Skandalen, welche Historikerinnen und Historikern typischerweise mit umfangreichem und aussagekräftigem Quellenmaterial „versorgen" (vgl. die Beiträge von Annika Klein, Stephan Ruderer, Dominique Pinsolle).

Skandale und vielstimmige Debatten zeigen aber auch, dass das Verhalten in der „Kontaktzone" zwischen privatem Unternehmertum und der öffentlichen Sphäre trotz des grundlegenden Konsenses stets umstritten ist, zumal die genaue Bestimmung von Korruption viel weniger klar ist als ihre grundsätzliche Ablehnung. Unter dem Stichwort „Korruption" firmierten keineswegs nur Bestechungen im engeren Sinne, sondern tendenziell ein breiter Fächer von angenommenem Fehlverhalten in der Beziehung zwischen Privatwirtschaft einerseits und staatlichen Stellen oder der Politik andererseits. Dass sich die entsprechenden Standards in der historischen Entwicklung veränderten, versteht sich von selbst (vgl. etwa den Beitrag von Hervé Joly).

Die Beiträge von Dominique Pinsolle und Jean-René Maillot zeigen, dass die Konfliktlinie bisweilen auch innerhalb von Unternehmen verlaufen kann, nämlich dann, wenn, wie in Zeitungsunternehmen, das Finanzierungsmodell den Grundsatz der politisch-redaktionellen Unabhängigkeit in Frage stellt. Auch die Beziehung zu Kunden und vor allem zu Zulieferern können der

---

8 Engels, Jens Ivo: Die Geschichte der Korruption. Von der Frühen Neuzeit bis ins 20. Jahrhundert, Frankfurt a.M. 2014.

öffentlichen ethischen Kontrolle unterworfen sein, wie die Aufsätze von Jens Ivo Engels / Julian Ostendorf und Matthias Kuhnert zeigen.

In fast allen Beiträgen spielen pessimistische Diagnosen der allgemeinen (Wirtschafts-)Moral und Forderungen nach einer Verbesserung eine tragende Rolle. Die relative Unschärfe des Korruptionsbegriffs bietet die Chance, den Übergang von allgemeiner Wirtschaftskritik zur Kritik an konkreten unternehmerischen Entscheidungen zu untersuchen. „Durch die Hintertür" eröffnet er dann doch ein breites Themenspektrum. Denn entsprechende Debatten beschränken sich nicht ausschließlich auf das Verhältnis von Staat und Unternehmen, sondern auch von Öffentlichkeit im weiteren Sinne als Chiffre für ein gesellschaftlich konstituiertes Gemeinwohl auf der einen Seite, das unter Umständen mit unternehmerischen Strategien auf der anderen kollidiert (Beitrag von Volker Köhler / Anna Rothfuss).

Als Unternehmer der Moral, als Speerspitzen ethisch motivierter Forderungen oder Kritik treten höchst unterschiedliche Akteure auf – sowohl staatliche als auch nichtstaatliche Organisationen und Gruppen. Steffen Dörre und Hervé Joly heben das Engagement von Gerichten, Behördenleitungen und des Gesetzgebers hervor, Fabrice Grenard die Regierung des Vichy-Regimes mit dem Ziel, die gesamte Wirtschaft auf eine neue moralische Basis zu stellen. Politische Opposition und Presse sind ebenso vertreten (Aufsätze von Annika Klein und Stephan Ruderer). Doch auch Unternehmerverbände (Köhler / Rothfuss) sowie weltanschaulich gebundene Gruppen (Engels / Ostendorf) und NGO (Kuhnert) werden vorgestellt.

Die Konflikte um „krumme Touren" in der Wirtschaft entzünden sich, weil in modernen westlichen Gesellschaften häufig eine strukturelle Spannung zwischen den Grundsätzen und Zielen des gewinnorientierten wirtschaftlichen Handelns einerseits und Werten der öffentlichen Moral andererseits konstatiert wird; zugrunde liegt also die Vorstellung eines moralischen Defizits insbesondere auf der Seite der Ökonomie (vgl. Engels / Ostendorf). Dies ist zu erklären mit dem Bewusstsein von funktionaler Differenzierung, die mit einer Wertedifferenzierung einhergehe. In vielen Beiträgen zu diesem Buch scheinen die angenommenen Widersprüche zwischen den funktional getrennten Bereichen auf, wobei die Zeitgenossen in den meisten Fällen eine Kontamination des Politischen durch die reine Gewinnorientierung des Privatwirtschaftlichen als Korruption auszumachen glaubten (besonders explizit

Dörre, Ruderer, Kuhnert, Klein). Ein Befund, der der eingangs erwähnten Wertschätzung des Privatwirtschaftlichen gegenüber dem Staatlichen in der Gegenwart diametral entgegengesetzt ist.

Vorstellung der Beiträge

Jens Ivo Engels und Julian Ostendorf widmen sich dem Feld der „Unternehmensethik" in einer breiten historischen Perspektive. Ausgehend von der christlich geprägten moralischen Skepsis gegenüber einem gesellschaftlichen Bereich, in dem das Prinzip der Gewinnmaximierung dominiert, fragen sie nach historischen Konstellationen, in denen die Grenze zwischen Wohl- und Fehlverhalten explizit bestimmt werden muss. Dabei richten sie den Blick auf die (pragmatischen, moralischen oder politischen) Argumentationen, die zugunsten unternehmensethischer Kodizes angeführt wurden, und analysieren an konkreten Beispielen, welche Akteursgruppen bei der Formulierung, Übernahme und Implementierung unternehmensethischer Vorgaben beteiligt sind. Die Autoren präsentieren ein differenziertes Konzept für die Analyse der Entstehung und der Veränderung von ungeschriebenen wie geschriebenen Regeln für unternehmerisches Handeln jenseits des Gewinnstrebens.

Matthias Kuhnert stellt in seinem Aufsatz Überlegungen an, wie die Aktivitäten von Nichtregierungsorganisationen das relativ junge Phänomen der Corporate Social Responsibility beeinflussten. Als Beispiel dienen ihm zwei Kampagnen der britischen NGO War on Want aus den 1970er Jahren, die sich gegen unethische Geschäftsaktivitäten von Großunternehmen richteten. Konkret zielten die Kampagnen einerseits auf den Vertrieb von Muttermilchersatzprodukten in „Entwicklungsländern" und andererseits auf die Produktionsbedingungen von Tee in Sri Lanka. Zunächst argumentiert der Autor, dass diese Kampagnen als Folge eines deutlich veränderten Kontextes zu verstehen seien: So etablierte sich ab den 1970er Jahren ein neues Verständnis über die Zusammenhänge in der Weltwirtschaft, das das traditionelle Paradigma der Entwicklungspolitik in die Krise stürzte und den Fokus von NGOs von staatlichen Akteuren auf Unternehmen verlagerte, die damit erstmals an ähnlich strengen moralischen Prinzipien gemessen wurden, wie zuvor nur staatliche Organisationen. Insbesondere wurden die Unternehmen aufgefordert, Verantwortung für die Lebens- und Arbeitsbedingungen ihrer Beschäftigten und Kunden zu übernehmen sowie Fairness walten zu lassen. Die Chiffren „Verantwortung" und „Fairness" waren deshalb so wirkungsvoll in der Öffentlichkeit, weil sie sich auf eine Vielzahl von Fällen übertragen ließen und hinreichend einfach zu kommunizieren waren. Der Erfolg dieser Kampagnen war aber auch das Ergebnis eines schlagkräftigen Bündnisses verschiedener NGO, das sich u. a. vor der Weltgesundheitsorganisation für die Kampagneninhalte einsetzte.

Stephan Ruderer untersucht die Verbindungen zwischen Korruptionsdebatten und politischen Auseinandersetzungen im Staatsbildungsprozess in Uruguay während des letzten Drittels des 19. Jahrhunderts. Er tut dies am Beispiel eines Korruptionsskandals von 1885, der die Vergabe einer Konzession zum Umbau des Hafens von Montevideo durch die Regierung an ein britisches Unternehmen zum Gegenstand hatte. Der nachhaltige Protest der oppositionellen Presse bewirkte letztendlich, dass das Projekt zunächst nicht realisiert werden konnte und hatte wesentlichen Anteil an der Diskreditierung des Regimes unter Máximo Santos und dessen Sturz im darauf folgenden Jahr. Ruderer unterstreicht, dass der Vorwurf korrupten Verhaltens deutlich schwerer wog als andere Probleme, wie etwa die mangelnde demokratische Legitimation der Regierung oder Verstöße gegen anderen Rechtsnormen, weil die autoritäre Herrschaft Santos vor allem damit legitimiert wurde, dass sie allein dem Gemeinwohl diene. Somit erweist sich die Norm korruptionsfreier Beziehungen zwischen staatlichen Stellen und privaten Unternehmen als zentral, und zugleich als scharfe Waffe in der politischen Auseinandersetzung, die es der Opposition erlaubte, ihre Kritik am Regime zu artikulieren.

Annika Klein beschäftigt sich in ihrem Beitrag mit der Korruptionsdebatte um die Evaporator AG in der Weimarer Republik, in der die Beteiligten auch Gustav Stresemann Korruption vorwarfen. Die Autorin zeigt, dass der Fall in vielerlei Hinsicht beispielhaft dafür ist, wie Korruptionsvorwürfe konstruiert und instrumentalisiert wurden: So etwa ging es den Korruptionskritikern bei diesem Skandal weniger darum, Einzeltaten aufzudecken. Im Vordergrund standen parteipolitisch motivierte Ziele, die beteiligten Personen zu desavouieren. Die Kritiker provozierten mit ihren Vorwürfen Beleidigungsprozesse, die ihnen wiederum als Bühne dienten, öffentlichkeitswirksam gegen den politischen Gegner und die Republik zu agitieren. Darüber hinaus reflektiert der Fall, wie prominent antisemitische Argumentationsmuster in den Korruptionsdebatten der Weimarer Republik waren: So bedienten sich die Republikgegner eines Bildes vom „ostjüdischen Schieber", also eines aus Osteuropa eingewanderten Juden, der systemtreue Politiker bestechen würde, um sich auf Kosten des nationalen Wohls zu bereichern. Ungewöhnlich war es daher, dass Stresemann im konkreten Fall kaum politische oder juristische Nachteile erlitt. Daran wird die Widersprüchlichkeit erkennbar, mit der Zeitgenossen Netzwerke aus Politik und Wirtschaft bewerteten. Es hatte sich keine eindeutige Norm herausgebildet, ob derlei Aktivitäten als „korrupt" oder „nicht korrupt" galten.

Steffen Dörre analysiert Korruptionsdebatten in der frühen Bundesrepublik Deutschland. Zwar kam es nicht zu größeren Skandalen, doch weist der Autor nach, dass es seit dem Zusammenbruch des NS-Regimes kontinuierliche Debatten über die Gefahren bestechlicher Beamter und bestechender Vertreter der Privatwirtschaft gab. Die Zeitgenossen gingen insbesondere davon aus, dass in der Privatwirtschaft ein sehr viel lockerer Umgang mit Geschenken und Aufmerksamkeiten üblich war, als es das bewahrenswerte Ideal des unbestechlichen deutschen Beamten zuließ. Es herrschte in der Sicht von Politikern, Journalisten und Kriminologen eine Normenkonkurrenz zwischen dem politischen und dem ökonomischen Feld, wobei es in der Regel freilich darum ging, den Einfluss des letzteren zu minimieren. Zugleich lockerten sich zwischen den späten 1940er und den frühen 1960er Jahren allerdings die Anforderungen an Moral und Integrität der Staatsbediensteten. Abschließend benennt Dörre sechs Gründe, die erklären, warum die westdeutsche Debatte nur eingeschränkt geführt wurde, wobei vor allem die Erfahrungen mit Weimarer Republik, Nationalsozialismus und Systemkonfrontation berücksichtigt werden.

Dominique Pinsolle befasst sich mit der Geschichte der Französischen Tageszeitung *Le Matin* und den zahlreichen Skandalen, in die sie während des ersten Drittels des 20. Jahrhunderts verwickelt war. Die Hauptfrage des Artikels lautet: Welche Strategien setzte der Hauptaktionär und de-facto Leiter des *Matin*, Maurice Bunau-Varilla ein, um einen potentiellen Imageschaden für die Zeitung abzuwenden ohne freilich darauf zu verzichten, die Spalten seiner Zeitung für bestellte und bezahlte Berichterstattung zur Verfügung zu stellen – es geht mithin um die Kaschierung von Aktivitäten, die einerseits als betriebswirtschaftlich sinnvoll angesehen wurden, andererseits aber unethisch

und imageschädigend waren. Pinsolle beschreibt drei Verteidigungsmuster.
Zum einen blieb Bunau-Villa stets im Hintergrund und betonte in der Öffentlichkeit, dass er keinen Einfluss auf die inhaltliche Ausrichtung des Journals
nahm. Er war nicht offizieller Leiter der Redaktion, sondern agierte mittels
eines Strohmanns. Zum anderen nutzte er Grenzbereiche des Rechts aus und
berief sich stets auf die Legalität seiner Handlungen. Drittens stützte er sich auf
eine unklare Trennung zwischen redaktionellen Inhalten und Werbung, die er
virtuos zur Ausweitung der Reklameeinnahmen nutzte. Um diese Strategien
zu illustrieren, behandelt Pinsolle zwei Skandale: die Affäre um die russischen
Staatsanleihen 1923 und die Affäre Stravisky von 1934.

Jean René Maillot widmet seinen Beitrag dem französischen Journalisten
und Presse-Manager Jean Luchaire, der während der Zwischenkriegszeit eine
markante politische Rolle spielte. Im Kontext der stark parteipolitisch geprägten französischen Presselandschaft tat sich Luchaire in seinen Funktionen bei
unterschiedlichen Blättern zunächst mit einer pazifistisch-europäischen, dann
aber zunehmend deutschlandfreundlichen Haltung hervor, die schließlich in
Apologien Nazideutschlands kulminierte. Angeregt durch Kontakte mit Otto
Abetz verwandelte er die Wochenzeitung *Notre Temps* seit 1930 geradezu in
ein Sprachrohr für die deutsch-französische Annäherung und deutscher Interessen. Bei der Suche nach den Motiven für diese Entwicklung kommen vor
allem zwei in Betracht: Zum einen Geltungsdrang und die Hoffnung, in den
Beziehungen zu Deutschland eine diplomatische Rolle spielen zu können. Zum
anderen aber vor allem Geld: *Notre Temps* konnte nur mit Hilfe umfangreicher
Subventionen existieren. Diese wurden über Jahre vom französischen Außen-
ministerium, zunehmend aber auch von deutschen Stellen und zeitweilig auch
aus dem faschistischen Italien geleistet. Derartige Finanzflüsse, so resümiert
der Autor, prägten die französische politische Presse insgesamt.

Hervé Joly thematisiert die für Frankreich typische Praxis und vor allem die
staatliche Regulierung des *pantouflage*, also des Wechsels von hochrangigen
Staatsbeamten in die Privatwirtschaft. Darunter fällt nicht nur die Verwendung
ehemaliger Beamter in privatwirtschaftlichen Unternehmen, sondern auch die
zeitweilige Beurlaubung zu diesem Zweck sowie die gleichzeitige Ausübung
staatlicher und privatwirtschaftlicher Funktionen. Der Autor spannt einen
Bogen vom frühen 19. Jahrhundert bis in die Gegenwart und zeichnet das Bild
eines zunehmend restriktiven Umgangs mit dem Phänomen – ein Zeichen

dafür, dass das Pantouflage eine gängige Praxis war und ist, und dass das Problembewusstsein für Interessenkonflikte kontinuierlich anwuchs. Seit Mitte des 19. Jahrhunderts beschränkte die Regierung etwa unternehmerische Tätigkeiten von Beamten, vor allem, wenn sie selbst für Genehmigungen zuständig waren, von denen sie als Unternehmer profitierten. Auch die Gewährung von längeren Urlaubszeiten für Beamte, die in der Privatwirtschaft tätig werden wollten, wurde zunehmend restriktiv gehandhabt – freilich mit Ausnahme der staatlichen Konzerne. Erst seit den 1990er Jahren gibt es schließlich Regelungen, die die Tätigkeit von Beamten einschränken, welche nach Beendigung ihres Dienstverhältnisses im Sold von Unternehmen stehen. Hier prüft eine Kommission, ob es rückwirkend zu Interessenkonflikten kam.

Volker Köhler und Anna Rothfuss untersuchen den heute fast vergessenen Verein gegen das Bestechungsunwesen, ein Verband von Privatwirtschaft und Behördenvertretern, der zwischen dem späten Kaiserreich und der frühen Nazizeit zum Kampf gegen Wettbewerbsverzerrungen durch Bestechung aufrief und gelegentlich Gerichtsprozesse finanzierte. An den großen Korruptionsdebatten zumal der Weimarer Republik beteiligte sich der Verein überraschenderweise aber nicht. Sein Wirken begründete der Verein mit dem Kampf gegen Unmoral und für das Gemeinwohl. Faktisch, so die Autoren, handelte es sich jedoch um einen Lobbyverband, der unter Berufung auf das moralisch grundierte Korruptionsverbot Interessenpolitik für die in ihm organisierten Betriebe und Wirtschaftszweige machte und dabei kartellartige Strukturen unter seinen Mitgliedern begünstigte. So verabredeten die im Verein organisierten Betriebe, nur noch mit jenen Lieferanten zusammenzuarbeiten, die eine Selbstverpflichtung auf Bekämpfung von Bestechung unterzeichneten. Zuwiderhandlungen und schwarze Schafe wurden mit Aktionen des Vereins sanktioniert. Die Autoren stellen resümierend einige Parallelen zwischen dem Verein und dem politischen Wirken von Transparency International fest.

Fabrice Grenard untersucht die Versuche des autoritären französischen Vichy-Regime ab 1940, eine gesteuerte und in der Bevölkerung als gerecht empfundene Wirtschaft zu installieren. Damit war das Versprechen verbunden, den liberalen Kapitalismus und die „Korruption" der Dritten Republik ebenso zu überwinden wie ihr angebliches politisches Versagen. Angesichts des verlorenen Krieges handelte es sich notwendigerweise um eine Verwaltung des Mangels. Es kam zur Etablierung einer staatlich gelenkten Planwirtschaft mit

Ressourcenbewirtschaftung und Preisregulierungen gemäß der Idealvorstellung eines die Bevölkerung nährenden Staates. Zunächst traf diese scheinbar an ethischen Grundsätzen orientierte Zwangswirtschaft in der Bevölkerung auf Zustimmung. Jedoch nahm der Unmut schon nach wenigen Monaten überhand, da es keine positive Entwicklung der Versorgungssituation gab. Bei Vertretern der Wirtschaft und Industriellen war der Widerstand von Beginn an groß, da sie sich zu reinen Verteilern reduziert sahen. Rasch entwickelte sich ein florierender Schwarzmarkt in Kombination mit einer starken Zunahme illegaler Praktiken. Schnell stellte sich heraus, dass das Regime selbst auf verdecktem Weg Ungerechtigkeiten und die Umgehung seiner moralischen Grundsätze begünstigte. Immer wieder kam es zu Skandalen, angefangen bei hohen Regierungsmitgliedern bis hinunter zu einfachen Verwaltungsangestellten, die sich am Schwarzmarkt beteiligten und der Selbstbereicherung beschuldigt wurden. Durch den Kontrast zwischen moralischem Anspruch einerseits und dem Versagen in der Praxis andererseits verlor das Vichy-Regime rasch und nachhaltig seine sozialpolitische Legitimation.

Dank

Die Beiträge zu diesem Band gehen zurück auf eine Tagung, die Ende November 2013 in Frankfurt stattfand. Die Tagung erwuchs aus einer langjährigen Kooperation der vier Herausgeber dieses Bandes im Rahmen zweier Forschungsprojekte zur Korruptionsgeschichte, wobei der Schwerpunkt auf einem Vergleich zwischen Deutschland und Frankreich liegt. Dankenswerterweise konnte das Institut Français d'histoire en Allemagne in Frankfurt für eine Kooperation ebenso gewonnen werden wie das Frankfurter Exzellenzcluster „Die Herausbildung normativer Ordnungen". Die Herausgeber danken der Deutschen Forschungsgemeinschaft für die Finanzierung der Tagung und des vorliegenden Bandes. Sie danken außerdem Anna Rothfuss und Volker Köhler für das großartige Projektmanagement, sowie Christine Hassemer, Christina Kessler-Balser, Robert Bernsee und Christian Ebhardt für ihren Einsatz bei den Korrekturarbeiten.

I. Regeln ethischen Wirtschaftens

Geschichte von Unternehmensethik schreiben
Konzeptuelle Überlegungen zu Akteuren und Arenen, Manifestationen und Geltungsbereichen

Jens Ivo Engels / Julian Ostendorf

Ethik in Unternehmen, normgerechtes Verhalten von Unternehmern, ethisches Unternehmertum, allgemeingesellschaftliche Verantwortung von Unternehmen über ihre Kernaufgaben hinaus – dies sind Stichworte, die die Debatte über ideales unternehmerisches Handeln spätestens seit etwa 1990 beherrschen. Im Kern geht es in solchen Diskussionen darum, das Unternehmenshandeln auf moralische Grundsätze zu verpflichten, die sich nicht unmittelbar aus dem Spiel der Marktkräfte und dem Ziel von Wachstum und Gewinnerwirtschaftung ergeben, wohl aber für sozialen Frieden und den Zusammenhalt der Gesellschaft unerlässlich erscheinen.[1]

Oftmals wird in diesem Zusammenhang versucht, die Beachtung von Gütern wie Umweltschutz, Menschenrechte, faire Behandlung benachteiligter Gruppen (z. B. Rohstoffproduzenten im *Fair Trade*), Verantwortung für die Folgewirkungen von eigenen Produkten über die juristischen Bestimmungen hinaus, Vermeidung von Korruption und insbesondere gute Arbeitsbedingungen für die Mitarbeiter im Betrieb zu gewährleisten oder einzufordern. Grundsätzlich richten sich die Forderungen und Selbstverpflichtungen also auf zweierlei: das nach außen wirksame Handeln von Unternehmen wie auch auf interne Abläufe. Begründet werden sie mit dem Zweck der Wirtschaft, der nicht vom Gemeinwohl zu trennen sei. Das deutsche Grundgesetz enthält folgerichtig das Prinzip der Gemeinwohlpflichtigkeit von Eigentum.

Reines Handeln nach marktkonformen Regeln mit dem Ziel der Gewinnmaximierung ist dagegen moralisch defizitär. Daher werden *zusätzliche*

---

1 Noll, Bernd: Grundriss der Wirtschaftsethik. Von der Stammesmoral zur Ethik der Globalisierung, Stuttgart 2010; Homann, Karl / Lütge, Christoph: Einführung in die Wirtschaftsethik, Münster 2005.

Handlungsmaximen eingefordert. Vielfach besteht der Eindruck, solche Forderungen würden in erster Linie von außen an die Wirtschaft herangetragen.
Dafür gibt es einige historische Beispiele. Auf dem Gebiet der Korruptionsbekämpfung zwangen von der Politik initiierte Maßnahmen erstmals in den
USA seit den späten 1970er Jahren und zwei Jahrzehnte später weltweit Unternehmen dazu, ihre Haltung gegenüber Bestechung, vor allem im Ausland,
zu revidieren.[2] Ähnliches gilt für die zunehmende öffentliche Sensibilität in
Gerechtigkeits- und Dritte Welt-Fragen[3] sowie für die Umweltkrise seit den
1970er Jahren. Die allgemeine Bedeutungszunahme der Moral im öffentlichen
Diskurs hinterließ auch Spuren im Wirtschaftsleben. Seit den 1970er Jahren
konnten Nichtregierungsorganisationen wie Greenpeace erhebliche Meinungs-
macht entwickeln, die auf einer zugeschriebenen höheren Moralität beruhte.
Zumindest fallweise konnten sie diese nutzen, um einzelnen Unternehmen
bestimmte Strategien aufzuzwingen, so geschehen im besonders spektakulären
Fall der Entsorgung der Ölbohrplattform Brent Spar durch den Shell-Konzern
im Jahr 1995.[4] Bereits in den 1970er Jahren begann eine ethisch begründete
und recht wirksame Kampagne von Nichtregierungsorganisationen gegen die
Firma Nestlé mit dem Ziel, ihre Vermarktung von Babynahrung in Entwicklungsländern zu verändern.[5]

---

2   Berghoff, Hartmut: From the Watergate Scandal to the Compliance Revolution. The
    Fight against Corporate Corruption in the United States and Germany, 1972–2012, in:
    Bulletin of the German Historical Institute 53 (2013), S. 7–30.
3   Boyd, Colin: The Nestlé Infant Formula Controversy and a Strange Web of Subsequent
    Business Scandals, in: Journal of Business Ethics 106 (2012), S. 283–293; Robinson,
    Simon: Nestlé Baby Milk Substitute and International Marketing, in: Megone, Chris-
    topher / Robinson, Simon J. (Hg.): Case Histories in Business Ethics, London 2002,
    S. 141–158.
4   Wöbse, Anna-Katharina: Die Brent-Spar Kampagne. Plattform für diverse Wahrheiten,
    in: Uekötter, Frank / Hohensee, Jens (Hg.): Wird Kassandra heiser? Die Geschichte fal-
    scher Ökoalarme, Stuttgart 2004, S. 139–160; Entine, Jon: Shell, Greenpeace and Brent
    Spar: the politics of dialogue, in: Megone, Christopher / Robinson, Simon J. (Hg.): Case
    Histories in Business Ethics, London 2002, S. 59–95; Zyglidopoulos, Stelios C.: The
    Social and Environmental Responsibilities of Multinationals: Evidence from the Brent
    Spar Case, in: Journal of Business Ethics 36 (2002), S. 141–151.
5   Boyd (2012): The Nestlé Infant Formula Controversy, S. 283–293; Robinson (2002):
    Nestlé Baby Milk Substitute, S. 141–158.

Doch man sollte nicht vergessen, dass viele Unternehmen nicht nur reagieren, sondern sich „aus freien Stücken" der ethischen Dimension ihres Handelns sehr wohl bewusst sind. Viele von ihnen haben ethisches Handeln und CSR (*Corporate Social Responsibility*[6]) zu einem Element ihrer Unternehmenskultur gemacht, bauen also ihr Image nicht zuletzt auf Verantwortung für Umwelt oder weltweite Gerechtigkeit auf. Ganze Abteilungen in Großunternehmen widmen sich dem *compliance management,* informieren und überwachen die Mitarbeiter mit dem Ziel, dass diese interne Verhaltenscodizes und gesetzliche Bestimmungen in ihrer alltäglichen Arbeit beachten. Die unternehmensethische „Welle" bzw. die „*compliance*-Revolution"[7] seit 1990 kann daher nicht *allein* durch exogene Einflüsse erklärt werden. Und so stellen die Befürworter des Konzepts der Unternehmensethik auch heraus, dass entsprechendes Handeln betriebswirtschaftlich rational sei und die Gewinnabsichten des Unternehmens fördere. Ethisches Handeln, so die Quintessenz, rechne sich spätestens mittelfristig und sei daher eine lohnende Unternehmensstrategie, ja solle als integraler Bestandteil ökonomischer Rationalität betrachtet werden.[8]

Freilich sind unternehmensethische Verhaltensweisen keine historische Neuheit, auch wenn die jüngsten Debatten diesen Eindruck nahelegen mögen. Vielmehr gibt es ethisches Bewusstsein und entsprechende Handlungen, seitdem die Gerechtigkeitsfrage im Wirtschaftsleben gestellt wird. Wir möchten einen Beitrag dazu leisten, Unternehmensethik *avant la lettre* zu untersuchen. Dieser Aufsatz stellt ein Analyseschema vor, das die historisch vergleichende Untersuchung von Unternehmensethik unter den Bedingungen seit der Hochindustrialisierung erlaubt. Als Anwendungsbeispiel für das vorgeschlagene Schema haben wir einen durchaus bekannten und in der englischsprachigen Literatur recht gut untersuchten Fall ausgewählt, nämlich das britische Schokoladen-Unternehmen Cadbury, welches um die Wende zum 20. Jahrhundert in einen Menschenrechtsskandal verwickelt war.

---

6   Carroll, Archie B.: Corporate Social Responsibility. Evolution of a Definitional Construct, in: Business & Society 38 (1998), S. 268–295.

7   Berghoff (2013): From the Watergate Scandal to the Compliance Revolution, S. 7–30, S. 19.

8   Ulrich, Peter: Auf der Suche nach der ganzen ökonomischen Vernunft. Der St. Galler Ansatz der integrativen Wirtschaftsethik, in: Kesting, Wolfgang (Hg.): Moral und Kapital, Paderborn 2008, S. 61–75.

Eine Geschichte der Unternehmensethik ist – unter diesem Begriff – bisher noch kaum versucht worden. Abgesehen von einem Aufsatz von Dieter Petzina und Werner Plumpe aus dem Jahr 1993 gibt es kaum Beiträge aus der deutschen Wirtschaftsgeschichtsforschung, die sich explizit der Unternehmensethik widmen.[9] Implizit allerdings weist gerade die deutsche Unternehmensgeschichte einen gewichtigen Ansatz auf, der die Orientierung von Unternehmern und Unternehmen seit der Industrialisierung an Normen und Verhaltensweisen betont, die weit über das gewinnorientierte Handeln hinausgehen.

Gemeint ist damit die in den letzten Jahrzehnten boomende Forschung zur „Unternehmenskultur", die an unzähligen Beispielen die Bedeutung spezifischer Praktiken und Deutungen im Innenleben von Unternehmen hervorgehoben hat. Die einschlägigen Forschungen beschreiben Unternehmen als vieldimensionale soziokulturelle Einheiten, deren Gestalt und auch Handeln nicht allein auf ökonomischen Zweckrationalismus zurückzuführen sei. Insbesondere kommen hier die sozialen und kulturellen historischen Kontexte der Unternehmen ins Spiel.[10] Diese Ausrichtung der deutschen Unternehmensgeschichte war und ist motiviert von dem Bemühen, diese zu akademisieren und an interdisziplinäre Debatten anzuknüpfen, insbesondere durch Berücksichtigung sozial- und kulturwissenschaftlicher Ansätze.[11] Wichtig sind die Studien zu Unternehmenskulturen, weil sie zeigen, in welchen Arenen und unter welchen Bedingungen (neben vielen anderen Dingen) unternehmensethische Leitlinien ausgehandelt wurden.

Die meisten Studien konzentrieren sich dabei allerdings auf die Analyse von internen Verhältnissen, auf die betriebliche Organisation, Interessenausgleich

---

9   Petzina, Dietmar / Plumpe, Werner: Unternehmensethik-Unternehmenskultur. Herausforderungen für die Unternehmensgeschichte?, in: Jahrbuch für Wirtschaftsgeschichte, Nr. 2 1993, S. 9–19.

10 Vgl. dazu Berghoff, Hartmut: Moderne Unternehmensgeschichte. Eine themen- und theorieorientierte Einführung, Paderborn 2004.

11 Zur Debatte um die Jahrhundertwende etwa Pohl, Manfred: Zwischen Weihrauch und Wissenschaft? Zum Standort der modernen Unternehmensgeschichte, in: Zeitschrift für Unternehmensgeschichte / Journal of Business History 44 (1999), S. 150–163; Pierenkemper, Toni: Was kann eine moderne Unternehmensgeschichtsschreibung leisten? Und was sollte sie tunlichst vermeiden, in: Zeitschrift für Unternehmensgeschichte / Journal of Business History 44 (1999), S. 15–31.

und vor allem Machtverhältnisse innerhalb des jeweiligen Unternehmens.[12]
Die Forschung schenkte nicht selten den Unternehmensgründern beziehungsweise Unternehmensführungen besondere Aufmerksamkeit, da sie
davon ausging, dass diese Gruppen die Unternehmenskultur maßgeblich
prägten.[13] Weniger Beachtung fand bisher die Aushandlung von Werten auch
über die inneren Verhältnisse der Unternehmen hinaus.[14] Darauf möchten
wir verstärkt eingehen.

Konzept: Deskriptiver Ansatz

Ein verbreitetes Missverständnis besteht in der Annahme, unternehmensethische Ansätze seien stets normativ.[15] Auch wenn normative Setzungen die
aktuelle öffentliche und wirtschaftswissenschaftliche Debatte zweifelsohne
dominieren, so gibt es in der Wissenschaft durchaus Ansätze für einen beschreibenden Zugang, den Matthias Karmasin und Michael Litschka in ihrem Hand-
buch als „deskriptive Ethik" bezeichnen.[16]

---

12 Feldenkirchen, Wilfried: Unternehmensgeschichte, Unternehmenskultur und kultu-
relles Management bei Siemens, in: Schachtschneider, Karl Albrecht (Hg.): Wirtschaft,
Gesellschaft und Staat im Umbruch, Berlin 1995, S. 521–534; Stremmel, Ralf: Von der
»Treue« zum »Vertrauen«? Friedrich Alfred Krupp und seine Beschäftigten (1887 bis
1902), in: Zeitschrift für Unternehmensgeschichte 51 (2006), S. 70–92; Berghoff, Hartmut: Unternehmenskultur und Herrschaftstechnik. Industrieller Paternalismus: Hohner
von 1857 bis 1918, in: Geschichte und Gesellschaft 23 (1997), S. 167–204.

13 Im Unterschied zur deutschen Debatte finden sich in der US-amerikanischen business
history vergleichsweise frühe Bemühungen, die Ethik mit zu untersuchen. Vgl. Good-
man, Paul: Ethics and Enterprise: The Values of a Boston Elite, 1800–1860, in: American
Quarterly 18 (1966), S. 437–451.

14 Anders auch hier die amerikanische Diskussion, vgl. etwa Beets, S. Douglas: Critical
Events in the Ethics of US Corporation History, in: Journal of Business Ethics 102 (2011),
S. 193–219.

15 Beispielsweise Feldenkirchen (1995): Unternehmensgeschichte, S. 527, der Unternehmenskultur als beschreibenden, Unternehmensethik als normativen Zugang darstellt.

16 Karmasin, Matthias / Litschka, Michael: Wirtschaftsethik. Theorien, Strategien, Trends,
Wien 2008, S. 14.

Allein dieser Ansatz ist aus geschichtswissenschaftlicher Perspektive sinnvoll. In historischen Arbeiten bleibt der Normbegriff beschreibend; es kann nicht darum gehen, eine Wertedebatte der Gegenwart in die Vergangenheit zu verlängern. Die Herausbildung, Aushandlung und Anwendung der Norm ist Untersuchungsgegenstand, ihre Bewertung steht dagegen nicht im Zentrum. Petzina und Plumpe beschreiben in dem bereits erwähnten Artikel anhand des unternehmerischen Verhaltens in der NS-Zeit, wie sich verbrecherische Normen in einer bestimmten Gesellschaft als Gebote etablierten, sich Unternehmer daran aus ethischen Motiven orientierten und dabei bestehende und aus heutiger Sicht gültige Moralvorstellungen an den Rand drängten.[17] Wir können also nicht *a priori* festlegen, welchen Gehalt oder welchen moralischen Wert eine historische Erscheinungsform von Unternehmensethik hat. Ethisch motiviertes Handeln in der Geschichte entsprach nicht immer unseren Wertvorstellungen.

Akteure, Arenen, Interessen

Von einer historischen Unternehmensethik zu sprechen ist dann sinnvoll, wenn die Akteure davon ausgingen, dass wirtschaftliches Handeln allein nach betrieblicher Zweckrationalität problematisch sein und zur Kollision mit sozialen oder politischen Werten oder Moralstandards führen könne, selbst dann, wenn es sich formal im Rahmen der geltenden Gesetze bewegt, also legal ist. Diese Reflexion und ihre Konsequenzen sind der Gegenstand historischer unternehmensethischer Forschung, auch wenn sie nur implizit feststellbar sein mögen.

Werte und Normen können in zweierlei Gestalt wirksam sein: Einerseits als mehr oder minder formulierte Ideen, Reflexionen, Ansprüche und Forderungen – mithin als Phänomene im Diskurs. Andererseits als handlungsleitende Maximen – mithin als Phänomene der Praxis.

Hinzu kommt, dass Werte und Normen in der Regel nicht auf Dauer festgeschrieben sind. Sie werden verhandelt und erzeugt, in Frage gestellt, bekräftigt,

---

17   Petzina / Plumpe (1993): Unternehmensethik-Unternehmenskultur, S. 9–19, hier S. 12–13, S. 17.

unterlaufen oder modifiziert, sei es durch Praktiken oder Diskussionen. Es stellt sich hier die Frage: Wer war unter welchen Spielregeln mit welchen Interessen an der Normaushandlung beteiligt?

An solchen Prozessen sind unterschiedliche Akteure in unterschiedlichen Arenen der Aushandlung beteiligt. Akteure können Personen und Personengruppen (Mitarbeiter, Unternehmer, Journalisten) oder Organisationen sein (Unternehmen, Verbände, Gesetzgeber). Die Akteure haben in der Regel benennbare Interessen. Diese zu kennen erleichtert es, die Motive hinter den Normen und Rollenerwartungen beziehungsweise den Praktiken zu erkennen. Werte und Interessen können, sie müssen aber nicht kollidieren. Die Zahl der Akteure ist prinzipiell nicht beschränkt, obgleich man in der empirischen Untersuchung schnell feststellt, welche Akteure sich in den Prozess der Normaushandlung einschalten (können), und welche nicht.

Die Arenen der Aushandlung sind wichtig, weil sie die Regeln der Aushandlung vorgeben, Machtverhältnisse abbilden und einzelne Akteure zulassen oder ausschließen. Beispielsweise unterscheiden sich die Chancen von Mitarbeitern bei der Aushandlung je nachdem, ob Vollbeschäftigung herrscht oder Massenarbeitslosigkeit, ob es gesetzliche Mitbestimmungsrechte gibt oder nicht, ob eigene Publikationsorgane existieren etc. Auch die Zahl der Arenen ist grundsätzlich nicht beschränkt.

Manifestationen

Zunächst ist zu klären, wie man das Phänomen „Unternehmensethik" zu fassen bekommt, an welchen Phänomenen man die Aushandlung oder Gültigkeit von Werten beobachten kann. Ethik ist ja weder ein Akteur noch eine Sache, sondern ein Leitbild.[18]

Die Leitfrage muss also lauten: Über welche Phänomene lassen sich solche Leitbilder fassen? Mindestens drei sind zu nennen: Debatten, Handlungen, Organisationsstrukturen.

Normen werden in Debatten und Darstellungen formuliert, etwa in öffentlichen Diskussionen über die Moral im Handeln einzelner Unternehmen

---

18 Wenn auch nicht im Sinne eines mission statement, sondern im Sinne von corporate values.

oder deren Verantwortung im Allgemeinen. Sie können aber auch in ökonomischen Fachdebatten oder in unternehmerischen Selbstdarstellungen formuliert werden. Sie können als öffentlich erhobene Forderungen oder als affirmative Feststellung auftreten; die Werte können aber auch in Form von Kritik an bestimmten Zuständen indirekt formuliert werden.

Normen kommen nicht nur in sprachlichen Äußerungen zum Ausdruck, sondern sie manifestieren sich unausgesprochen in Handlungen. Im konkreten Geschäftsgebaren von Unternehmern, der Entscheidung darüber, bestimmte Geschäfte zu tätigen oder nicht zu tätigen, bestimmte Methoden des Lobbying zu betreiben oder nicht, lassen sich ethische Leitlinien erkennen. Spiegelbildlich zu den Handlungen eines zu untersuchenden Unternehmens können auch die Handlungen beobachtender Akteure, vor allem anderer Marktteilnehmer, im Fall von „unethischem" Verhalten als Indikatoren für Normen herangezogen werden. Hier ist dann weniger auf Kommentare und sprachliche Äußerungen zu fokussieren, sondern auf konkrete Maßnahmen und Sanktionen: Welche Handlungen werden wie sanktioniert – ein verbreitetes Mittel sind beispielsweise Boykotte bestimmter Unternehmen.

Schließlich kommen Normen auch gewissermaßen in „geronnener" Form in Organisationsstrukturen zum Ausdruck. Die Struktur eines Unternehmens, unternehmensinterne Vorschriften, die konkrete Ausgestaltung eines Arbeitsplatzes – hierin spiegeln sich Leitbilder wider und hiermit wird deren Implementierung versucht. Dazu gehören Kontrolleinrichtungen wie *compliance*-Abteilungen ebenso wie Arbeitervertretungen oder soziale Unterstützungssysteme für Mitarbeiter.

Freilich sind die drei Manifestationsarten nicht klar voneinander geschieden, denn Organisationsstrukturen sind das Ergebnis von Entscheidungen und setzen die Inhalte von Debatten um und sie beeinflussen das Handeln. Handlungen lösen unter Umständen Debatten aus und werden durch Strukturen beeinflusst, usw.

Geltungsbereiche

Normen sollen Verhaltensweisen regulieren. Zum dritten ist daher zu klären, in welchen Beziehungsgeflechten unternehmensethische Normen wirksam wurden beziehungsweise werden sollten. Zu fragen ist also: In welchen Wirkungszusammenhängen wurden die ethischen Standards beachtet, oder für welche Wirkungszusammenhänge wurden Normen entwickelt? Zu denken ist hier an die Rolle des Unternehmens als Teil des volkswirtschaftlichen „großen Ganzen", an Unternehmen als Organisationen sowie an konkrete Interaktion von Unternehmen mit anderen Akteuren.

Im ersten Bereich, den *Systemzusammenhängen* oder der „*Ordnungsethik*"[19] geht es um die Rolle eines Unternehmens als Teil einer Volkswirtschaft oder gar der Weltwirtschaft. Mithin geht es um die Frage, welche Daseinsberechtigung und Pflichten Unternehmen grundsätzlich haben, insbesondere mit Blick auf das Gemeinwohl (z. B. im Sinne ihres Beitrags zum nationalen Wohlstand, ihre Orientierung an nationalen Interessen – oder auch die Ablehnung solcher Verpflichtungen). Dieser Geltungsbereich überwölbt gewissermaßen die beiden folgenden.

Der zweite Geltungsbereich betrifft ethisches Verhalten innerhalb der Unternehmen – also *interne Unternehmensethik*. Typischerweise geht es dabei um die Ausgestaltung von Arbeitsbedingungen und des Verhältnisses zwischen Unternehmensleitung sowie Mitarbeiterinnen und Mitarbeitern, sehr häufig diskutiert im Sinne der Verantwortung des Unternehmens für die Menschen, die es tragen.

Schließlich beziehen sich unternehmensethische Erwägungen auf den *Interaktionsbereich*, also das Zusammenspiel von Unternehmen mit ihrer Umwelt, also auf Geschäftspraktiken und -strategien; auf den moralisch gebotenen Umgang mit Kunden, Lieferanten und Wettbewerbern; mit öffentlichen Amtsträgern, Lobbyisten, Politikern und Verbänden.

---

19 Diese Bezeichnung orientiert sich an dem Vorschlag von Karmasin / Litschka (2008): Wirtschaftsethik, S. 26–27. Ausdrücklich nicht gemeint ist „Ordnungsethik" im Sinne von Lütge und Homann; vgl. Lütge, Christoph: Was hält eine Gesellschaft zusammen? Ethik im Zeitalter der Globalisierung, Tübingen 2007; Homann, Karl / Lütge, Christoph: Einführung in die Wirtschaftsethik, Münster 2005.

Auch hier ist zu betonen, dass es sich um einen heuristischen Ansatz handelt und die Grenzziehungen unscharf bleiben müssen. So gibt es häufig enge Beziehungen zwischen den Grundsätzen der internen Unternehmensethik (im Umgang mit Mitarbeitern) und dem Umgang mit Lieferanten; die Systemzusammenhänge sind nicht denkbar ohne die Tatsache, dass Unternehmen untereinander und mit dem Staat interagieren.

Anwendungsbeispiel: Cadbury und der Sklaverei-Skandal

Der hier ausgewählte Beispielfall betrifft das englische Schokoladenunternehmen Cadbury Anfang des 20. Jahrhunderts. Die Auswahl dieses Falles kann folgendermaßen begründet werden: Erstens sind bereits zahlreiche Studien aus der angelsächsischen Forschung zu Cadbury vorhanden. Indes hat dieses Unternehmen in der deutschsprachigen Forschung vergleichsweise wenig Berücksichtigung gefunden.[20] Zweitens handelt es sich um einen unternehmensethischen Konflikt *par excellence,* in dem eine Vielzahl von Akteuren auf mehreren Ebenen interagierten.[21]

Der Konflikt, der knapp zehn Jahre (1901–1910) andauerte und Cadburys Glaubwürdigkeit bedrohte, betraf die Beschäftigung von „Sklavenarbeitern" auf Kakaoplantagen der Inseln São Tomé und Príncipe, Kolonialterritorien Portugals vor der Westküste Afrikas. Der Fall zeigt, wie eine von allen beteiligten Akteuren geteilte Norm durch die Präferenz unterschiedlicher

---

20 Siehe jedoch Berghoff (2004): Moderne Unternehmensgeschichte, S. 164f.

21 Zur Firma, zu den moralischen Grundsätzen der Unternehmerfamilie sowie zum Skandal Satre, Lowell Joseph: Chocolate on Trial. Slavery, Politics, and the Ethics of Business, Athens 2005; Dellheim, Charles: The Creation of a Company Culture: Cadburys, 1861–1931, in: The American Historical Review 92 (1987), S. 13–44; Hasian, Marouf: Critical Memories of Crafted Virtues: The Cadbury Chocolate Scandals, Mediated Reputations, and Modern Globalized Slavery, in: Journal of Communication Inquiry 32 (2008), S. 249–270; Rowlinson, Michael/Hassard, John: The Invention of Corporate Culture: A History of the Histories of Cadbury, in: Human Relations 46 (1993), S. 299–326; Afrifa Taylor, Ayowa: Cadbury's Ties with Slave-Grown Cocoa, in: The Journal of African History 48 (2007), S. 154–155; Bradley, John: Cadbury's Purple Reign. The Story Behind Chocolate's Best-Loved Brand, New York 2008.

Handlungsentscheidungen zum Konflikt führte. Die zu verhandelnde Norm hieß „faire Vertragsarbeit" beziehungsweise „keine Sklavenarbeit".

Ausgangslage

Cadbury bezog nahezu die Hälfte seiner Kakaobohnen von den Inseln São Tomé und Príncipe. In den Plantagen dieser Inseln arbeiteten auf dem Festland in Angola angeworbene Arbeiter. Die Kolonialverwaltung hatte die Sklavenarbeit zwar formal 1870 abgeschafft. Eine unzureichende staatliche Kontrolle der „freiwilligen Vertragsarbeit" und restriktive Rechtsnormen wie der Zwang, einer Beschäftigung nachzugehen, erlaubte es den Plantagenbetreibern aber, die Arbeiter quasi einer Art Leibeigenschaft zu unterwerfen. Eine Rückführung auf das Festland war beispielsweise nicht einklagbar.[22] Diese Arbeitsbedingungen wurden in der britischen Presse als eine neue Form der Sklavenarbeit bewertet und daher als moralisch verwerflich interpretiert. Juristisch handelten die Plantagenbesitzer wie auch die Firma Cadbury als Abnehmerin der Bohnen korrekt.[23]

Im Jahr 1908 wurde in der Zeitung *The Standard* die Verwicklung Cadburys in die Sklavenarbeit angeprangert. Der Journalist Henry W. Nevinson hatte bereits 1905 nach einer Expeditionsreise durch Angola und São Tomé in der liberalen Zeitschrift *Harper's Monthly Magazine* einen Bericht zu den Arbeitsverhältnissen in Angola publiziert. Der *Standard* griff die Berichte Nevinsons aus dem *Magazine* und weitere Vorwürfe aus Nevinsons Buch *A Modern Slavery* auf. Der *Standard* beschuldigte die Firmenleitung von Cadbury, von den unhaltbaren Zuständen gewusst zu haben, aber untätig geblieben zu sein, um

---

22 Satre (2005): Chocolate on Trial, S. 8–11; Hasian (2008): Critical Memories, S. 250. Satre beziffert den Anteil der auf São Tomé und Príncipe produzierten Kakaobohnen für die Produktion Cadburys auf 45%, Hasian hingegen auf 56%.

23 Grass, Tim: Brethren and the Sao Tomé Cocoa Slavery Controversy: The Role of Charles A. Swan (1861–1934), in: Brethren Historical Review 4, S. 99; Satre (2005): Chocolate on Trial, S. 61 ff; Hasian (2008): Critical Memories, S. 249ff.

den eigenen Profit nicht zu gefährden.[24] Daraufhin ging Cadbury gegen den *Standard* gerichtlich mit einer Verleumdungsklage vor.[25]

Der Sklavereivorwurf war für die Firmenchefs William und George Cadbury persönlich wie auch für das Unternehmen besonders heikel, weil sich die Eigentümerfamilie hohen Moralstandards verpflichtet fühlte und dies auch zu einem wichtigen Baustein im Image der Marke gemacht hatte. Die Unternehmerfamilie stammte aus einer Quäkergemeinde. Zu ihrem Credo gehörte es, die Werte ihrer Glaubensgemeinschaft auch im unternehmerischen Handeln zu beachten.

Innerhalb ihres Unternehmens bemühten sich die Eigentümer darum, Respekt vor der Würde des einzelnen Arbeiters zu zeigen und die Arbeiter zu einem besseren Leben anzuleiten. Cadbury übernahm die Finanzierung von Wohnungen am Standort des Unternehmens in der Mustersiedlung Bournville, von Bildungs- und Freizeitangeboten. Ab 1898 führte das Unternehmen Renten-, Invaliden- und Krankenkassen für die Beschäftigten ein. Zugleich bekannten sich die Inhaber zu einem Verzicht auf übermäßigen Reichtum.

Diese praktizierten Glaubensgrundsätze dürfen nicht darüber hinwegtäuschen, dass die Inhaber durch strenge Reglementierung einen paternalistischen Führungsstil an den Tag legten. Die Arbeitsplätze der Frauen wurden von denen der Männer separiert, um ihre Sittlichkeit nicht zu gefährden und damit der christlichen Morallehre Genüge zu tun. Ein innerbetriebliches Anreizsystem belohnte individuellen Fleiß, freilich wurden auch Pünktlichkeit und die Beachtung der betriebsinternen Regeln engmaschig überwacht und Regelverstöße dokumentiert. Sie konnten letztendlich zur Entlassung führen. Die Fürsorge der Unternehmensleitung war also an Bedingungen geknüpft und mit einer Erziehungsabsicht verbunden. Hinsichtlich dieser Bestimmungen und Absichten ähnelten die Cadburys vielen anderen „patriarchalischen" Unternehmern der Hochindustrialisierungsepoche.[26]

---

24 We learn with profound interest (Editorial), 26.09.1908, The Standard, abgedruckt in: Satre (2005): Chocolate on Trial, S. 227ff.; vgl. Grant, Kevin: A civilized savagery: Britain and the new slaveries in Africa, 1884–1926, New York 2005, S. 1ff.

25 Hasian (2008): Critical Memories, S. 262ff.

26 Berghoff (1997): Unternehmenskultur und Herrschaftstechnik, S. 167–204.

Ihre religiösen Überzeugungen veranlassten die Cadburys freilich dazu, nicht nur eine weitere Variante der verbreiteten unternehmensinternen Ethik auszubilden. Vielmehr zielten ihre Vorstellungen weit darüber hinaus im Sinne der universalen Geltung von Werten – nicht nur in der Verantwortung des Unternehmens gegenüber seinen Arbeitern, sondern auch bei der Behandlung des Individuums in der kapitalistischen Gesellschaft.

George Cadbury war nicht nur Mitglied in der traditionellen Quäkervereinigung Society of Friends[27], sondern gehörte auch der Anti-Slavery Society und der Aborigines' Protection Society an[28]. Cadburys Engagement in den genannten Vereinigungen entsprang nicht einer spontanen Bereitschaft zur „Imagepflege", sondern ergab sich aus der religiösen Identität der Gründerfamilie. Das Engagement zur Verbesserung der Rechte indigener Bevölkerungen und bei der Abschaffung der Sklaverei folgte zwar aus Glaubensüberzeugungen, doch wurden diese Forderungen nicht von allen Quäkern geteilt. Zwar hatten die Quäker historisch zu jenen Gruppen gehört, die sich schon früh für die Abschaffung der Sklaverei einsetzten. Nach dem formellen Ende der Sklaverei wurde es zunehmend schwieriger, freie von unfreier Arbeit zu unterscheiden; die Verhältnisse waren also kompliziert. In diesem Kontext bemühte sich die Familie Cadbury darum, den Kampf gegen unfreie Arbeit zu einem konstitutiven Bestandteil der Quäkerideologie zu machen. Insofern traten sie als aktive und öffentlich sichtbare Akteure im Prozess der Normbildung auf. Für ihre Glaubwürdigkeit kam es sehr darauf an, dass sie sich in ihren wirtschaftlichen Entscheidungen auch nach diesen Normen richteten.

Des Weiteren war George Cadbury Eigentümer des liberal ausgerichteten Nachrichtenmagazins *Daily News*. Dieses Organ nutzte der Firmenchef, um seine Vorstellungen von einem humanitären Imperialismus zu verbreiten. Demnach war es die Aufgabe britischer Kolonialpolitik, die Menschenrechtslage

---

27 Die „Society of Friends" verlangte von ihren Mitgliedern, dass ihre Geschäftstätigkeit dem Wohl der Menschheit diene, in dem unter anderem überflüssiger Reichtum an die Armen verteilt werden sollte, vgl. Dellheim (1987): The Creation of a Company Culture, S. 15.

28 Im Jahr 1909 wurden beide Vereinigungen zur Anti-Slavery and Aborigines Protection Society zusammenschlossen, vgl. Satre (2005): Chocolate on Trial, S. 134.

weltweit zu verbessern, allerdings unter Wahrung der Herrschafts- und Handelsinteressen des Mutterlandes.

Kampf um die Deutungsmacht

Als öffentlich sichtbarer Streiter gegen die Sklaverei und für ein *British Empire* mit menschlichem Antlitz überrascht es durchaus, dass die Cadburys mehrere Jahre Kakaobohnen von den portugiesischen Inseln bezogen. Tatsächlich waren die Chefs des Unternehmens Cadbury lange Zeit überzeugt, in Wort und Tat konsequent zu handeln – auch und gerade in Bezug auf das Thema Sklavenarbeit.

Der Unternehmensführung war seit etwa 1901 bekannt, dass die Arbeitsbedingungen auf den portugiesischen Inseln sehr schlecht waren. Cadbury blieb aber nicht untätig. Vielmehr hoffte die Unternehmensführung, ihre Geschäftsinteressen und ethischen Grundsätze auf lange Sicht miteinander versöhnen zu können. Die Cadburys entschieden daher, die Umstände der Vertragsarbeit zu untersuchen, allerdings ohne Konsultationen mit den humanitären Organisationen, denen sie selbst angehörten. Ihr Ziel war es, unter Umgehung der Öffentlichkeit durch vertrauliche Gespräche mit dem britischen *Foreign Office* diplomatischen Druck auf die portugiesische Regierung auszuüben. Jedoch lehnte Portugal bis 1907 jede Verhandlung über die Arbeitsbedingungen ab und bezeichnete sie als rechtskonform. Cadbury scheiterte also politisch, änderte aber vorerst nichts an seinen Handelsbeziehungen. Allerdings schickte man nach einigem Zögern einen Vertrauensmann, den Quäker Joseph Burtt, nach Westafrika. Dieser sollte sowohl die Zustände auf den Inseln aufklären, als auch direkte Verhandlungen mit den Plantagenbesitzern mit dem Ziel führen, die Arbeitsbedingungen zu verbessern. Burtt erreichte São Tomé wenige Tage, bevor der Journalist Nevinson die Inseln verließ und seine kritischen Berichte über Cadbury vorbereitete.[29]

Diese erste Phase des Falls Cadbury zeigt ein Normensystem, das als Normakteure nur die Unternehmer der Familie Cadbury kannte, welche ihre Vorstellungen allein in der Arena des Unternehmens, vermutlich ausschließlich auf der

---

29   Satre (2005): Chocolate on trial, S. 31f.

Führungsebene, behandelten, also gewissermaßen mit sich selbst ausmachten. Der Widerspruch zwischen der Norm der Bewahrung von Menschenrechten einerseits und der Aufrechterhaltung profitabler Handelsbeziehungen andererseits wurde gelöst, indem sanfter Druck und verhaltene Überzeugungsarbeit gegenüber den Geschäftspartnern ins Auge gefasst wurden. Freilich handelte Cadbury nicht ganz konsequent, denn die Statuten der Anti-Slavery Society sahen eigentlich vor, dass ihre Mitglieder dem Verein jeden Missstand zur Kenntnis brachten. Die Familie Cadbury betrachtete das Problem bis 1905 ganz offensichtlich als eine interne Angelegenheit – und verkannte dabei, dass die von ihr vorgetragenen Werte sich auf den Interaktionsbereich ihres Unternehmens auswirkten.

Die Situation änderte sich schlagartig mit der Öffnung des Diskurses für weitere Akteure. Zu nennen sind hier Nevinson und weitere Journalisten sowie in deren Folge die humanitären Organisationen, denen Cadbury angehörte. Nun änderten sich die Machtverhältnisse, zumal das öffentliche Bild der Firma in Gefahr geriet. Entscheidende Arena war nun die politische Öffentlichkeit, in der die Firmenleitung den guten Namen ihres Unternehmens verteidigen musste. Anti-Slavery Society und Aborigines' Protection Society, die zuvor keinerlei Einblick in das Geschehen erhalten hatten, waren nun in der Lage, Cadbury vor sich her zu treiben. Sie forderten eine andere Strategie, nämlich den totalen Boykott portugiesischer Produzenten. Die Einschaltung der britischen Diplomatie wurde als unzureichend beurteilt.

Beide Organisationen betrachteten im Einklang mit dem überwiegenden Teil der Öffentlichkeit den Kampf gegen Sklaverei als eine Angelegenheit der Interaktions- und der Ordnungsethik und verlangten in diesem Sinne von der Firma Cadbury, verantwortlich zu handeln. In der öffentlichen Arena galten die humanitären Organisationen als höhere Autorität in Fragen ethischen Verhaltens. Damit verlor Cadbury zeitweilig die Deutungshoheit über die ethische Qualität seiner Unternehmensstrategie. Unter diesem Druck stimmte Cadbury im Januar 1909 dem Boykott der portugiesischen Kakaoproduzenten zu. Dies war jetzt betriebswirtschaftlich unschädlich, weil das Unternehmen mittlerweile alternative Lieferquellen erschlossen hatte.

Dieser Kurswechsel war insbesondere vor dem Hintergrund des anstehenden Verleumdungsprozesses ein zentraler Schachzug.[30] Cadbury klagte gegen die Behauptung im *Standard* (und anderen Zeitungen), die Unternehmensspitze habe unethisch gehandelt und die eigenen Moralstandards verletzt, wehrte sich also gegen den Vorwurf der Heuchelei und Doppelmoral. Der *Standard* hatte insbesondere auf die Diskrepanz zwischen den vorbildlichen Arbeitsbedingungen am Standort Bournville, mit denen Cadbury auch Reklame machte, und der Sklavenhaltung auf den portugiesischen Inseln hingewiesen: Das philanthropische Engagement Cadburys erstrecke sich zwar auf britische Arbeiter und auf das ferne Los chinesischer Sklaven, verschließe aber die Augen vor den zweifelhaften Grundlagen britischen Wohlstands in Westafrika.[31]

In dem Verfahren ging es aber vermutlich nicht nur darum, das Image der Marke Cadbury zu retten, sondern auch um eine Verteidigung individueller Ehre. Die Strategie der Cadburys basierte auf der Versicherung, die Unternehmensführung habe zwar früh von den Missständen erfahren, sei aber nicht untätig geblieben. Sie habe nur andere Mittel zur Normdurchsetzung gewählt, als es die breite Öffentlichkeit erwartete. Die Anklage ließ sich also nicht darauf ein zu behaupten, die Zustände in den portugiesischen Kolonien seien letztlich nicht so schlimm. Sie bekräftigte nicht nur die Werte (Beachtung der Menschenrechte), sondern anerkannte nachträglich auch die Gültigkeit dieser Werte im Bereich der Ordnungsethik und der Interaktionsethik, sie beugte sich also der vorherrschenden Interpretation. Es ging nun ausschließlich darum, die Unternehmenshandlungen in der Vergangenheit in diesem Licht zu interpretieren und damit dem *Standard* üble Nachrede nachzuweisen.

Im Gerichtsraum öffnete sich für die Firma Cadbury eine neue Arena, in der andere Regeln galten als in der Publizistik. William Cadbury bestätigte vor Gericht die von Nevinson vorgebrachten Schilderungen über die Arbeitsbedingungen auf São Tomé und ließ keinen Zweifel daran, dass diese unhaltbar waren. Doch er verwies auf die komplexen politischen Umstände. Danach habe das Außenamt die guten diplomatischen Beziehungen zu Portugal unbedingt aufrechterhalten wollen. Er legte Briefe aus dem *Foreign Office* vor, die

---

30   Die Darstellung des Prozesses folgt im Wesentlichen Hasian (2008): Critical Memories, S. 249–270 und Satre (2005): Chocolate on trial, Kap. 7–9.

31   Hasian (2008): Critical Memories, S. 249–270, S. 258.

ihm bis ins Jahr 1908 hinein nach eigenen Angaben Hoffnung auf baldige Reformen in den Kolonien machten. Folglich sei es seine moralische Pflicht gewesen, weiterhin Kakaobohnen aus São Tomé zu beziehen. Der Anwalt der Verteidigung, Edward Carson, fragte Cadbury: "Was it for the benefit of the Portuguese slaves that you went on buying San Thomé cocoa? – Qualified by my other remarks, yes. – Had you no conscientious objections to going on buying? – Yes, I should have had very serious objections if that was the end of the issue." Im Übrigen behauptete der Firmenchef, er habe seine Kunden niemals über die Herkunft der Bohnen getäuscht.[32]

Erst im Nachhinein, als alle Versuche gescheitert seien, auf gütlichem Wege Reformen durchzusetzen, habe auch er auf die konfrontative Linie einschwenken müssen, sich dieser Erkenntnis aber nicht entzogen und die Boykottbewegung selbst angeführt. Um dies zu plausibilisieren verwies er darauf, dass er Ende 1908 persönlich nach Angola und São Tomé gereist war. Das Ergebnis dieser Reise sei seine Entscheidung für den Boykott gewesen.[33]

Mit dieser Erzählung malte Cadbury ein Bild konsistenten, moralgeleiteten Handelns gemäß seiner politischen und religiösen Überzeugungen. Cadbury gewann den Verleumdungsprozess. Jedoch stellte der Richterspruch keinen klaren Sieg dar, weil das Gericht den verursachten Schaden beziehungsweise die Entschädigung sehr gering veranschlagte. Allerdings hatte der Prozess zur Folge, dass nur noch wenige Zeitungen die Unterstellung aufrechterhielten, Cadbury habe die Zustände auf São Tomé verschleiern wollen – eine Ausnahme bildete nur die gewerkschaftsnahe *Saturday Review*.[34]

Ein unmittelbares Ergebnis des Skandals war die Einführung neuer Regeln im Unternehmen. Ab 1913 wurden klare Standards für die Zuliefererfirmen fixiert, so dass die Außenbeziehungen des Unternehmens nun auf ähnlich formalisierten Grundsätzen basierten wie die interne Unternehmensorganisation. Deutlicher als zuvor repräsentierte das Unternehmen nun einen universalen Menschenrechtsanspruch, der den globalisierten Handelsbeziehungen der Firma Rechnung trug.

---

32 Befragung abgedruckt in The Times, 2.12.1909, S. 4.
33 The Times, 2.12.1909, S. 4.
34 Satre (2005): Chocolate on Trial, S. 176–180.

Lehren

Die Unternehmensführung musste lernen, dass sie nicht im „luftleeren" Raum darüber entscheiden konnte, welche ethischen Prinzipien für die Geschäfte Cadburys gelten konnten. Die einmal für den internen Gebrauch formulierten Ansprüche wurden von der Öffentlichkeit aufgenommen und auf neue Art interpretiert. Ein Teil der Presse forderte konsistentes Verhalten: Wenn Cadbury „nach innen" beziehungsweise in Großbritannien hohe Standards reklamierte, so durften sie auch in den Außenbeziehungen des Unternehmens nicht außer Acht gelassen werden – widrigenfalls stand der Vorwurf der Heuchelei im Raum. Dies gab den Menschenrechtsvereinen eine enorme Deutungsmacht und ermöglichte es ihnen, auf die Unternehmensstrategie direkt Einfluss zu nehmen. Ihr Interesse bestand darin, spektakuläre Maßnahmen mit Symbolwirkung (Boykott) und damit gesteigerte Aufmerksamkeit für ihre über den Einzelfall hinausgehenden Ziele zu erlangen. Zugleich eröffnete sich für William Cadbury hiermit ein Ausweg aus der Glaubwürdigkeitskrise, indem er sich scheinbar an die Spitze des Boykotts stellte. Durch den Prozess wechselte er die Aushandlungsarena und gewann die Offensive zurück.

In der Rückschau erscheint es erstaunlich, dass die Cadburys die Brisanz der Situation lange nicht erkannten, das Problem über Jahre hinweg dilatorisch behandelten. Dies ist wohl nur damit zu erklären, dass sie ihre Unternehmensethik bis dahin stets als interne Unternehmensethik konzipiert hatten und erst durch die Auseinandersetzungen erkennen mussten, dass universale Werte (Menschenrechte) ohne Beachtung des Interaktionsbereichs in Zeiten der beginnenden Globalisierung ein Glaubwürdigkeitsdefizit hatten.

Die Debatte über Cadbury zeigt zudem das Zusammenspiel unterschiedlicher Manifestationsformen von Unternehmensethik. Die öffentlichen Debatten beherrschten die Auseinandersetzungen, aber sie standen nicht isoliert. So zeigt die Formulierung von Anforderungen an die Menschrechtsstandards bei Zulieferern im Jahr 1913, wie wichtig organisatorische Maßnahmen für die Sicherung und Sichtbarkeit von Unternehmensethik waren. Zugleich zeigt die (Um-)Deutungsgeschichte des Geschäftsgebarens Cadburys zwischen 1901 und 1908 / 09, wie ambivalent bestimmte Handlungen erschienen. Manifestierte sich in diesem Zuwarten die Bekräftigung oder die Vernachlässigung von Menschrechten als Richtschnur im Geschäftsleben? Es wäre dabei viel zu einfach, die Affäre Cadbury als eine Geschichte zu beschreiben, in der die Öffentlichkeit von einem zaudernden Unternehmen schlicht die Beachtung von selbst gesetzten Regeln einforderte; es ging eben nicht einfach nur darum, dass den Worten bestimmte Taten folgen mussten. Vielmehr ergibt sich das Bild einer Art Kräfteparallelogramm von Organisationsstrukturen beziehungsweise -normen, Debatten und Handlungen mit vielfachen Querverbindungen, an deren Ende die Bekräftigung der Norm „Einhaltung von Menschenrechten" stand, jedoch nicht ohne eine Transformation der Deutungen (Arbeitnehmerrechte müssen weltweit beachtet werden; Cadbury handelte fehlerhaft aber nach bestem Gewissem), der Praktiken (Boykott beziehungsweise Wechsel der Lieferanten) und letztlich auch der Organisationsstrukturen (Richtlinien für die Auswahl von Lieferanten).

Ausblick

Mit dem vorgestellten Beispiel hoffen wir zeigen zu können, welchen Nutzen eine historische Erforschung der Unternehmensethik mit den Leitkategorien Akteure und Arenen, Manifestationen und Geltungsbereiche haben kann. Zunächst erlaubt dieses Vorgehen die dichte Beschreibung derartiger Auseinandersetzungen.

Ein verallgemeinerbarer Nutzen ergibt sich beispielsweise für die Abfolge von Manifestationen der Unternehmensethik. Das Beispiel zeigt, dass etwa ein simples Sequenzmodell der Normentstehung und -durchsetzung zu kurz greift, etwa nach folgendem Muster: *Zunächst* werde in Debatten ein bestimmtes Verhalten formuliert oder gefordert, *anschließend* würden solche Werte in Organisationsstrukturen gegossen (Unternehmen formulieren und implementieren Compliance-Regeln), *und am Ende* der Kette handelten Unternehmen oder ihre Mitarbeiter entsprechend. Cadbury zeigt eine ganz andere, komplexere Abfolge, nämlich ein Unternehmen, das sich in Gestalt der Eignerfamilie für bestimmte Werte engagiert und dies auch in seinen Organisationsstrukturen (im Stammbetrieb) und Handlungen (diplomatische Bemühungen) reflektiert. Unter dem Eindruck einer öffentlichen Debatte wurden die den Normen angemessenen Handlungsweisen konkretisiert, woran die Unternehmensleitung sich anpasste und deren Ergebnisse sie später auch in organisatorische Regelungen goss. Denkbar wären, in anderen Fällen, wiederum andere Sequenzen, die z. B. bei sich ändernden Praktiken beginnen. Zu untersuchen wäre konkret, in welchen historischen Kontexten (Epoche, Land, Branche, Unternehmenstyp etc.) diese oder andere Abfolgen typisch sind.

Das Beispiel Cadbury zeigt auch die produktive Rolle von Missverständnissen, etwa in der Zuordnung von Geltungsbereichen. Waren die Cadburys davon ausgegangen, dass sich ihr ethischer Anspruch weitgehend auf unternehmensinterne Vorgänge beschränkte, lernten sie in der öffentlichen Debatte, dass dies kaum möglich war. Auch in anderen Fällen kann man das System der Geltungsbereiche nutzen um zu untersuchen, wie sich unterschiedliche Auffassungen hinsichtlich der Geltungsbereiche einer und derselben Norm auswirkten. Ein Beispiel wäre der Korruptionsskandal bei Volkswagen von 2005. Die Vorfälle um Begünstigungen für Betriebsratsangehörige wurden öffentlich schon sehr bald als Korruption interpretiert. Korruption ist jedoch eine Kategorie, die in ihrer klassischen Definition in den Interaktionsbereich fällt (Manipulation der Entscheidungen eines öffentlichen Amtsträgers zum Nutzen für ein Privatunternehmen).[35] Nun wurden aber Verstöße gegen Normen der internen Ethik in Kategorien der Interaktionsethik diskutiert. Dies verschaffte den Kritikern ungeheure Deutungsmacht. Gestützt wurde letztlich die interne Norm der Unabhängigkeit von Arbeitnehmervertretern, durch eine Debatte über die Verletzung von Interaktionsnormen, vermutlich, weil die Interaktionsnormen mehr öffentliche Aufmerksamkeit erreichen.

---

35 Engels, Jens Ivo: Politische Korruption in der Moderne. Debatten und Praktiken in Großbritannien und Deutschland im 19. Jahrhundert, in: Historische Zeitschrift 282 (2006), S. 313–350.

Die Moral von Tee und Babymilch
Unternehmenskritik und Konzepte für ethisches Wirtschaften bei britischen Entwicklungsaktivisten

Matthias Kuhnert

Bestimmte Kriterien zur Beurteilung wirtschaftlichen Handelns erscheinen heute nahezu selbstverständlich. So verweisen beinahe alle größeren Konzerne auf ihr verantwortungsbewusstes Wirtschaften. Das Bekenntnis zur sogenannten *Corporate Social Responsibility* gehört mittlerweile zum festen Repertoire der Selbstinszenierung multinationaler Unternehmen. Unter diesem Slogan wird allgemein das Bemühen um nachhaltiges Wirtschaften, der Einsatz für den Umweltschutz sowie die Wahrung von Arbeitnehmer- und Menschenrechten subsumiert. Diese Prinzipien bilden gar die Basis für die *Global Compact*-Richtlinien, die die UN als Leitfaden für moralisches unternehmerisches Handeln herausgeben.[1] Freilich lässt sich fragen, inwiefern Unternehmen diese Richtlinien überhaupt umsetzen. Dennoch gibt es keinen Zweifel daran, dass das Handeln von Unternehmen an diesen Konventionen gemessen wird. Schließlich haben sich die Konzerne selbst dazu bekannt und tragen dies offensiv in die Öffentlichkeit.[2]

Die heutige Konzeption von unternehmerischer Verantwortung zeichnet sich vor allem durch ihre potentiell unbegrenzte Reichweite aus: Im Zentrum der Bewertung steht nicht nur die Herstellung von Produkten zur

---

1 UN Global Corporate Sustainability Report 2013, S. 3. [http://www.unglobalcompact.org/docs/about_the_gc/Global_Corporate_Sustainability_Report2013.pdf] (letzter Zugriff am 11.04.2014).

2 Zu erkennen ist dies bereits bei einem Blick auf die Homepages vieler Unternehmen. Exemplarisch hierfür sind etwa die Firmenseiten von Siemens, Nestlé oder Phillip Morris: [http://www.siemens.com/sustainability/de/] (letzter Zugriff am 12.04.2014); [http://www.nestle.com/csv] (letzter Zugriff am 12.04.2014); [http://www.philipmorrisusa.com/en/cms/Responsibility/Our_Approach_to_Responsibility/default.aspx] (letzter Zugriff am 12.04.2014).

Gewinnmaximierung, sondern der gesamte Produktions- und Vertriebspro-
zesses in all seinen weltweiten Verästelungen, bei dem *jeder* Schritt im Sinne
der *Corporate Social Responsibility* moralisch einwandfrei sein sollte.[3]

Auch wenn es einige Konzerne heute so darstellen mögen, sind wohl die
wenigsten Unternehmer von sich aus auf die Idee gekommen, die Verantwortung für die ethisch-moralische Dimension ihres Handelns zu übernehmen.
Vielmehr ist davon auszugehen, dass die Unternehmen auf Kritik von außen
reagierten oder – neutraler formuliert – auf ein gewandeltes Verständnis in
der Öffentlichkeit darüber, wie sich Unternehmen moralisch-ethisch verhalten sollten.

Dieser Beitrag setzt sich mit einem solcher gesellschaftlicher Aushandlungs-
prozesse über ethisch-moralische Normen des Wirtschaftens auseinander.
Konkret befasst er sich mit den Kampagnen der britischen Entwicklungs-NGO
War on Want[4], die sich seit Mitte der 1970er Jahre mit ihrer Kritik an den
Geschäftspraktiken internationaler Großkonzerne in die Debatte einbrachte.
Anhand dieses Beispiels wird gezeigt, wie sich Kriterien, die heute als Maß-
stäbe für „gutes" wirtschaftliches Handeln gelten, bei NGOs aus dem Bereich
der Entwicklungszusammenarbeit etablierten.

Die Darstellung erfolgt in drei Schritten: Erstens werden zwei Kampagnen
von War on Want genauer vorgestellt. Dabei handelt es sich um die Kritik an

---

3   Zu den nicht immer eindeutig definierten Begriffen wie „Corporate Social Responsibility", „unternehmerische Verantwortung" und anderen, wie etwa „Corporate Citizen-
ship", siehe: Neuhäuser, Christian: Unternehmen als moralische Akteure, Berlin 2011,
S. 15–21; Bassen, Alexander / Jastram, Sarah / Meyer, Katrin: Corporate Social Responsibility. Eine Begriffsklärung, in: Zeitschrift für Wirtschafts- und Unternehmensethik 6
(2005), S. 231–236. Für einen Überblick über die historische Entwicklung des Konzep-
tes, siehe: Caroll, Archie B.: Corporate Social Responsibility. Evolution of a Definitional
Construct, in: Business & Society 38 (1999), S. 268–295.

4   War on Want wurde 1951 von dem britischen Verleger und Intellektuellen Victor Gol-
lancz als Association for World Peace gegründet. Ein Jahr später benannte sich die
Organisation in War on Want um. Von Beginn an verortete sich die NGO auf der linken
Seite des politischen Spektrums, so gehörten prominente Figuren aus der britischen
Arbeiterbewegung, etwa der spätere Premierminister Harold Wilson, zu den frühen
Unterstützern. Zu Beginn verstand sich die Organisation vorwiegend als Fundraisin-
ginstitution und pressure group, die für die Interessen der „Dritten Welt" eintrat. Seit
den 1960er Jahren engagierte sie sich besonders in der Entwicklungshilfe.

den Anbaupraktiken der Teeindustrie auf Sri Lanka und die Auseinandersetzung mit der Vermarktung von Muttermilchersatzprodukten in der „Dritten Welt". Zentral hierbei ist, dass die beiden Kampagnen ein Novum in der öffentlichen Selbstinszenierung der NGO darstellten. Zum ersten Mal standen nicht staatliche Akteure, sondern Unternehmen im Fokus. Deren Handeln wurde von den Aktivisten in ein spezifisches Bewusstsein über die Zusammenhänge der globalisierten Wirtschaft eingebettet. Diese Neuausrichtung in der Kampagnenarbeit war die Reaktion auf krisenhafte Erscheinungen der gesamten britischen Entwicklungshilfeszene und speziell bei War on Want.

Im zweiten Teil wird gezeigt, wie sich die Kritik von NGOs wie War on Want über weltweite *Single Issue*-Netzwerke verbreitete und so allgemeine Beachtung erfuhr. Diese Netzwerkbildung, die am Beispiel des International Baby Food Action Networks veranschaulicht wird, war einer der Faktoren, die der Kritik zur Durchsetzung verhalfen. Nur durch diese internationalen Zusammenschlüsse war es möglich, den Anliegen der Aktivisten dauerhaft Gehör zu verschaffen.

Drittens kehrt der Beitrag noch einmal zu den Kampagnen selbst zurück und befasst sich mit der argumentativen Ebene der vorgetragenen Kritik. Hierbei wird herausgearbeitet, dass die Argumentationsweise in einem doppelten Sinne anschlussfähig war für weitere Kampagnen. Zum einen stellte sie einen Referenzrahmen bereit, an den weitere Kritiken an anderen Konzernen oder Branchen andocken konnten. Zum anderen enthielt sie bereits diejenigen Elemente, die später zu Konzepten wie Fair Trade oder einer weiterentwickelten unternehmerischen Verantwortung führten.

Die Quellen, auf denen diese Analyse fußt, stammen vorwiegend aus den Beständen der NGO War on Want oder aus deren Umfeld.[5] So wird vor allem Kampagnenmaterial, wie Broschüren, Pamphlete und Flugblätter, aber auch interne Akten sowie in einzelnen Fällen Presseartikel herangezogen.

---

5   Wenn nicht anders angegeben, so stammen die Materialien von War on Want aus den
      Beständen der Bibliothek der School of Oriental and African Studies (SOAS) in London.

Unternehmenskritik und interne Konsolidierung: Die Kampagnen von War on Want in den 1970er Jahren

Im Jahr 1974 publizierte War on Want den sogenannten Baby Killer-Report.[6] Der Autor des 20-seitigen Heftes prangerte die Vermarktung von Muttermilchersatzprodukten in Entwicklungsländern an.[7] Er argumentierte, dass vielen Müttern in der „Dritten Welt" die nötige Ausstattung oder das Wissen fehlen würden, um die künstliche Muttermilch sicher zuzubereiten. Ihre Kochgelegenheiten seien nicht dafür geeignet, die Milch entsprechend aufzubereiten. Außerdem mangele es oftmals bereits am sauberen Trinkwasser. Darüber hinaus könnten viele von ihnen nicht gut genug lesen, um die Anleitungen der Produkte zu verstehen. Dennoch würde die Zahl der Mütter steigen, die sich für die Ersatzprodukte entschieden, anstatt zu stillen. Dies führe in vielen Fällen zu schweren Infektionen und Krankheiten bei Säuglingen, vielfach gar zu deren Tod. Folglich seien dafür auch Konzerne wie Nestlé verantwortlich, die durch ihre aggressiven und oftmals irreführenden Werbemethoden die Frauen dazu verleiteten, vom Stillen Abstand zu nehmen. So wurde den Unternehmen unter anderem vorgeworfen, als Krankenschwestern verkleidete Vertreterinnen loszuschicken, um zu suggerieren, ihre Produkte würden von anerkannten medizinischen Einrichtungen empfohlen. Obwohl sich die Unternehmen der Gefahren durch die falsche Handhabung ihrer Produkte bewusst gewesen seien, hätten sie trotzdem zu den genannten Werbepraktiken gegriffen, um ihre Marktanteile

---

6   Muller, Mike: The Baby Killer. A War on Want investigation into the Promotion and Sale of powdered baby milks in the Third World, London 1974.

7   Damit nahm das Heft einen Faden auf, der bereits ein Jahr zuvor durch mehrere Artikel im New Internationalist gelegt worden war. The New Internationalist, August Issue 1973.
Generelle Kritik an künstlicher Säuglingsernährung in Verbindung mit einer Betonung der Vorzüge des Stillens war schon länger etabliert. Als Ausgangspunkt dieser Debatte gilt gemeinhin die Kinderärztin Cicley Williams, die mit einer Rede vor Mitgliedern des Rotaryclubs in Singapur im Jahr 1939 auf die Gefahren der Flaschennahrung für Säuglinge hinwies. Hilton, Matthew: Prosperity for All. Consumer Activism in an Era of Globalization, Ithaca, London 2009, S. 126f.

in den Entwicklungsländern zu steigern.[8] Ohne es explizit zu formulieren, unterstellte der Bericht also, dass die Konzerne aus Profitgier den Tod von Tausenden von Säuglingen bewusst in Kauf nähmen.

Beinahe zeitgleich mit dem *Baby Killer* veröffentlichte War on Want eine Reportage namens „The State of Tea", in der es um die Arbeitsbedingungen auf Teeplantagen in Sri Lanka ging.[9] Die Arbeiter, überwiegend staatenlose Tamilen, müssten für Hungerlöhne unter sklavenähnlichen Bedingungen Schwerstarbeit verrichten. Sie müssten in heruntergekommenen Barracken leben und hätten keinen Zugang zu angemessener medizinischer Versorgung oder Bildungseinrichtungen. Der Bericht hob zudem hervor, dass einige der Plantagen im Besitz britischer Importeure seien und ein Großteil des Tees aus Sri Lanka letztendlich in britischen Supermärkten landen würde. Mit ihrem Agieren auf den Weltmärkten hätten britische Teehändler außerdem dazu beigetragen, dass die Preise für sri-lankischen Tee und damit die Löhne der Arbeiter auf den Plantagen stetig gefallen seien. Auch die Konsumenten in Großbritannien wurden in die Pflicht genommen. Sie müssten sich bewusst sein, dass günstiger Tee im Gegenzug schwierige Lebensbedingungen für Menschen in anderen Erdteilen bedeuten könnte.[10]

Die Publikation dieser beiden Berichte war Teil einer neuen Strategie von War on Want, das sich Anfang der 1970er Jahre in einer Umbruchsphase befand. Dafür können insbesondere zwei Ursachen ausgemacht werden. Erstens fand ein allgemeiner Wandel in der Debatte über die Entwicklungshilfe statt. So war der modernisierungstheoretische Impetus, der vielen Entwicklungsprojekten innewohnte, ebenso in die Krise geraten, wie die bloße Verteilung von Hilfsgeldern ohne nachhaltige Wirkung. In beiden Fällen war der Vorwurf des Paternalismus, des Bevormundens und der Herablassung gegenüber den Armen der „Dritten Welt" weit verbreitet. Zudem wurde an der Wirkung dieser Maßnahmen gezweifelt. Exemplarisch hierfür war der sogenannte Pearson-Bericht, den eine Expertengruppe der Weltbank im Jahr 1969 herausgegeben hatte. Die Studie kam zu dem Ergebnis, dass die weltweite Armut

---

8   Muller (1974): Baby Killer.
9   Bond, Edith M.: The State of Tea. A War on Want investigation into the Sri Lanka's tea industry and the plight of the estate workers, London 1974.
10   Ebd.

trotz der Bemühungen der letzten beiden Jahrzehnte nicht abgenommen habe.[11] Entwicklungshelfer und -ökonomen debattierten daher neue Mittel und Wege, um die Entwicklungshilfe sinnvoll zu reformieren. Dieser Diskurs lief vor allem darauf hinaus, die Ursachen der Armut direkt zu bekämpfen, anstatt wie bisher nur die Symptome. In diesem Zusammenhang verwiesen viele Organisationen immer wieder auf den Welthandel, der die Entwicklungsländer systematisch benachteilige.[12]

Zweitens hatte die neue Strategie von War on Want interne Ursachen. Ende 1969 war offensichtlich geworden, dass die NGO tief in den roten Zahlen steckte, was zu einem Führungswechsel führte. In den Folgejahren unternahmen die Verantwortlichen diverse Schritte zur Professionalisierung und Effizienzsteigerung. Mit diesen administrativen Umbaumaßnahmen gingen jedoch Fragen nach einer möglichen inhaltlichen Neuausrichtung

---

11   Lester B. Pearson, Partners in Development. Report of the Commission on International Development, New York 1969.

Generell zur Forschung über die Selbstreflexion der Entwicklungshelfer in diesem Zeitraum siehe: Büschel, Hubertus / Speich, Daniel: Einleitung – Konjunkturen, Probleme und perspektiven der Globalgeschichte von Entwicklungszusammenarbeit, in: Dies. (Hg.):Entwicklungswelten. Globalgeschichte der Entwicklungszusammenarbeit, Frankfurt, New York 2009, S. 7–29, insbesondere: S. 11–14. Für einen kurzen Überblick über die Geschichte der Entwicklungspolitik: Büschel, Hubertus: Geschichte der Entwicklungspolitik, Version: 1.0, in: Docupedia-Zeitgeschichte, 11.2.2010, [http:/ /docupedia.de/zg/Geschichte_der_Entwicklungspolitik?oldid=84614] (letzter Zugriff am 10.04.2014).

Für die Diskussion in Großbritannien, speziell in NGOs, siehe: Saunders, Claire: British Humanitarian, Aid and Development NGOs, 1949–Present, in: Crowson, Nick / Hilton, Matthew / McKay, James (Hg.): NGOs in Contemporary Britain. Non-State Actors in Society and Politics since 1945, Basingstoke 2009, S. 38–58, hier: S. 43–49; Hilton, Matthew: International Aid and Development NGOs in Britain and Human Rights since 1945, in: Humanity 3 (2012), S. 449–472.

12   Die Thematisierung des Welthandels war insbesondere auf die sogenannte Dependenztheorie zurückzuführen, die die Benachteiligung der „Dritten Welt" auf das Fortbestehen von quasi-kolonialen Abhängigkeitsverhältnissen nach der Dekolonisierung postulierten. Ein wichtiges Machtinstrument des Westens sahen die Dependenztheoretiker in ungerechten Wirtschaftsbeziehungen. Siehe hierzu: Rist, Gilbert: The History of Development. From Western Origins to Global Faith, London, New York 2008, S. 113–122.

einher. Neben der Projektarbeit betraf dies auch die Medienstrategie. Zentral wurde die Forderung, die Ursachen von Armut und Benachteiligung in der „Dritten Welt" klar zu benennen und dabei politisch eindeutig Stellung zu beziehen. So postulierte etwa das Vorstandsmitglied Bruce Kent 1972 mit Blick auf die Rolle der eigenen Organisation: „Agencies can produce ideas – ideas which have the power to modify or even change the policies of Governments."[13]

Charakteristisch für diese novellierte öffentliche Selbstinszenierung war der Versuch, ein bestimmtes Bewusstsein über ökonomische Zusammenhänge zu vermitteln. Auch wenn in den Jahren zuvor bereits sporadisch auf Ungleichgewichte im Welthandel hingewiesen worden war, ließen die Publikationen seit Mitte der 1970er Jahre eine tiefergehende analytische Dimension erkennen. So informierte die NGO detaillierter über die Zusammenhänge von Produktionsprozessen, den Interessen von Regierungen und Konzernen sowie den Konsum der Produkte. Im Fall des *Baby Killer* wurde etwa genau auf die Motive der Nahrungsmittelhersteller eingegangen. Ferner standen die Bedingungen der Vermarktung und des Konsums im Fokus. *The State of Tea* wiederum thematisierte die Produktionsbedingungen von Erzeugnissen, die in der „Dritten Welt" für die Absatzmärkte im globalen Norden hergestellt wurden und setzte beide Faktoren miteinander in Beziehung. Der *Baby Killer* problematisierte also den Export von Gütern aus der „Ersten" in die „Dritte Welt" und der Teebericht den von Erzeugnissen aus den Entwicklungsländern nach Europa. Kurz: Die Organisation versuchte mit ihren Berichten, ein ganz bestimmtes Bewusstsein über die als ungerecht wahrgenommenen Prozesse einer Wirtschaft zu vermitteln, die sich zunehmend globalisierte. Die erkannten „Ungerechtigkeiten" wurden anhand von einzelnen Unternehmen oder Branchen veranschaulicht und öffentlichkeitswirksam kritisiert.

---

13 SOAS, War on Want Mss. Box 118, Acc. No. 03076. Kent, Bruce: A.G.M. Speech. War on Want – Northern Ireland, Belfast 7th Oct. 1972.

Die Bildung von Netzwerken und die Verbreitung der Kritik

Sowohl der *Baby Killer* als auch der *State of Tea* wurden von der Presse, vor allem natürlich in Großbritannien, dem Land ihrer Publikation, rezipiert. So konstatierte etwa die altehrwürdige Times ganz im Sinne War on Wants, dass „International manufacturers of dried milk for babies [...] are seriously increasing the problem of malnutrition in [sic!] the very young."[14] Auch *The State of Tea* nahm die Zeitung wahr und berichtete über die darin vorgebrachten Anschuldigungen gegen die Teeimporteure.[15]

War on Want konnte also erfolgreich auf die entsprechenden Themen aufmerksam machen und sich selbst in die Schlagzeilen bringen. Der durchschlagende Erfolg der Kampagnen – und damit die allgemeine Verbreitung dieser Art von Unternehmenskritik – lässt sich jedoch allein daraus nicht erklären. Wichtig war vor allem die Herausbildung von internationalen Netzwerken. Die Kritik an den Herstellern von Babynahrung verbreitete sich etwa vor allem mit Hilfe einer breiten Koalition aus NGOs, Pressure-Groups, Verbraucherorganisationen sowie der Frauenbewegung. Diese internationale Protestbewegung gelangte unter anderem durch eine Verleumdungsklage Nestlés gegen die Aktionsgruppe Dritte Welt aus Bern zu erhöhter Bekanntheit. Der Prozess gegen die Gruppe, die den *Baby Killer* unter dem Titel „Nestlé tötet Babies" auf Deutsch publiziert hatte, führte dazu, dass die Presse das Thema aufgriff und Nestlé dabei zumeist mit negativen Schlagzeilen bedachte.[16]

Ein Vorteil der Netzwerkbildung war, dass sich daran weitaus größere – und einflussreichere – Organisationen als War on Want beteiligten. Einer der wichtigsten Akteure war in diesem Zusammenhang die International Organization of Consumers Unions (IOCU), die Dachorganisation der Verbraucher- und Konsumentenbewegung. Durch ihren Status als bei der UN assoziierte NGO gelang es ihr, die Kritik an den Lebensmittelkonzernen in die Arena der internationalen Politik zu tragen. Dadurch konnten die Kritiker ihre Standpunkte vor der Weltgesundheitsversammlung präsentieren. War on Want alleine wäre

---

14   Roper, John: Report reveals dangers of bottle feeding, in: The Times 12. März 1974.

15   War on Want accuses British tea estates, in: The Times 29. März 1974.

16   Spitzeck, Heiko: Moralische Organisationsentwicklung, Bern, Stuttgart, Wien 2008, S. 101.

dies wahrscheinlich nicht gelungen. Im Zuge dieser Anhörung stellte sich das bisher lose Protest-Netzwerk aus sehr disparaten Gruppen auf eine formelle Basis und institutionalisierte sich als International Baby Food Action Network (IBFAN). Auf Initiative von IBFAN verabschiedete die Weltgesundheitsversammlung 1979 einen Code für die Vermarktung und den Vertrieb von Muttermilchersatzprodukten. Für die Kritiker der Nahrungsmittelproduzenten war dies ein immenser Erfolg: Ihre Sichtweise war nun offiziell legitimiert und die internationale Gemeinschaft forderte die Industrie dazu auf, sich an feste Vorgaben zu halten.[17]

Die Tatsache, dass IBFAN es schaffte, der Kritik auf der Ebene der Vereinten Nationen Gehör und Akzeptanz zu verleihen, bildete jedoch nur eine Komponente des Erfolgs. Vielleicht noch wichtiger war, dass IBFAN die Kritik perpetuierte und über Jahre hinweg an der Tagesordnung hielt. Die ständige Vertretung von IBFAN ließ den einzelnen Mitgliedsorganisationen in gewissen Abständen immer wieder Analysen und Reportagen zu dem Thema zukommen. Dadurch blieben die teilnehmenden NGOs über den aktuellen Stand der Debatte informiert. So wurde garantiert, dass die Problematik der Muttermilchersatzprodukte bei den jeweiligen Gruppen, die sich an der Kampagne beteiligten, stets auf der Agenda blieb und nicht von anderen, aktuelleren Sachverhalten verdrängt wurde. Auf diese Weise lieferte IBFAN NGOs wie War on Want immer wieder Material, das sie in ihre laufende PR-Arbeit einbinden konnten.[18] Beispielsweise berichtete War on Want in eigenen Newslettern über die verschiedenen Aktivitäten des Netzwerkes.[19] Die britische NGO stellte zudem in den Jahren nach der Veröffentlichung des *Baby Killer* immer

---

17 Für eine detailliertere Beschreibung der Netzwerkbildung und die Rolle der IOCU siehe: Hilton (2009): Prosperity for all, S. 137–140.

18 Hierfür beispielhaft: SOAS, War on Want Mss. Box 249, Acc. No. 02458. WOW News Issue 4 April / May 1982. In dieser Ausgabe des War on Want-Newsletters wurde ein sogenanntes Action Pack von IBFAN beworben, das direkt bei War on Want erhältlich war und Informationen zum Stand der Kampagne enthielt.

19 SOAS, War on Want Mss. Box 249, Acc. No. 02458. „Ban the Ads", in: WOW News Issue 1 October / November 1981. Der Artikel berichtete darüber, dass War on Want zusammen mit anderen britischen Teilen des Netzwerkes für eine Einführung des oben erwähnten Codes im Vereinigten Königreich eintrat.

wieder neue Recherchen zu dem Thema an und legte weitere Analysen vor und speiste so ihre Expertise in das Netzwerk ein.[20]

So entwickelte sich eine Dynamik, durch die es sich für die beteiligten NGOs und Gruppen lohnte, sich weiterhin in dem Netzwerk zu engagieren. Dies bewirkte somit eine stetige Perpetuierung und Fortschreibung der Kritik an den Konzernen. In diesem Zusammenhang ist es wichtig zu betonen, dass die am Netzwerk beteiligten Gruppen beinahe ausschließlich durch ihre geteilte Kritik an den Nahrungsmittelkonzernen zusammengehalten wurden. Thematisch hatten sie in den meisten Fällen sonst wenig gemeinsam. Das bedeutete aber auch, dass sie nicht in direkter Konkurrenz zueinander standen und vor allem voneinander profitieren konnten.

Verantwortung, Gerechtigkeit und Fairness: Kategorien des „guten" Wirtschaftens

Dass breite gesellschaftliche Kreise die Kritik an den multinationalen Konzernen akzeptierten und diese sich so zum Standard für „gutes" wirtschaftliches Handeln weiterentwickeln konnte, lag auch an der Argumentationsweise der Publikationen.

---

20 SOAS, War on Want Mss. Box 202, Acc. No. 02257. Firebrace, James: Imported Milk Powders and Bottle Feeding. The evidence from the Yemen Arab Republic. For submission to the WHO-UNICEF meeting on infant and young child feeding practices, London 1979; SOAS, War on Want Mss. Box 254, Acc. No. 02399. Breast of Bottle? Factors Influencing the Choice of Infant Feeding in the UK, London 1982; SOAS, War on Want Mss. Box 253, Acc. No. 01170. Chetley, Andy: The baby killer scandal. A War on Want investigation into the promotion and sale of powdered baby milks in the Third World, London 1979. Letztgenanntes Werk ist nicht zu verwechseln mit dem eigentlichen Baby Killer aus dem Jahr 1974. Obwohl die Titel beinahe identisch sind, handelt es sich beim Baby Killer Scandal um ein Buch mit mehr als 120 Seiten, das eine wesentlich tiefere Analyse als der ursprüngliche Bericht von Mike Muller bietet. Der ursprüngliche Baby Killer war nichtsdestotrotz weiterhin erfolgreich, sodass er bereits 1977 in der dritten Auflage publiziert worden war. SOAS, War on Want Mss., Box 254, Acc. No. 02433. Muller, Mike: The Baby Killer. A War on Want Investigation into the promotion and sales of powdered Baby milks in the Third World, 3rd ed., London 1977.

Die Autoren von War on Want konnten bei ihrer Auseinandersetzung mit den Geschäftspraktiken der Konzerne zumeist nicht auf juristische Regelungen rekurrieren. So ist weder im *Baby Killer*, noch in *The State of Tea* von illegalen Aktivitäten die Rede. Es wurde den Unternehmen auch nicht vorgeworfen, an sich gefährliche Produkte zu verkaufen. So konstatierte der *Baby Killer*, dass die Säuglingsmilch unter den richtigen Umständen durchaus nützlich sein könne. „The object of this report is *not* [Hervorhebung M.K.] to prove that baby milk kills babies. In optimum conditions, with proper preparation and hygiene, they can be a perfectly adequate infant food."[21] Die Kritiker setzten folglich auch gar nicht auf einer rechtlichen Ebene an. Stattdessen ging es im *Baby Killer* vielmehr um die Verantwortung der Unternehmen, die über die Herstellung einwandfreier Produkte deutlich hinausging. Wie bereits erwähnt, standen die aus Sicht der NGO fragwürdigen Vermarktungsstrategien im Fokus.

> „The baby food industry stands accused of promoting their products in communities which cannot use them properly; of using advertising, sales girls dressed up in nurses uniforms, give away samples and free gift gimmicks that persuade mothers to give up breast feeding."[22]

In Zusammenhang mit einer dramatischen Beschreibung der Folgen, die die falsche Ernährung für die Gesundheit vieler Neugeborener habe, stellte der Bericht die Frage nach der Verantwortung der Konzerne. „What is the responsibility of the baby food industry?"[23] War on Want bezog sich also in seiner Auseinandersetzung mit den Nahrungsmittelherstellern auf ethisch-moralische Kategorien. Die NGO machte sogar genaue Vorschläge, wie Nestlé und die anderen Firmen ihrer Verantwortung gerecht werden könnten. Unter anderem wurde gefordert, dass „[c]ompanies should [...] refrain from all consumer promotion of breast milk substitutes in high risk communities".[24] Zentral ist hierbei, wie der Bericht die ethisch-moralische Pflicht der Unternehmen mit den wirtschaftlichen Praktiken verband. Es wurde suggeriert, dass mach-

---

21 Muller (1974): Baby Killer, S. 2.
22 Ebd., S. 1.
23 Ebd.
24 Ebd., S. 18.

bare, wenn auch weitreichende, praktische Schritte genügten, um auf den Pfad des moralisch korrekten Wirtschaftens zurückzukehren. Die Kritik an der ethisch fragwürdigen wirtschaftlichen Praxis wurde als Folge einer nicht wahrgenommenen Verantwortung interpretiert. Aus dieser Verantwortung wiederum wurde jedoch sogleich der mögliche Weg für die „richtige" Handlungsweise abgeleitet.

Ein ähnliches argumentatives Muster lässt sich im *State of Tea* beobachten. Auch hier bezog sich der Bericht auf die Verantwortung der am Teehandel beteiligten Parteien. Diese läge nicht allein bei den Teeproduzenten.

> „The situation on tea estates is degrading and demoralising. Responsibility lies jointly with four main groups the Sri Lankan Government, the companies involved, Sri Lankan and British Unions and the British Government. These Groups must work together in an attempt to achieve a solution."[25]

Alle diese Akteure sollten ihren Beitrag zur Verbesserung der Arbeitsbedingungen auf den Plantagen leisten. Den Firmen obläge es, die Arbeiter besser zu bezahlen, die Unterbringungen auf den Plantagen zu renovieren und spezielle Weiterbildungsmaßnahmen für die Pflücker einzuführen. Die Gewerkschaften in Sri Lanka sollten sich für bessere Löhne einsetzen und die Regierung zur Festlegung bestimmter Standards anhalten. Ihre Pendants in der britischen Arbeiterbewegung, besonders diejenigen, die mit der Teeindustrie zu tun hatten, sollten ihre Arbeitgeber dazu drängen, den „Kollegen" in Übersee gerechte Löhne zu bezahlen. Die beiden Regierungen wiederum sollten Mechanismen entwickeln, um die Arbeitsbedingungen beziehungsweise Löhne zu verbessern, die Weltmarktpreise für Tee gerechter zu gestalten und die Unternehmen effektiver zu kontrollieren.[26] Der Maßnahmenkatalog am Ende des *State of Tea* zeigte also ebenfalls eine Möglichkeit auf, mit der die beteiligten Akteure ihre Verantwortung für das korrekte Wirtschaften umsetzen konnten.

Die Publikation ging jedoch in einem wichtigen Aspekt über den *Baby Killer* hinaus: Der expliziten Thematisierung von Gerechtigkeit und Fairness. Alle genannten Schritte, die Unternehmen, Regierungen und Gewerkschaften

---

25   Bond (1974): State of Tea, S. 13.
26   Ebd., S. 13f.

umsetzen sollten, dienten der fairen Behandlung der Arbeiter. Die britische
Regierung sollte sich „for an examination of the pricing mechanism and a *fair*
[Hervorhebung M.K.] price for the tea bought by Britain"[27] einsetzen. Das
Engagement der britischen Gewerkschaften sollte sich darauf richten, dass die
Arbeiter in Sri Lanka „fair wages"[28] erhielten. Die Forderung nach Fairness,
nach gerechten Verhältnissen, die sich vor allem an die Akteure im Westen
richtete, konnte nach dieser Lesart durch verantwortungsbewusstes Handeln
umgesetzt werden. Kämen alle Beteiligten ihrer Verantwortung nach, könnten
Teeproduktion und -handel gerecht und fair gestaltet werden.

Diese Argumentationskette aus Verantwortung, Gerechtigkeit und Fairness war insbesondere aus drei Gründen geeignet, um zu einem verbreiteten
Bewertungssystem für ethisches Handeln in einer global vernetzten Ökonomie aufzusteigen. Erstens war sie nahezu universell anschlussfähig und konnte
daher auf nahezu alle wirtschaftlichen Prozesse angewandt werden. Die Frage
nach fairen Bedingungen konnte eben nicht nur im Fall der Arbeiter auf den
Teeplantagen Sri Lankas gestellt werden. Sie war potentiell auf alle Produkti-
onsprozesse übertragbar, bei denen die sogenannte „Erste" mit der „Dritten
Welt" im Austausch stand. Dabei konnte die Argumentation insbesondere die
Räume erfassen, die nicht verrechtlicht waren, oder in denen explizit keine
bestehenden Gesetze gebrochen wurden.[29]

Damit eng verbunden war zweitens eine enorme Kampagnentauglichkeit
dieser Argumentation. So konnte die Fairness- und Verantwortungs-Seman-
tik nicht nur auf viele unternehmerische Aktivitäten und staatliche Handelsbeziehungen in der globalisierten Welt angewendet werden, sondern barg

---

27 Ebd., S. 14.

28 Ebd.

29 Weitere Beispiele für die Anwendung derartiger Argumentationsweisen wären durch
    War on Want sind: SOAS, War on Want Mss., Box 231, Acc. No. 02364. Muller, Mike:
    Tomorrows Epidemic? A War on Want Investigation into the Production, Promotion
    and Use of Tobacco in the Developing Countries, London 1978; SOAS, War on Want
    Mss., Box 232, Acc. No. 02431. War on Want: Profits out of Poverty? British Banks and
    Latin America's Debt Crisis, London 1986.
    Maggie Blacks Beschreibung der Kampagnen von Oxfam seit den späten 1970er Jahren
    deutet darauf hin, dass auch diese NGO die Argumentationskette anwendete. Black,
    Maggie: A Cause for Our Times. Oxfam the First 50 Years, Oxford 1992, S. 265–292.

darüber hinaus ein nicht zu unterschätzendes Mobilisierungspotential. Viele von War on Wants Publikationen und Kampagnen der 1970er und 1980er Jahre waren explizit darauf ausgerichtet, das Gerechtigkeitsempfinden der Leser anzusprechen – besonders dann, wenn sich die Autoren mit Konzernen auseinandersetzten.[30] Selbstverständlich war War on Want bei weitem nicht die einzige NGO, die sich dieser Argumentationskette bediente. Auch etwa die kirchliche NGO Christian Aid hinterfragte in ihren Veröffentlichungen immer wieder die Fairness beziehungsweise die Gerechtigkeit der Weltwirtschaft.[31] Zahlreiche andere Gruppen und Organisationen halfen dadurch, diese Argumentationsweise weiter zu verbreiten. Am Begriff der Fairness lässt sich stellvertretend für die gesamte Argumentationskette veranschaulichen, warum diese so eingängig war. Das Konzept der Fairness, das ursprünglich aus dem Bereich des Sportes stammte, war nach und nach zu einer etablierten Metapher für anständiges, gerechtes Verhalten geworden.[32] So war der Begriff zu einem allgemein verständlichen kommunikativen Code avanciert. Wichtig für die Kritik an Unternehmen und wirtschaftlichen Verhaltensweisen ist nun, dass der Begriff der Fairness unmittelbar dabei half, die teilweise komplexen Sachverhalte und Strukturen einzuordnen. Er stellte dadurch ein Mittel zur Verfügung, die jeweilige Botschaft zu strukturieren und auf eine vergleichsweise einfache Formel zu bringen. Der Fairness-Begriff vermochte daher, die Kritik am Verhalten von Konzernen zu bündeln und allgemein verständlich zu kommunizieren. Darüber hinaus war er zudem so vage definiert, dass er in zahlreichen verschiedenen Kontexten verwendet werden konnte, aber dennoch nicht seine Qualität als stichhaltiges Argument verlor.

Gleichzeitig suggerierte das Fairness-, Verantwortungs- und Gerechtigkeitsargument, dass es eine Alternative zu dem kritisierten unfairen Verhalten gebe.

---

30 Vgl. Muller (1978): Tomorrows Epidemic; War on Want (1986): Profits.

31 Exemplarisch für derartige Christian Aid-Publikationen ist: SOAS, Christian Aid Mss., CA / J / 3. Drama for Justice. Drama Suggestions for Schools and Youth Clubs based on the concerns of Christian Aid. London 1983. Dieses Heft beinhaltet diverse Ideen für Theaterinszenierungen mit Titeln, wie „Fair Play in the Factory". Ebd., S 14–17.

32 Laut Christiane Eisenberg wurde der Begriff der Fairness Ende des 19. Jahrhunderts im britischen Sport zum ersten Mal intensiv debattiert. Eisenberg, Christiane: „English Sports" und deutsche Bürger. Eine Gesellschaftsgeschichte 1800–1939, Paderborn u. a. 1999, S. 53.

Es implizierte nämlich drittens einen möglichen Weg zur Lösung. Nur wenige Jahre nachdem die ersten Entwicklungs-NGOs damit begonnen hatten, aggressiv das Verhalten von Firmen und Konzernen zu kritisieren, arbeiteten sie bereits Gegenmodelle aus, die gleichberechtigte Wirtschaftsbeziehungen zwischen „Dritter" und „Erster Welt" herstellen sollten. NGOs wie Oxfam und War on Want hatten bereits seit den 1960er Jahren eigene Läden unterhalten, in denen sie primär zu Fundraising-Zwecken Second-Hand-Waren und Produkte aus den Entwicklungsländern verkauften.[33] In den späten 1970er und 1980er formierte sich darauf aufbauend in Großbritannien ein Zusammenschluss aus mehreren Entwicklungs-NGOs, die verschiedene Wege und Möglichkeiten debattierten, wie gerechter Handel hergestellt werden könne. Daraus entstand die Fair Trade Foundation.[34] Das Interessante hieran ist, dass die Durchführbarkeit einer alternativen Form des gleichberechtigten Handels mit der Etablierung von Fair Trade quasi bewiesen wurde. Die Dilemmata eines ungerechten Weltmarktes konnten also scheinbar gelöst werden, solange der Wille dazu vorhanden war. Diese (versuchte) Umsetzung des Gedankens des fairen Handels in die Praxis war einerseits die logische Konsequenz aus den Kampagnen gegen die Praktiken der Großkonzerne. Andererseits verstärkte sie die Kritik, da nun ein Gegenmodell existierte, das das Fairness-Argument untermauerte.

Diese drei Faktoren bedingten die Etablierung des argumentativen Geflechts aus Fairness, Gerechtigkeit und Verantwortung. Es durchzog zahlreiche Publikationen und Kampagnen von NGOs, in denen sich die Aktivisten mit dem Verhältnis von Industrie- und Entwicklungsländern beschäftigten. Die Stärke des Argumentationsmusters bestand in seiner Anpassungsfähigkeit an diverse Gegenstände und Probleme, bei gleichzeitiger allgemeiner Verständlichkeit. Der Argumentation mit Hilfe von Begriffen wie *responsibility, fairness, justice* und anderen ähnlichen Wendungen wohnte daher eine Qualität inne, die sie

---

33 Belege für die Ladenaktivitäten von War on Want in den 1960ern lassen sich in deren Jahresberichten und Versammlungsprotokollen finden. Siehe etwa: SOAS, War on Want Mss., Box 108, Acc. No. 00910. War on Want Annual Report 1968; SOAS, War on Want Mss., Box 222. War on Want, Minutes of a Special Directors Meeting, 26th March 1969. Für die Entwicklung der Handelsaktivitäten bei Oxfam siehe: Anderson, Matthew: NGOs and Fair Trade. The Social Movement Behind the Label, in: Crowson / Hilton / McKay (Hg.): NGOs in Contemporary Britain, S. 222–241, hier: S. 226–229.

34 H. Anderson (2009): NGOs, S. 226–229.

zu dem zentralen Referenzrahmen für ethisches Wirtschaften in der globalen Welt werden ließ.

Fazit

Wie dieser Beitrag am Beispiel War on Wants gezeigt hat, begannen Entwicklungs-NGOs in den 1970er Jahren damit, sich verstärkt dem ökonomischen Handeln großer Konzerne zuzuwenden. Dabei bedienten sie sich ethisch-moralischer Kriterien, in deren Zentrum Gerechtigkeit, Fairness und Verantwortung standen. Die argumentativen Muster hinter diesen Chiffren lassen sich zu internen Debatten der Entwicklungshilfeszene Großbritanniens zurückverfolgen. Einzelne NGOs vollzogen am Beginn dieses Jahrzehnts einen Prozess der Neuaushandlung von Strategien und Konzepten. Viele ihrer überkommenen Herangehensweisen waren zuvor delegitimiert worden. Das bloße Mildern der Folgen von Armut geriet intern unter immer größeren Rechtfertigungsdruck. Die Antwort der Aktivisten darauf waren unter anderem detaillierte Analysen und Nachforschungen zu den Ursachen der Probleme in den Entwicklungsländern. Deren Wurzeln machten sie in der Folge unter anderem in den ungerechten Wirtschaftsbeziehungen zwischen „Dritter" und „Erster Welt" aus. Diese Erkenntnis veranschaulichten sie anhand von einzelnen Unternehmen und trugen sie so medienwirksam in die Öffentlichkeit. Auf internationaler Bühne verschafften *Single-Issue*-Netzwerke ihren Anliegen Gehör. Außerdem half die Netzwerkbildung dabei die Kritik über längere Zeiträume hinweg im Interesse der Öffentlichkeit zu halten. Darüber hinaus bot die Netzwerkbildung den beteiligten zivilgesellschaftlichen Gruppen eine Möglichkeit der öffentlichen Inszenierung. Solche internationale Zusammenschlüsse wie das IBFAN boten den beteiligten NGOs die Chance an einer langanhaltenden Kampagne zu partizipieren und vom generierten öffentlichen Interesse zu profitieren. Auf diese Weise entstand eine sich wechselseitig verstärkende Dynamik zwischen den einzelnen Gruppen und dem gesamten Netzwerk, die dabei half, die Kritik zu perpetuieren.

Zur Verbreitung der Kritik trugen jedoch insbesondere die ihr zugrunde liegenden argumentativen Muster bei. Jene waren so beschaffen, dass sie einerseits dazu geeignet waren, die Probleme zu erfassen und öffentlichkeitswirksam zu kommunizieren. Andererseits suggerierten sie bereits mögliche Lösungswege für die aufgeworfenen ethischen Fragen. Schlüsselbegriffe hierbei waren Verantwortung, Gerechtigkeit und Fairness. Sie waren dazu in der Lage, komplexe Problemlagen einfach und verständlich zu strukturieren und zu kritisieren. Des Weiteren implizierten sie jedoch bereits mögliche Alternativen zu den angeprangerten ungerechten Verhältnissen, wie unternehmerische Verantwortung, oder den fairen Handel, den einige NGOs seit den 1980er Jahren institutionalisierten und zur Marke machten.

Bei britischen Entwicklungs-NGOs hatte sich somit ein argumentatives Muster etabliert, das es ihnen erlaubte, wirtschaftliches Handeln öffentlichkeitswirksam zu thematisieren und zu kritisieren. Die Nichtregierungsorganisationen beteiligten sich damit an einer breiteren gesellschaftlichen Debatte über die ethisch-moralische Dimension des Wirtschaftens. Inwieweit ihre Konzeptionen in die allgemein gängigen Standards für „gutes" Wirtschaften einflossen, kann an dieser Stelle nicht abschließend geklärt werden. Zumindest gibt es jedoch auffällige Ähnlichkeiten zwischen der eingangs erwähnten *Corporate Social Responsibility*-Rhetorik und der NGO-Argumentation mittels Verantwortung, Gerechtigkeit und Fairness. Gerade Letzteres verweist auf die Notwendigkeit, zivilgesellschaftliche Unternehmenskritik weiter zu erforschen und zu historisieren.

II. Skandale

„Eine Missachtung der wichtigsten Interessen des Landes"
Der Korruptionsskandal um den Hafenbau in Montevideo 1885

Stephan Ruderer

Einleitung

Korruption ist ein Thema, das in den letzten Jahren zunehmend in den Blick der historischen Forschung gerückt ist. Dabei wird das „Wahrnehmungsdelikt"[1] Korruption als eine „Grundfigur der politischen Kommunikation"[2] angesehen, die auf die Legitimität von Herrschaftssystemen und auf Werteordnungen verweist, so dass eine Untersuchung der Korruptionsgeschichte Aufschlüsse über die politische Verfasstheit einer Gesellschaft insgesamt geben kann. Gerade für die Staatsbildungsprozesse des 19. Jahrhunderts kommt der Korruptionsthematik ein hoher Stellenwert zu, denn über die Debatten um Korruption konnten zentrale politische Werte und Institutionen in der medialen Öffentlichkeit diskutiert werden.[3] Die Korruptionskommunikation stellt einen wichtigen Faktor dar, über den in der Öffentlichkeit Modernisierungsprozesse verhandelt werden konnten, da in der Korruptionsanklage immer auch die Bewertung eines unmodernen, unzivilisierten moralischen

---

1   Alemann, Ulrich von: Politische Korruption. Ein Wegweiser zum Stand der Forschung, in: Alemann, Ulrich von (Hg.): Dimensionen politischer Korruption. Beiträge zum Stand der internationalen Forschung, Wiesbaden 2005 (= Politische Vierteljahresschrift Sonderheft 35), S. 13–49, S. 14.

2   Grüne, Niels: „Und sie wissen nicht, was es ist". Ansätze und Blickpunkte historischer Korruptionsforschung, in: Grüne, Niels / Slanička, Simona (Hg.): Korruption. Historische Annäherungen an eine Grundfigur politischer Kommunikation, Göttingen 2010, S. 11–34, S. 31.

3   Vgl. Engels, Jens Ivo: Politische Korruption und Modernisierungsprozesse. Thesen zur Signifikanz der Korruptionskommunikation in der westlichen Moderne, in: Grüne, Niels / Slanička, Simona (Hg.): Korruption. Historische Annäherungen an eine Grundfigur politischer Kommunikation, Göttingen 2010, S. 35–54, S. 35ff.

Fehlverhaltens mitschwang.[4] Vor diesem Hintergrund bietet sich eine Untersuchung der Korruptionsdiskussionen während der Staatsbildungsprozesse im 19. Jahrhundert geradezu an.[5]

Dies gilt auch für die lateinamerikanischen Staatsbildungsprozesse, wobei der Kontinent bisher kaum in den Blick der historischen Korruptionsforschung geraten ist.[6] Wahrnehmung und Stellenwert von korruptem Verhalten wiesen in den einzelnen Ländern des Subkontinents durchaus große Unterschiede auf. Das immer noch häufig zu lesende Pauschalurteil von Lateinamerika als „korruptem Kontinent" muss folglich kritisch hinterfragt werden.[7]

Im Folgenden soll beispielhaft der Korruptionsskandal um die Konzessionierung des Hafenbaus von Montevideo an eine englische Firma untersucht werden. Im Mittelpunkt der Analyse steht die politische Debatte in Uruguay, die sich an den Korruptionsvorwürfen hinsichtlich der Konzessionsvergabe im Jahr 1885 entzündete, da sich hier exemplarisch die politische Werteordnung während des Staatsbildungsprozesses in Uruguay ablesen lässt. Gleichzeitig lassen sich die Auswirkungen des unethischen Verhaltens auf Seiten der britischen Unternehmer und der uruguayischen Verhandlungsführer auf die staatlichen Modernisierungsprojekte in einem spezifischen historischen Kontext herausarbeiten. In einem ersten Schritt wird auf den historischen Kontext

---

4   Vgl. Engels, Jens Ivo: Die Geschichte der Korruption. Von der Frühen Neuzeit bis ins 20. Jahrhundert, Frankfurt 2014, S. 206ff.

5   Vgl. Engels, Jens Ivo / Fahrmeir, Andreas / Nützenadel, Alexander: Einleitung, in: Engels, Jens Ivo (Hg.): Geld, Geschenke, Politik. Korruption im neuzeitlichen Europa, München 2009 (= Historische Zeitschrift. Beihefte 48), S. 1–15; Grüne (2010): „Und Sie wissen nicht"; Engels, Jens Ivo / Monier, Frédéric: Pour une histoire comparée des faveurs et de la corruption: France et Allemagne (XIX.–XX. siècles), in: Engels, Jens Ivo / Monier, Frédéric / Petiteau, Natalie (Hg.): La politique vue d'en bas. Pratiques privées et débats publics 19.–20. Siècles, Paris 2011, S. 127–148; Asch, Ronald G. / Emich, Birgit / Engels, Jens Ivo (Hg.): Integration – Legitimation – Korruption. Politische Patronage in Früher Neuzeit und Moderne, Frankfurt / M. u. a. 2011, S. 7–30.

6   Vgl. Ruderer, Stephan: Korruption und Staatsbildungsprozess. Der Korruptionsdiskurs bei der Legitimation von bewaffneten Aufständen in Argentinien und Uruguay zwischen 1870 und 1890, in: Historische Zeitschrift 300, 1 (2015), S. 66–102, (Manuskript angenommen).

7   Vgl. Ruderer, Stephan: Korruption, in: Hensel, Silke / Potthast, Barbara (Hg.): Das Lateinamerika-Lexikon, Wuppertal 2013, S. 187–189.

des Staatsbildungsprozesses in Uruguay und die konkrete historische Situation Anfang der 1880er Jahre eingegangen, um daraufhin detaillierter den Skandal um die Konzession für den Hafenbau von Montevideo zu beleuchten. Anschließend wird die öffentliche Debatte um diesen Skandal in den Tageszeitungen analysiert, um abschließend in einem Fazit auf das Korruptionsverständnis im 19. Jahrhundert in Uruguay und dessen Auswirkungen auf Modernisierungsprojekte im Staatsbildungsprozess einzugehen. Die Analyse stützt sich in erster Linie auf Aussagen aus der Oppositionspresse der Zeit, da diese eine wichtige Rolle in den öffentlichen Auseinandersetzungen spielte. In Uruguay verstand sich die Presse als politischer Akteur mit einer eindeutigen parteipolitischen Ausrichtung. Häufig wurde sie auch ganz konkret von Politikern als Tribüne genutzt, indem diese Zeitungen gründeten oder als Redakteure arbeiteten.[8] Für den hier untersuchten Fall wird auch auf Zitate aus regierungsnahen Presseorganen zurückgegriffen, insgesamt kam aber der uruguayischen Oppositionspresse in den 1880er Jahren eine Meinungsführerschaft in der öffentlichen Debatte zu.[9]

Der Staatsbildungsprozess in Uruguay und die Regierung Santos (1882–1886)

In Uruguay bildeten sich im Unterschied zu den übrigen lateinamerikanischen Republiken schon kurz nach der Unabhängigkeit 1828 zwei konkurrierende „Parteien" heraus. Die Colorados standen dabei vorrangig für das Bürgertum in Montevideo, während die Blancos vermehrt die Interessen der Bewohner des Landesinneren vertraten.[10] Der Beginn des Staatsbildungsprozesses wird zumeist mit der Diktatur des Colorado-Führers Venancio Flores (1865–1868)

---

8   Vgl. Álvarez Ferretjans, Daniel: Historia de la prensa en el Uruguay, Montevideo 2008, S. 164ff.

9   Vgl. ebd., S. 187.

10   Vgl. zu der hier nur in groben Zügen angedeuteten Unterscheidung Halperin Donghi, Tulio: Party and Nation-State in the Construction of Collective Identities: Uruguay in the Nineteenth Century, in: Roniger, Luis / Herzog, Tamar (Hg.): The Collective and the Public in Latin America. Electoral Identities and Political Order, Brighton, Portland 2000, S. 158–173; Reyes Abadie, Washington / Vázquez Romero, Andrés: Crónica general del Uruguay, Bd. 5: La modernización , Montevideo 2000; Arteaga, Juan José: Breve

angesetzt, der nach seiner erfolgreichen Revolution eine fast 90jährige Vorherrschaft seiner Partei an der Macht begründete.[11] In den Dekaden zuvor war
Uruguay durch einen lang anhaltenden Bürgerkrieg geprägt, der es der jeweiligen Regierung unmöglich machte, ihren Einfluss über Montevideo hinaus
auszuweiten. Erst unter Flores gelang es, durch den Ausbau der Transportwege
und des Telegraphennetzes, den Beginn des Eisenbahnbaus und die Förderung der Wirtschaft das Machtmonopol der Regierung auch in den Provinzen
zumindest teilweise durchzusetzen. Gleichwohl war die Geschichte Uruguays bis Anfang des 20. Jahrhunderts von zahlreichen Revolutionsversuchen
und bewaffneten Aufständen geprägt, die meist von einem Führer (*Caudillo*)
der oppositionellen Blanco-Partei angeführt wurden und teilweise auch auf
die Unterstützung von Regierungsgegnern aus der Colorado-Partei zählen
konnten. In den 1870er Jahren kam es zur Herrschaft von diktatorisch regie-
renden Militärführern aus der Colorado-Partei, wobei diese Zeit des *militarismo* gleichzeitig als erster Höhepunkt der Staatsbildung gilt. Insbesondere
unter dem Militärführer Lorenzo Latorre wurden wichtige strukturelle und
institutionelle Staatsbildungsmaßnahmen durchgeführt, wie z. B. der Ausbau
des Eisenbahnnetzes, die Einzäunung der Weideflächen, die erste landesweite
Bildungsreform oder die staatliche Förderung der Immigration.[12] Nach der
Rückkehr zur demokratischen Regierungsweise im Jahr 1890 konsolidierte
sich die Herrschaft der Colorados erst endgültig nach der Niederschlagung des
letzten Blanco-Aufstandes 1904 und mit der Regierungsübernahme durch José
Batlle y Ordoñez (1903–1907, 1911–1915). Nun war die Regierung stark genug,
weitgehende Sozialreformen durchzuführen, ohne größere Gegenwehr der
Landbesitzer fürchten zu müssen.[13] Unter Batlle y Ordoñez wurde Uruguay

---

historia contemporánea del Uruguay, Buenos Aires 2008; Pivel Devoto, Juan: Historia
de los partidos políticos en el Uruguay, Montevideo 1994.

11   Reyes Abadie / Vázquez Romero (2000): Crónica general, S. 41ff; Lockhart, Washington:
Venancio Flores. Un caudillo trágico, Montevideo 1976; Dotta, Mario: "Oligarquías,
militares y masones": la guerra contra el Paraguay, y la consolidación de las asimetrías
regionales (1865–1870), Montevideo 2011, S. 257ff.

12   Méndez Vives, Enrique: El Uruguay de la modernización 1876–1904, Montevideo 1977,
S. 11ff.

13   Vgl. López-Alves, Fernando: State Formation and Democracy in Latin America, 1810–
1900, Durham, London 2000, S. 213.

in relativ kurzer Zeit zu einem der ersten sozialen Wohlfahrtsstaaten der Welt. Damit avancierte es – auch in der Eigenwahrnehmung – zu einem modernen „Modellland"[14], eine Entwicklung, die im letzten Viertel des 19. Jahrhunderts noch nicht abzusehen war.

Mit der Übernahme der Regierung durch den Militärkommandanten Lorenzo Latorre begann 1876 die Zeit des *militarismo* in Uruguay. Latorre regierte zunächst autoritär, ließ ab 1879 zwar wieder Parlamentswahlen zu, behielt jedoch mit Hilfe von Wahlfälschungen und des Wahlboykotts der Oppositionspartei eine parlamentarische Mehrheit und letztlich diktatorische Machtfülle bei. Latorre legitimierte seine Diktatur dabei ganz bewusst über seine „gute Regierungsführung". Dies wird an einem Zitat einer regierungs-nahen Zeitung deutlich: „Die Diktatur [...] rettete die öffentliche Ordnung und moralisierte die Administration", [...] das ganze Land zieh[t] Frieden und Ordnung der wohlmeinenden Regierung vor, auch wenn die sich provisorische Diktatur nennt".[15] Die Machtfülle Latorres ging nach seinem überraschenden Rücktritt und einer zweijährigen Übergangsregierung auf seinen Nachfolger Máximo Santos (1882–1886) über. Im Gegensatz zu dem eher zurückhalten-den Latorre nutzte Santos seine Macht für einen ausschweifenden Lebensstil und persönliche Bereicherung, was die Herrschaftslegitimation über die Idee der „guten Regierungsführung" problematisch machte. Während der Zeit des *militarismo* gelang es der Zentralregierung, die Kontrolle auf das gesamte Staatsgebiet auszuweiten und durch zahlreiche infrastrukturelle Modernisie-rungsmaßnahmen den Staatsbildungsprozess voranzutreiben, gleichzeitig rief die offensichtliche Korruption Santos' jedoch große öffentliche Kritik hervor. Als Santos darüber hinaus den Versuch unternahm, eine in Uruguay eigentlich nicht vorgesehene zweite Amtszeit zu erlangen, mündete die Kritik in einen erneuten gewaltsamen Revolutionsversuch der Opposition, der sogenannten

---

14   Vanger, Milton: The model country. José Batlle y Ordoñez of Uruguay, 1907–1915, Han-nover, N. H. 1980; Caetano, Gerardo: La república batllista, Montevideo 2011; Ruderer, Stephan: Uruguay, in: Hensel, Silke / Potthast, Barbara (Hg.): Das Lateinamerika-Lexi-kon, Wuppertal 2013, S. 327–332.

15   Im spanischen Original: „Con la dictadura [...] se salvó el orden público, se moralizó la administración" [...] todo el país [prefiere] la paz y el orden que dan los gobiernos bien inspirados, aunque se llamen dictaduras provisorias", La Nación, 10. 3. 1880. Alle Übersetzungen aus dem Spanischen sind vom Autor.

Revolución de Quebracho im März 1886. Der Anlass war folgender: Santos hatte sich nach seinem kurzzeitigen Rücktritt als Präsident zum Senator einer neu geschaffenen Region wählen lassen, wurde dann von seinen Kollegen zum Senatspräsident gewählt, woraufhin der von ihm ernannte Übergangspräsident zurücktrat, so dass – laut Verfassung – der Senatspräsident die Amtsgeschäfte übernehmen konnte.[16] Dieser fragwürdige Versuch scheiterte mittelfristig, in erster Linie aufgrund der Reputation von Santos, der als korrupt galt, was mittlerweile sogar einige seiner Unterstützer annahmen. Zwar gelang es ihm, die Revolution niederzuschlagen und noch ein halbes Jahr an der Macht zu bleiben, doch der öffentliche Druck auf ihn nahm immer mehr zu. Als er versuchte, die Oppositionspresse mit Hilfe eines neuen Gesetzes zu zensieren, verweigerten ihm seine Minister die Gefolgschaft, so dass er sich gezwungen sah, im Oktober 1886 zuerst einer Regierung der „Versöhnung" (*Conciliación*) mit seinen politischen Gegnern zuzustimmen, um kurz darauf zurückzutreten.[17] Unter seinem Nachfolger Máximo Tajes wurde der Übergang zu einer zivilen Regierung vorbereitet, die mit der Wahl des Colorado-Politikers Julio Herrera y Obes ab 1890 ihr Amt aufnahm.

Santos besaß zwar aufgrund des ihm ergebenen Parlaments eine fast unbeschränkte Machtfülle, er musste aber eine sehr kämpferische Oppositionspresse dulden und scheiterte letztlich aufgrund der zahlreichen Korruptionsvorwürfe gegen ihn. Unmittelbar in die Vorbereitungszeit der *Revolución de Quebracho* fiel auch der Skandal um die Konzessionsvergabe für den Hafenbau von Montevideo.

---

16   Vgl. López-Alves, Fernando: Between the Economy and the Polity in the River Plate: Uruguay 1811–1890, London 1993; Méndez Vives (1977): El Uruguay, S. 67ff.; Aguirre Ramírez, Gonzalo: La Revolución del Quebracho y la Conciliación. De Ellauri a Tajes (1873–1886), Montevideo 1989; Fernández Labeque, Alicia/Villa, Oscar Jorge: La transición al civilismo, 1886, Montevideo 2010 (= Cuadernos de historia 6).

17   Reyes Abadie/Vázquez Romero (2000): Crónica general, S. 276ff.

Der Skandal um den Hafenbau 1885

Zu Beginn des Jahres 1883 brachte die Regierung ein Gesetzespaket in das Parlament ein, welches die drei wichtigsten Projekte der Administration Santos umfasste. Die bedeutendste Maßnahme war das Gesetz zur Konstruktion eines neuen Hafens in Montevideo, der den wirtschaftlichen Beziehungen Uruguays zugutekommen sollte und als herausragendes Modernisierungsprojekt galt. Ein entscheidender Faktor für die Priorisierung des Hafenbaus bestand in der Konkurrenz zum nahen Buenos Aires, wo zur gleichen Zeit ein moderner Hafen entstand. Damit drohten die natürlichen Vorteile, die die Bucht von Montevideo bis dahin für den internationalen Schiffsverkehr bot, verloren zu gehen.[18] Das Gesetz, welches im April 1883 verabschiedet wurde, sah neben genauen Bestimmungen zur Durchführung der Hafenkonstruktion auch vor, dass das gesamte Projekt den Staat nicht mehr als drei Millionen britische Pfund kosten solle. Die Verhandlungen mit britischen Konzessionären, die den Hafenbau übernehmen wollten, gestalteten sich jedoch zu Beginn schwierig, da man in England aufgrund schlechter Erfahrungen mit Investitionen in Uruguay zögerlich geworden war. Daher konnte es die Regierung Santos als Erfolg verbuchen, als sie Anfang 1884 einen Vertrag mit der britischen Firma Cutbill, De Lungo & Co. abschloss. Während der parlamentarischen Debatte über die Annahme des Vertrags stellte sich jedoch schnell heraus, dass der Vertrag mit Cutbill, De Lungo & Co. weit über die Vorgaben des Gesetzes von 1883 hinausging und insbesondere die finanziellen Vorteile für die britische Firma deutlich erhöhte. Das führte zu einer intensiven parlamentarischen Debatte, in der sich mehrere Senatoren gegen das Projekt aussprachen. Zum einen wurden die finanziellen Belastungen für den Staatshaushalt, die die Zugeständnisse an die britische Firma mit sich gebracht hätten, bemängelt. Zum anderen ging es um den tatsächlichen Nutzen des Hafens für die uruguayische Wirtschaft, da die Möglichkeit der technischen und finanziellen Durchführung des Hafenbaus unter den gegebenen Bedingungen von vielen

18   Winn, Peter: Inglaterra y la Tierra Purpúrea. Gran Bretaña y Uruguay en el siglo XIX, Bd. 2: Boom, quiebra e imperio económico, 1880–1903, Montevideo 2010, S. 53.

Senatoren angezweifelt, das Projekt deshalb als „Ruin für Montevideo"[19] angesehen wurde. Die Politiker nahmen den Verdacht der oppositionellen Presse auf, dass es den uruguayischen Unterhändlern und den britischen Unternehmern bei der Konzessionsvergabe mehr um die persönliche Bereicherung als um die Interessen des Landes gegangen sei. Dass die Zugeständnisse an die privaten Unternehmer weit über den Wortlaut des Gesetzes von 1883 hinausgingen, war für die Opposition ein Indikator für „ethisches Fehlverhalten". Ein Zitat aus dem Memorandum des Unterhändlers der Regierung Santos, Armando Carve, zeigt, dass dieser Verdacht nicht ganz unbegründet war, verweist es doch darauf, wie wenig die handelnden Personen auf die Vorgaben des Parlaments Rücksicht nahmen. Carve beglückwünschte sich selbst und die Regierung darin zum erfolgreichen Vertragsabschluss, verwies auf die Konkurrenz aus Buenos Aires und begründete damit die Notwendigkeit, über das Gesetz von 1883 hinauszugehen:

> „Glücklicherweise hängt der Fortschritt der Nation mehr von der Essenz als von der Form der Dinge ab und ist nicht an den Wortlaut eines gegebenen Dekrets gebunden; ganz im Gegenteil: Der Herrscher wünscht nur das Gute für sein Land, und diese Dekrete werden weggeschmissen, verändert, reformiert oder annulliert, je nach Situation, immer darauf bedacht, dieses Gute zu verwirklichen."[20]

Die Realisierung des Hafenprojekts war für die Regierung Santos von solch großer Bedeutung, dass die finanziellen Zugeständnisse an die britische Firma,

---

19 Im spanischen Original: „Ruina para Montevideo", Senator Castro, in: Senado: Diaro de Sesiones de la Camara de Senadores de la República del Uruguay, Tomo XXXIII, 4° sesión extraordinaria del 30 de julio 1884, S. 589.

20 Im spanischen Original: „Felizmente el adelanto de la Nación depende más de la esencia que de la forma de las cosas y su progreso no está sujeto á los términos concebidos en un Decreto dado; sino por el contrario, el Gobernante [...] no desea más que el bien del País, y esos decretos se tiran, se modifican, reforman y anulan, según las circunstancias, buscando siempre á realizar ese bien", Memorandum Carve, in: Senado: Diaro de Sesiones de la Camara de Senadores de la República del Uruguay, Tomo XXXIII, 45° sesión del 8 de julio 1884, S. 239.

die den Staatshaushalt enorm belasten sollten, nicht ins Gewicht fielen.[21] Trotz der öffentlichen Proteste gegen das Projekt stimmte der Senat dem Vertrag mit Cutbill, De Lungo & Co. im September 1884 schließlich mit einer Stimme Mehrheit zu, wobei die für die Santos-Zeit ungewöhnlich knappe Entscheidung schon die Bedenken der Politiker selbst im Regierungslager verdeutlicht.

Die Zustimmung zu dem Vertrag genügte der britischen Firma jedoch nicht. Sie stellte im Nachhinein weitere Forderungen und verlangte finanzielle Garantien, die die Regierung wiederum zu geben bereit war. Diesmal war der Widerstand im Senat allerdings so groß, dass Santos während der erneuten Debatte im Jahr 1885 mit seinem Rücktritt und der Auflösung des Parlaments drohen musste, um die Zustimmung zu dem Projekt zu erhalten. Nur aufgrund seiner diktatorischen Machtfülle konnte Santos die Konzessionsvergabe an die britische Firma für den Hafenbau Mitte des Jahres vorerst durchsetzen. Doch sollten die Nachverhandlungen zwischen dem Unterhändler Carve und der britischen Firma, die Mitte 1885 die erhöhten finanziellen Garantien zum Ergebnis hatten, zu einem öffentlichen Skandal in Uruguay führen, der letztlich die Realisierung des Projektes verhinderte.[22]

Im September 1885 veröffentlichte Meliton González, ein Mitarbeiter des Unterhändlers Carve, der bei den Verhandlungen in London anwesend war, in der Presse von Montevideo nach und nach vier bis dahin geheim gehaltene Verträge. Diese machten unter anderem deutlich, dass die finanziellen Zugeständnisse an Cutbill, De Lungo & Co. wesentlich höher ausfielen als bisher dargestellt. Außerdem wurde klar, dass der Hafen aufgrund fehlender Voruntersuchungen technisch gar nicht realisiert werden könne, so dass der Verdacht aufkam, dass die britische Firma nur darauf aus sei, eine Entschädigungssumme für eine mögliche Auflösung des Vertrages zu erhalten. Darüber hinaus ließ sich erkennen, dass größere Summen der veranschlagten Gesamtausgaben für „außergewöhnliche Posten" abgezweigt werden sollten.[23] Diese

---

21   Vgl. Acevedo, Eduardo: Anales históricos del Uruguay, 6 Bde., Montevideo 1934, hier Bd. 4, S. 299. Selbst der englische Vertreter in Montevideo war sich der finanziellen Belastungen für den Staatshaushalt bewusst, vgl. das Zitat in Winn (2010): Inglaterra, S. 56.

22   Vgl. Acevedo (1934): Anales históricos, S. 300.

23   Vgl. La Tribuna Popular, 23. 10. 1885; Acevedo (1934): Anales históricos, S. 300 und Winn (2010): Inglaterra, S. 58.

Veröffentlichung löste eine Korruptionsdebatte in Uruguay aus, an deren Ende das Projekt in den Augen der Öffentlichkeit diskreditiert war. Dass ein Großteil der Vorwürfe berechtigt war, zeigt nicht nur der weitere Verlauf des Projekts, sondern auch eine Jahre später erschienene Rechtfertigungsschrift des Unterhändlers Armando Carve. Er gab zu, dass er an dem Projekt eine große Summe an Kommissionsgeldern verdient hätte, sein Interesse an dem Abschluss des Vertrags also eindeutig auch auf dem Motiv der persönlichen Bereicherung gründete.[24] Der öffentliche Skandal gegen Ende des Jahres 1885 führte zwar nicht zu einer Änderung der Vertragslage, der Korruptionsverdacht verzögerte aber den Beginn der Arbeiten am Hafen bis zum Rücktritt von Santos ein Jahr später, so dass die neue Regierung in einer ihrer ersten Amtshandlungen den Vertrag mit Cutbill, De Lungo & Co. für ungültig erklären konnte und die Konzessionsvergabe für den Hafenbau neu ausschrieb.[25] Nach einem Einspruch der britischen Firma musste der uruguayische Staat aber tatsächlich eine größere Entschädigungssumme für die Vertragsauflösung bezahlen. Der unbedingte Wille der Regierung Santos, einen modernen Hafen zu konstruieren, auch wenn die britischen Unternehmer und beteiligten Regierungsvertreter sich dabei persönlich bereichern konnten, führte letztlich zu finanziellen Verlusten für den Staat. Im Ergebnis musste Montevideo noch weitere 15 Jahre auf den Bau eines modernen Hafens warten. Erst im Jahr 1901 wurde die Grundsteinlegung für die Realisierung des diesmal mit nationalen Geldern finanzierten Projektes durchgeführt.[26] Ein wichtiger Grund für das vorläufige Scheitern des Hafenbaus ist in der öffentlichen Debatte um den Korruptionsskandal von 1885 zu sehen, an der sich Hinweise auf das Werteverständnis der uruguayischen Öffentlichkeit im Staatsbildungsprozess ablesen lassen.

---

24 Vgl. Winn (2010): Inglaterra, S. 58 und Williman, José Claudio: Santos. La consolidación del Estado, Montevideo 1979, S. 137, der das Verhalten Carves verteidigt.
25 Acevedo (1934): Anales históricos, S. 300 und 417.
26 Vgl. Acevedo (1934): Anales históricos, S. 523.

Die Pressedebatte

Ein bedeutendes Charakteristikum, das die lateinamerikanischen Länder am *Río de la Plata* im 19. Jahrhundert auch gegenüber vielen europäischen Nationen zur gleichen Zeit auszeichnet, ist der hohe Stellenwert der Presse als Legitimationsinstanz der politischen Macht und die Bedeutung der Pressefreiheit.[27] Auch in Uruguay stießen die Versuche der Militärregierungen, die unliebsame Oppositionspresse zu zensieren, auf derart großen Widerstand, dass sie entweder nach kurzer Zeit abgebrochen werden mussten, oder, wie im Fall von Santos 1886, sogar Auslöser für den Sturz einer Regierung sein konnten. So überrascht es nicht, wenn sich auch um die Veröffentlichung der Geheimverträge zwischen Carve und der britischen Firma Cutbill, De Lungo & Co. eine intensive Pressekampagne entwickelte. Korruptionsvorwürfe als politisches Instrument gegen die Regierung waren indes nicht neu. Schon vor dem Skandal um den Hafenbau brachte die Oppositionspresse den persönlichen Reichtum von Santos mit den finanziellen Engpässen des Staatshaushaltes in Verbindung. Während die Oppositionszeitung *La Razón* im Juli 1885 noch rhetorisch fragte: „Erklärt der Überfluss in den privaten Finanzen von Santos nicht die Armut in den öffentlichen Finanzen?"[28], so gab sie einen Monat darauf schon selbst die Antwort: „Und der improvisierte Reichtum dieses glücklichen Sterblichen fällt zusammen mit den unerklärlichen Defiziten im Staatshaushalt."[29] Die Veröffentlichung der Geheimverträge griff also ein Thema auf, für das die Bevölkerung Montevideos bereits sensibilisiert war.

Vor allem zwei miteinander verbundene Aspekte der Hafenkonzession wurden dabei thematisiert. Zum einen schürten die Geheimverträge Zweifel an der Durchführbarkeit und Sinnhaftigkeit des Hafenbaus für die uruguayische Wirtschaft, zum anderen wurde mit dem Wohl des Landes argumentiert, um

---

27   Vgl. zu Argentinien Sabato, Hilda: El pueblo "uno e indivisible". Prácticas políticas del liberalismo porteño, in: Bertoni, Lilia Ana / Privitellio, Luciano de (Hg.): Conflictos en democracia. La vida política argentina entre dos siglos, 1852–1943, Buenos Aires 2009, S. 25–44.

28   Im spanischen Original: „¿La abundancia en las finanzas privadas de Santos no esplicaría la misería en las finanzas públicas?", La Razón, 1. Juli 1885.

29   Im spanischen Original: „Y con la improvisada fortuna de este feliz mortal coinciden inesplicables déficits en los presupuestos del Estado", La Razón, 22. August 1885.

der Kritik an der Regierung Santos Ausdruck zu verleihen. Die Opposition unterfütterte die politisch-moralische Kritik an der Regierung mit Sachargumenten, die sich auf die konkrete Realisierung des Hafens bezogen. Sie zählte zahlreiche technische Mängel auf und verwies darauf, dass die in den Geheimverträgen enthaltenen Baupläne „den Ursprungsplan des zu bauenden Hafens komplett verändern."[30] Dazu stellte sie die Frage, warum es noch keine Erfolgsmeldungen über den Verkauf von Aktien der in London gegründeten Hafengesellschaft gab und erklärte dies damit, dass es der britischen Firma und den uruguayischen Unterhändlern gar nicht um die Realisierung des Projektes gegangen sei, denn zu fragen sei doch eigentlich ob „der Gesandte der Republik [...] sein Land für eine Handvoll Gold verkauft hat".[31] Für die Opposition bestand kein Zweifel, dass „die Interessen des Landes in Gefahr gebracht wurden durch die Verletzung des Gesetzes über den Hafen"[32]. Sie verwies auf "den radikalen Gegensatz, der existiert zwischen den geschlossenen Verträgen und den Interessen des Landes".[33] Entscheidend für die Argumentation war nicht so sehr der eventuelle Tatbestand der persönlichen Bereicherung, sondern in erster Linie die negativen Folgen für das Wohl des Landes, die aus den möglichen Mehrausgaben des Staates und der unzureichenden technischen Durchführung der Arbeiten am Hafen entstanden.

Auch die Reaktionen der Santos-Befürworter zeigten, dass es sich bei den „Landesinteressen" um ein zentrales Argument handelte, denn neben Drohungen gegen die Oppositionspresse und Verweisen auf die Ehrlichkeit der Administration Santos wurden der Presse und insbesondere dem Unterhändler Meliton González Landesverrat vorgeworfen. Die Aufdeckung der Geheimverträge ließe sich nur damit erklären, dass sich González an die Hafengesellschaft in Buenos Aires verkauft habe, denn diese Veröffentlichung

---

30 Im spanischen Original: „Desvirtua[n] por completo el plan original del puerto a construirse", La Tribuna Popular, 23. Oktober 1885.

31 Im spanischen Original: „El enviado de la República [...] ha vendido á su país por un puñado de oro", La Tribuna Popular, 23. Oktober 1885 (hier das Zitat) und La Razón, 13. Oktober 1885.

32 Im spanischen Original: „Los intereses del país, [fueron] puestos en peligros por el conculcamiento de la ley sobre el puerto", La Tribuna Popular, 20. Oktober 1885.

33 Im spanischen Original: „La oposición radical que existe entre los contratos celebrados y los intereses del país", La Razón, 27. Oktober 1885.

schade den Wirtschaftsinteressen Uruguays und nütze nur der Konkurrenz aus Argentinien.[34] Auf diesem Terrain war aber die Regierung aufgrund der zahlreichen schon in der Vergangenheit erhobenen Korruptionsvorwürfe in der Defensive. Daneben versäumte sie es, auf die Sachargumente der Opposition zu antworten; auf die technischen Mängel in den Bauplänen und die eventuellen Mehrkosten wurde nicht eingegangen. So konnte González in seiner Verteidigung darauf verweisen, dass er die Verträge gerade nicht aus persönlichem Interesse aufgedeckt habe, sondern aufgrund der Bedeutung für sein Vaterland: „Die Angelegenheit ist von hohem nationalen Interesse und vor der Größe des Objekts verschwinden die Personen und man steckt die persönlichen Beleidigungen weg, die ich verachte."[35] Der Korruptionsvorwurf wurde dabei in gleicher Weise zurückgegeben: „Es handelt sich hier nicht um ein Werk für das Land, sondern um ein Geschäft für einige Personen".[36] Als dann einige regierungstreue Parlamentarier eine öffentliche Kampagne gegen die „Landesverräter" starteten und Gefängnisstrafen für sie forderten, konnte es sich die Oppositionspresse erlauben, dies nur belustigt zu kommentieren.[37] Gegen den Versuch von Santos, die unliebsame Presse zu zensieren und einige Redakteure einzusperren, erhob sich dagegen starker öffentlicher Protest. Die entsprechenden Maßnahmen mussten einige Tage später wieder aufgehoben werden.[38] Auch hier wiederholte sich die Argumentation:

---

34 Vgl. die Verweise auf die Santospresse in La Tribuna Popular, 23.Oktober 1885, 24. Oktober 1885 und in La Razón, 23.Oktober 1885.

35 Im spanischen Original: „El asunto es de alto interés nacional, y ante la grandiosidad del objeto desaparecen las personas y se embotan los insultos personales que desprecio", La Razón, 31. Oktober 1885.

36 Im spanischen Original: „No se trata de una obra para el país, sino de un negocio de unos cuantos hombres", Interview mit Meliton González, La Tribuna Nacional, 27. Oktober 1885.

37 So konterte La Razón den Aufruf „Cárcel para los Traidores" („Gefängnis für die Verräter") aus dem Manifest der Parlamentarier mit dem Hinweis, diese hätten einen Verrat an der Vernunft begangen, und der Zeile „Caramelos para los traidores" („Bonbons für die Verräter"), vgl. La Razón, 30. Oktober 1885.

38 Vgl. das „Manifest der freien Presse", in: La Razón, 3. November 1885 und La Tribuna Popular, 31. Oktober 1885.

„Was man tatsächlich versucht, ist die Presse mundtot zu machen, damit sie nicht weiterhin solche Geschäfte wie [...] das der Hafen[konzession] tadelt, um so in aller Stille illegitime Handlungen begehen zu können, die dem Land schwer schaden und nur einige Auserwählte begünstigen."[39]

Der Korruptionsskandal um die Vergabe der Hafenkonzession erwies sich auch deshalb als so bedeutend, da ihn die Opposition zu einer pauschalen Abrechnung mit dem Santos-Regime nutzen und mit politischen Forderungen nach einem Ende seiner Präsidentschaft verbinden konnte. Der Korruptions-vorwurf diente hierbei als wirksames Instrument, da Santos sich nicht auf die demokratische Legitimität seiner Regierung berufen konnte, sondern, ähn-lich wie sein Vorgänger Latorre, die Akzeptanz über Verweise auf sein gutes Regierungshandeln herstellen musste. So argumentierte die regierungsnahe Presse auch während der Debatte um die Hafenkonzession damit, dass sich die Regierung ja dadurch auszeichne, dass sie „für den Fortschritt und die Zivilisation, Ordnung, Frieden und Moral steht und außerdem den Handel und die Industrie fördert."[40] Verweise auf die demokratische Legitimität waren der Regierung Santos nicht möglich, gerade deshalb erwies sich die Anklage der Korruption als besonders wirkmächtig. Dabei griff die Opposition ein Merkmal auf, das dem Korruptionsvorwurf im 19. Jahrhundert allgemein inhä-rent war, nämlich die Idee, korrupte Praktiken mit einer zurückgebliebenen, unzivilisierten, noch nicht modernen Gesellschaft zu verbinden.[41] Vor dem Hintergrund der britischen Interessen, denen, so zumindest der Eindruck der Oppositionspresse, eine korrupte uruguayische Regierung das Wohl des Lan-des opferte, bekam der Vorwurf des Unzivilisierten seine Relevanz. Während Großbritannien eigentlich als Wiege der Moderne galt, schien es *La Razón*, als ob „die englischen Konzessionäre Don Armando Carve behandelt hätten,

---

39 Im spanischen Original: "Lo que se intenta en realidad es amordazar la prensa para que no siga fustigando negociados como el [...] del puerto, para poder así consumar en el silencio actos ilícitos que vienen a perjudicar gravemente al país en beneficio de unos cuantos agraciados.", La Razón, 3. November 1885.

40 Im spanischen Original: „Profesa [...] el progreso y la civilización, el orden, la paz y la moral, además fomenta el comercio y la industria", La Nación, 8. August 1885.

41 Vgl. Engels (2014): Geschichte der Korruption, S. 206ff.

wie wenn er der Gesandte irgendeines amerikanischen Kleinkönigs wäre".[42]
Angesichts der Korruption von Santos und seinen Anhängern fragte sich die
Tribuna Popular: „Und mit diesen Leuten will man die Republik erheben und
sie den Platz einnehmen lassen, den sie im Konzert der zivilisierten Völker
verdient?"[43] Der Vorwurf, die Regierung vermittele aufgrund ihrer korrupten Praktiken den Eindruck eines barbarischen, unmodernen Uruguays, ließ
sich mit patriotischen Argumenten verbinden. Die schlechte Repräsentation
Uruguays gegenüber den britischen Unternehmern und der Ausverkauf der
Interessen des Landes an das Ausland konnten so als Argumente genutzt werden, um die Konzessionsvergabe komplett abzulehnen.[44]

Die Kritik an Santos diente auch dazu, die politische Opposition zu legi-
timieren und seine Regierung zu diskreditieren. Die Presse machte schon
während der Debatte um die Geheimverträge mehrmals auf die Versuche
von Santos aufmerksam, seine im März 1886 ablaufende Amtszeit mit allen
Mitteln zu verlängern. Eine direkte Wiederwahl wurde in der oppositionellen
Presse strikt abgelehnt, aber auch der oben bereits erwähnte legale „Umweg"
Santos', über die Rolle als Senatspräsident wieder an die Macht zu gelangen,
wurde kritisiert.[45] In Verbindung mit den Korruptionsklagen malte die Oppositionspresse ein düsteres Bild von dem, was eine mögliche Verlängerung der
Amtszeit Santos' bedeuten würde:

„Das [eine weitere Amtszeit Santos'] ist das Opfer all unserer politischen Institutionen um einen unmäßigen und unersättlichen Egoismus willen [...] Das ist die
administrative Orgie, die in der Verschwendung und Begünstigung alle Kräfte, die
in zehn Jahren tiefen Friedens angesammelt wurden, verbraucht."[46]

---

42 Im spanischen Original: „Los contratistas ingleses hubieran tratado á don Armando
    Carve como si fuera el enviado de algun reyezuelo de América", La Razón, 24. Oktober
    1885.

43 Im spanischen Original: „¿Y es con esas gentes que se pretende levantar á la República y
    hacerla ocupar el puesto á que es acreedora en el concierto de los pueblos civilisados?",
    La Tribuna Popular, 13. November 1885.

44 Vgl. Winn (2010): Inglaterra, S. 57.

45 Vgl. La Razón, 23. Oktober 1885, 18. November 1885 und 22. November 1885.

46 Im spanischen Original: „Es el sacrificio de todas nuestras instituciones políticas en
    aras de un personalísimo intemperante e insaciable. [...] Es la orgia administrativa que

Der Vorwurf, sämtliche Institutionen des Landes zur persönlichen Bereicherung einer kleinen Schar von Anhängern zu nutzen, war eines der wichtigsten
Argumente in der Pressekampagne gegen den Präsidenten. Damit konnte die
Opposition auch den Warnungen der Regierung vor einem bewaffneten Aufstand begegnen – wie er zu dieser Zeit von einigen Oppositionskräften schon
geplant wurde. Denn, so *La Tribuna Popular*,

> „die wirklichen Revolutionäre sind die Santos-Anhänger, die im Volk Unruhe stiften
> mit ihren Ausschreitungen und ihrem Golddurst, [...] das sind die, die an der Macht
> sind, und Unruhe ins Land bringen, weil sie verhasste Privilegien verteilen [...] das
> sind die, die korrupte Verträge unterschreiben wie den vom Hafen."[47]

Problematischer als ein bewaffneter Aufstand erschien in den Augen der
Opposition eine korrupte Regierung, die das Wohl des Landes missachtete.[48]
Diese Korruption führe dazu, dass das Land vor der westlichen Welt weiterhin als unzivilisiert erscheine und die bedeutendsten Modernisierungsprojekte scheitern müssten. Denn gegen Ende der öffentlichen Debatte um die
Geheimverträge stand für die Presse fest, dass der Hafen von der Firma Cutbill,
De Lungo & Co. auf absehbare Zeit nicht gebaut werden könne, auch wenn
sich an der Gesetzeslage vorerst nichts geändert hatte. Die Verantwortung für
diesen Fehlschlag erschien eindeutig:

> „Die Konstruktion des Hafens von Montevideo, ein fruchtbarer Gedanke, der alle
> Staatsmänner seit einem halben Jahrhundert beschäftigt, wird sich noch Gott weiß
> wie viele Jahre hinauszögern aufgrund der traurigen Manöver, mit denen die san-
> tistische Herrschaft sie gerade zum Scheitern gebracht hat."[49]

---

consume en el derroche y el favoritismo todas las fuerzas acumuladas en diez años de
profunda paz.", La Razón, 22. November 1885.

47   Im spanischen Original: „Los verdaderos revolucionarios son los situacionistas que
causan al pueblo con sus desmanes y su sed de oro [...] son los que estando en el poder
llevan la intranquilidad al país concediendo privilegios odiosos [...] son los que firman
contratos leoninos como el del Puerto.", La Tribuna Popular, 29. Oktober 1885.

48   Vgl. dazu Ruderer (2015): Korruption und Staatsbildungsprozess.

49   Im spanischen Original: "La construcción del puerto de Montevideo – pensamiento
fecundo que ha ocupado a todos los estadistas desde hace medio siglo, y cuya realización

Fazit

Der Korruptionsskandal um die Geheimverträge zum Hafenbau in Montevideo 1885 steht exemplarisch für die Debattenkultur im Uruguay während des Staatsbildungsprozesses und bildete gleichzeitig die Grundlage für das Ende der Santos-Regierung ein Jahr später. Schon 1885 scheiterte Santos mit dem Versuch, die Korruptionsklagen gegen ihn in der Presse zu zensieren; einige Monate später sah er sich einer bewaffneten Revolution gegenüber. Schließlich führte erneute Pressezensur zum Ende seiner Regierung, da diesmal der politische Druck so hoch war, dass er letztlich freiwillig zurücktrat.

Entscheidendes Argument in der Korruptionsdebatte war das Wohl des Landes. Diese Idee des Gemeinwohls war auch deshalb so wirkmächtig, da sie aufgrund ihrer schwachen inhaltlichen Bestimmtheit vielfältig einsetzbar war.[50] Über die öffentliche Skandalisierung von gemeinwohlschädigendem Verhalten kann das Konzept des Gemeinwohls sein herrschaftslimitierendes Potential entfalten.[51] Genau vor diesem Hintergrund argumentierte die uruguayische Opposition. Es gelang ihr, den Vertrag als einen Ausverkauf der Interessen des Landes zu schildern, während Santos und seine Anhänger sich bereicherten. Die Korruptionskritik beruhte auf der Vorstellung, dass sich die Regierung daran messen lassen musste, ob ihre Entscheidungen der Nation als Ganzes oder Einzelpersonen dienten. In diesem Fall ähnelte die Debatte in Uruguay Korruptionsdebatten in europäischen Ländern zur gleichen Zeit. Auch in den Niederlanden z. B. wurde die Verfolgung persönlicher Interessen

---

se retardará sabe Dios cuántos años por los tristísimas maniobras con que la dominación santista acaba de hacerlo fracasar.", La Razón, 13. November 1885.

50   Vgl. Isensee, Josef: Gemeinwohl und öffentliches Amt. Vordemokratische Fundamente des Verfassungsstaates, Wiesbaden 2014, S. 22; Münkler, Herfried / Bluhm, Harald: Einleitung: Gemeinwohl und Gemeinsinn als politisch-soziale Leitbegriffe, in: Dies. (Hg.): Gemeinwohl und Gemeinsinn. Historische Semantiken politischer Leitbegriffe, Berlin 2001, S. 9–30, S. 9.

51   Vgl. Münkler / Bluhm (2001): Gemeinwohl, S. 21. Münkler / Bluhm argumentieren, dass in der Moderne die öffentliche Skandalisierung von gemeinwohlschädigendem Verhalten der Herrschenden an die Stelle des mittelalterlichen Konzepts des Tyrannenmords getreten ist, vgl. ebd., S. 19. Auch diese Idee lässt sich auf den vorliegenden Fall übertragen.

von politischen Amtsträgern immer mehr als das Gegenteil eines Einsatzes für das Gemeinwohl und damit als korrupt angesehen.[52] Durch die allmähliche Entwicklung eines modernen Rechtsstaates geriet der Dienst am Gemeinwohl zum zentralen Legitimationsmerkmal für Inhaber politischer Ämter, eine Nutzung für private Zwecke, wie sie im 18. Jahrhundert teilweise noch möglich war, wurde immer weniger toleriert.[53] Auch in Uruguay stand im Mittelpunkt der öffentlichen Debatte das Argument der guten Regierungsführung. Über den Vorwurf der Korruption, also der persönlichen Bereicherung Einzelner, konnte das „ethische Fehlverhalten" der Regierung kritisiert werden, da sie dem Standard einer auf das Gemeinwohl ausgerichteten guten Regierung nicht mehr entspreche. Diese Prioritätensetzung zeigt auch die weitere Geschichte des Hafenbaus von Montevideo. Die Nachfolgeregierung von Santos nahm eine hohe Entschädigungssumme für Cutbill, De Lungo & Co. in Kauf, um aus einem Vertrag auszusteigen, der in ihren Augen aufgrund des Korruptionsverdachtes diskreditiert war und keinen angemessenen Nutzen für die wirtschaftlichen Interessen des Landes bringen würde. Auch alle weiteren Versuche, die Konzession für die Hafenkonstruktion zu vergeben, wurden – trotz des Baus des Konkurrenzhafens in Buenos Aires – so lange abgelehnt, bis die erforderlichen technischen Voruntersuchungen durchgeführt worden waren. Erst als dies geschehen war und der Staat gleichzeitig den Bau des Hafens mit eigenen Mitteln realisieren konnte, stimmte das Parlament dem Projekt zu.[54] Diese Voraussetzungen reduzierten zwar nicht unbedingt die Möglichkeiten zu persönlicher Bereicherung, sie erhöhten aber die Hoffnung, dass das Projekt sinnvoll durchgeführt und Montevideo tatsächlich einen modernen, technischen Ansprüchen genügenden Hafen bekomme. Auch aus diesem Grund

---

52 Vgl. Kerkhoff, Antoon D. N. / Hoenderboom, Michel P. / Kroeze, D. B. Ronald / Wagenaar, F. Pieter: Dutch Political Corruption in Historical Perspective. From Eighteenth-Century Value Pluralism to a Nineteenth-Century Dominant Liberal Value System and Beyond, in: Grüne, Niels / Slanička, Simona (Hg.): Korruption. Historische Annäherungen an eine Grundfigur politischer Kommunikation, Göttingen 2010, S. 443–467, S. 465.

53 Vgl. ebd. und Kerkhoff, Antoon / Kroeze, Ronald / Wagenaar, Pieter: Corruption and the Rise of Modern Politics in Europe in the Eighteenth and Nineteenth Centuries: A Comparison between France, the Netherlands, Germany and England. Introduction, in: Journal of Modern European History 11 (2013), S. 19–30, S. 28.

54 Vgl. Acevedo (1934): Anales históricos, S. 523; Winn (2010): Inglaterra, S. 151.

konnte der uruguayische Präsident 1901 darauf verweisen, dass der Hafenbau erst möglich geworden sei, als das Projekt „durch eine geordnete Administration [durchgeführt wurde], die das Kapital zur Verfügung gestellt hat ohne eine merkbare Belastung für das Land."[55]

Santos konnte 1885 die parlamentarische Bewilligung des Projekts und die Unterdrückung der Pressedebatte nur mit Hilfe von Repression – und auch das nur teilweise – durchsetzen. Das Wohl des Landes war auch deshalb ein so bedeutendes Argument, weil sich Santos als nicht demokratisch legitimierter Herrscher besonders häufig auf das Gemeinwohl als Motiv seiner Handlungen stützte; der diktatorische Präsident berief sich auf die Mission, in selbstlosem Einsatz für das Wohl der Nation zu wirken. Wenn die politische Partizipation schon eingeschränkt war, so musste der Herrscher zumindest für Ordnung und wirtschaftlichen Aufschwung sorgen. Deswegen konnte ihn eine Korruptionsdebatte besonders treffen. Die Korruptionskommunikation wurde so zu einem besonders effektiven Kampfmittel der Opposition, da man hier den politischen Widerstand moralisch begründen und mit dem eigenen Einsatz für das Wohl des Landes verbinden konnte.

Montevideo bekam also 1885 auch deshalb noch keinen modernen Hafen, weil der Korruptionsverdacht die Regierung ins Wanken brachte. Santos fehlte fortan die Legitimation, um das Projekt durchzusetzen. Letztlich lässt sich folgern, dass eines der zentralen Modernisierungsprojekte in Uruguay 1885 unter anderem deshalb scheiterte, weil die Regierung und die britischen Unternehmer das Risiko und die Konsequenzen einer öffentlichen Korruptionsdebatte unterschätzten. In Uruguay stellte die wirtschaftliche Korruption ein so bedeutendes Argument dar, dass es auch diktatorischen Regierungen im Verbund mit ausländischen Unternehmern nicht gelang, unter Korruptionsverdacht stehende Maßnahmen problemlos durchzusetzen. Damit weicht Uruguay von anderen lateinamerikanischen Ländern zur gleichen Zeit ab.[56]

---

55   Im spanischen Original: „Por medio de una administración ordenada, que proporcionase el capital, sin gravamen sensible para el país", Lindolfo Cuestas, Juan: Inauguración del Puerto de Montevideo, in: Caetano, Gerardo: Antología del discurso político en el Uruguay, Bd. 1: De la constitución de 1830 a la revolución de 1904, Montevideo 2004, S. 445.

56   Vgl. Ruderer (2015): Korruption und Staatsbildungsprozess.

Die Untersuchung des Korruptionsdiskurses während des Staatsbildungsprozesses kann also wichtige Hinweise für das Verständnis dieses Prozesses
liefern. Im Fall des Hafenprojekts für Montevideo lässt sich zweierlei festhalten:
Die manifesten Korruptionsvorwürfe stoppten den Planungsprozess, ließen
den Hafenbau zunächst scheitern und verzögerten damit eines der wichtigsten Modernisierungsprojekte des Landes. Zum zweiten bieten die Debatten
einen guten Einblick in die politischen Normen und Werte im letzten Drittel
des 19. Jahrhunderts. Politisches Handeln war nur legitimierbar, wenn es der
guten Regierungsführung zum Wohle der Nation diente. Über den Korruptionsverdacht kommuniziert, diente dieses Argument als effektives Kampfmittel
in der politischen Auseinandersetzung, vor dem andere Argumente, wie die
demokratische Legitimität, die Modernisierung des Landes oder die juristische Legalität, geringer ins Gewicht fielen. Im Uruguay des 19. Jahrhunderts
war unethisches Verhalten in staatlichen Wirtschaftsfragen einem höheren
Legitimationsdruck ausgesetzt als in vergleichbaren anderen Ländern Latein-
amerikas zur gleichen Zeit.

„Der Korruption Vorschub geleistet"
Stresemanns Plauener Prozess

Annika Klein

Im Frühjahr 1927 wird vor dem Landgericht im sächsischen Plauen ein Beleidigungsprozess gegen den Rechtsanwalt Arthur Müller verhandelt, der auch
von der Presse außerhalb Sachsens mit großem Interesse verfolgt wird. Der
sozialdemokratische *Vorwärts* schreibt über den Prozess:

> „Es handelt sich hier um einen Teil des großen Verleumdungsfeldzuges, der sich
> gegen Republikaner und solche Politiker richtete, die sich im Rahmen der Republik
> für eine Verständigungspolitik nach außen einsetzten. Es handelt sich um einen
> Ausschnitt aus der Hetzkampagne, die mit gestohlenen Akten betrieben, aus unbe-
> kannten Quellen finanziert, aber sicher von deutschnationaler Seite mit besonderer
> Wärme befördert wurde."[1]

Der Politiker, für den der *Vorwärts* hier im Angesicht deutschnationaler „Hetz-
kampagnen" und „Verleumdungsfeldzüge" Partei ergreift, ist jedoch kein Sozi-
aldemokrat. Es handelt sich um Außenminister Gustav Stresemann, also ein
Mitglied der nationalliberalen Deutschen Volkspartei (DVP). Dieser wird von
dem Plauener Rechtsanwalt Müller beschuldigt, er habe in seiner Locarno-Po-
litik 1925 eigenmächtig gehandelt, hinterher über sein politisches Vorgehen
gelogen und außerdem als Aufsichtsratsmitglied der Deutschen Evaporator
A. G.[2] in Zusammenarbeit mit dem russischstämmigen Juden Paul Litwin
Korruption gedeckt oder sogar gefördert.[3]

---

1 Vorwärts: Das Urteil im Prozess Stresemann, 19. Juli 1927.
2 Im Folgenden als „Evaporator" bezeichnet.
3 StAC 30150 (Staatsanwaltschaft beim Landgericht Plauen), Nr. 1764, Urteil in der Straf-
   sache gegen Dr. Arthur Müller (im Folgenden als „Urteil" bezeichnet), S. 9. Die Akte
   enthält leider keine Blattnummerierungen, zur besseren Orientierung habe ich daher

Von der Stresemann-Forschung ist der Prozess bisher kaum beachtet worden, die einzige Ausnahme bildet ein 1957 erschienener Aufsatz Hans W. Gatzkes.[4] Es gelingt Gatzke, Stresemanns Beziehungen zu Litwin ebenso wie die verschiedenen Geschäfte der Evaporator, die später den Hintergrund der Vorwürfe Arthur Müllers bilden, detailreich nachzuzeichnen. Auf die Einzelheiten des Prozesses, der schon bald die „Formen eines typischen Skandalprozesses"[5] angenommen habe, geht er allerdings nicht näher ein. Gatzke ist außerdem erkennbar darum bemüht, das Ansehen Stresemanns nicht zu schädigen, auch wenn er hofft, zu einem künftig „widerspruchsvolleren, aber auch wahrheitsgetreueren Stresemannbilde" beitragen zu können.[6] Stresemanns Plauener Prozess bietet jedoch, sowohl was die Argumente und Strategien der Instrumentalisierung von Korruptionsvorwürfen als auch was die dahinterstehenden Personen und Motive betrifft, zahlreiche Anknüpfungspunkte zu anderen Fällen. Stresemann reiht sich in eine recht große Gruppe von Politikern ein, denen der Vorwurf gemacht wird, dass sie ihre Amtsbefugnisse für korrupte Geschäfte missbraucht hätten.[7] Der Plauener Prozess und

---

    wenigstens die Urteilsbegründung selbst durchnummeriert. „S. 9" bezieht sich also auf die entsprechende Seite des Urteils, nicht der Akte.

4   Siehe dazu Gatzke, Hans W.: Stresemann und Litwin, in: Vierteljahrshefte für Zeitgeschichte 5 (1957), S. 76–90. In Jonathan Wrights 2002 erschienener Stresemann-Biographie finden sich nur einzelne Verweise auf Litwins Beteiligungen an den Verhandlungen in Brest-Litowsk und den Gatzke-Aufsatz: Wright, Jonathan: Gustav Stresemann. Weimar's Greatest Statesman, Oxford 2002, S. 90, 190 Fn. 115 und 225 Fn. 122. Kurze Erwähnung findet Litwin, nicht aber der Prozess, auch bei: Hirsch, Felix: Stresemann. Ein Lebensbild, Göttingen 1978, S. 89. und: Koszyk, Kurt: Gustav Stresemann. Der kaisertreue Demokrat. Eine Biographie, Köln 1989, S. 282.; nicht jedoch bei: Birkelund, John P.: Gustav Stresemann. Patriot und Staatsmann, Hamburg 2003. Oder: Kolb, Eberhard: Gustav Stresemann, München 2003.

5   Gatzke (1957): Stresemann und Litwin, S. 88.

6   Gatzke (1957): Stresemann und Litwin, S. 90.

7   Darunter beispielsweise Matthias Erzberger (Zentrum), Andreas Hermes (Zentrum), Philipp Scheidemann (SPD) und Erich Zeigner (SPD), dazu: Klein, Annika: Hermes, Erzberger, Zeigner: Korruptionsskandale in der Weimarer Republik, in: Bulkow, Kristin / Petersen, Christer (Hg.): Skandale. Strukturen und Strategien öffentlicher Aufmerksamkeitserzeugung, Wiesbaden 2011, S. 49–65; Bericht des Untersuchungsausschusses zum Fall Sklarz, Berlin ca. 1920; Malinowski, Stefan: Politische Skandale als Zerrspiegel der Demokratie. Die Fälle Barmat und Sklarek im Kalkül der Weimarer Rechten, in:

seine Begleitumstände stellen daher einen weiteren Schritt zur Verfestigung eines Narrativs dar, das die Korruption von Politikern des neuen Regimes mit antisemitischen Argumentationslinien verbindet und beides in direkten Zusammenhang mit fatalen politischen Fehlentscheidungen bringt. Der Fall macht gleichzeitig aber auch deutlich, dass es – anderes als in den Korruptionsdebatten häufig suggeriert – eben noch keine klaren Normen zur Bewertung wirtschaftlich-politischer Netzwerke als „korrupt" und „nicht-korrupt" gibt, sondern die Handlungsspielräume ihrer Akteure von einem komplexen und auch für die Beteiligten oft schwer einzuschätzenden Zusammenspiel politischer und wirtschaftlicher Faktoren abhängt.

Um dies zu zeigen sollen im Folgenden zunächst einige Grundsätzlichkeiten zu Charakteristika und Funktion von Skandalen und Korruptionsdebatten der Weimarer Zeit erläutert werden. Im Anschluss werde ich die Hintergründe der Verbindungen Stresemann und Litwins beleuchten und anschließend auf die Vorwürfe Müllers in Plauen eingehen, um zu zeigen, warum sich der Fall Stresemann zwar einerseits als „typischer Skandalprozess" in die Korruptionskommunikation der Weimarer Zeit einfügt, andererseits aber aufgrund von Stresemanns politischen und wirtschaftlichen Verbindungen einen ebenso untypischen Ausgang nimmt.[8]

Jahrbuch für Antisemitismusforschung 5 (1996), S. 46–65; Geyer, Martin H.: Der Barmat-Kutisker-Skandal und die Gleichzeitigkeit des Ungleichzeitigen in der politischen Kultur der Weimarer Republik, in: Daniel, Ute u. a. (Hg.): Politische Kultur und Medienwirklichkeiten in den 1920er Jahren, München 2010, S. 47–80.

8   Der Fall Müller-Stresemann bewegt sich damit auch im Spannungsfeld zwischen Praktiken der Korruption und Korruptionsdebatten, mit dem sich mittlerweile mehrere Sammelbände auseinandersetzen, z. B.: Engels, Jens Ivo: Politische Korruption in der Moderne. Debatten und Praktiken in Großbritannien und Deutschland im 19. Jahrhundert, in: Historische Zeitschrift 282 (2006), S. 312–350; Slanička, Simona / Grüne, Niels (Hg.): Korruption. Historische Annäherungen an eine Grundfigur politischer Kommunikation, Göttingen 2010; Engels, Jens Ivo / Fahrmeir, Andreas / Nützenadel, Alexander (Hg.): Geld, Geschenke, Politik. Korruption im neuzeitlichen Europa, München 2009; Asch, Ronald G. / Emich, Birgit / Engels, Jens Ivo (Hg.): Integration, Legitimation, Korruption. Politische Patronage in Früher Neuzeit und Moderne, Frankfurt a. M. 2011.

Politik, Wirtschaft, Korruption

In der Weimarer Öffentlichkeit ist der Eindruck, dass „die Korruption" nach der Kriegs- und Revolutionszeit erheblich zugenommen habe, weit verbreitet. In den 1920er Jahren werden gerade die Überschneidungen von Politik und Wirtschaft zunehmend problematisiert. Das gilt sowohl für die institutionelle Ebene – beispielsweise die kriegsbedingte Zwangswirtschaft – als auch für einzelne Akteure, die von einer Sphäre in die andere wechseln. „Korruption!" entwickelt sich in der politischen Kommunikation der Weimarer Republik daher schnell zu einem Schlagwort, mit dem sich alle möglichen politischen und wirtschaftlichen Missstände erklären sowie politische Gegner besonders effektiv delegitimieren lassen. Das gilt insbesondere für Repräsentanten der Republik, denen man vorwerfen kann, sie seien als aus kleinen Verhältnissen stammende „Berufspolitiker" besonders empfänglich für die Vorzüge korrupter Netzwerke. Vor Stresemann hatte dieser Vorwurf unter anderem Zentrums-Finanzminister Matthias Erzberger getroffen, der 1920 von Karl Helfferich (Deutschnationale Volkspartei – DNVP) der „politisch-parlamentarischen Korruption" beschuldigt worden war. Helfferich verbindet dabei Korruptionsvorwürfe mit der Kritik an Erzbergers Handlungen während des Ersten Weltkrieges und weist ihm so auch eine Mitschuld an der Kriegsniederlage zu. Der daraufhin von Erzberger angestrengte Beleidigungsprozess gegen Helfferich löst erhebliche Debatten sowohl über die Verbindung eigener wirtschaftlicher Interessen mit parlamentarischer Tätigkeit als auch über die Instrumentalisierung von Korruptionsvorwürfen aus.[9]

Wie der Fall Erzberger zeigt, muss eine Debatte oder ein Skandal keineswegs immer durch die tatsächliche Aufdeckung eines Geheimnisses ausgelöst werden.[10] Viele der Handlungen, die zu einem bestimmten Zeitpunkt

---

9   Erzberger gewinnt seinen Prozess zwar nominell, das Gericht bestätigt aber auch, dass er sich der Korruption und der fortgesetzten Unwahrheit schuldig gemacht habe. Erzberger tritt als Finanzminister zurück, Helfferich wird zu einer geringen Geldstrafe verurteilt, vgl. Der Erzberger-Prozeß (1920); Klein (2011): Hermes, Erzberger, Zeigner, S. 52–54.

10   Zu politischen Skandalen, ihren Auslösern, Abläufen und Konsequenzen sind inzwischen zahlreiche theoretische Arbeiten erschienen, siehe z. B.: Neckel, Sighard: Das Stellhölzchen der Macht. Zur Soziologie des politischen Skandals, in: Ebbighausen,

als korrupt stigmatisiert werden, sind der Öffentlichkeit beziehungsweise Teilöffentlichkeiten schon vorher bekannt. Die Enthüllung besteht also nicht in der Aufdeckung verborgener Einzeltaten. Vielmehr steht dabei die Konstruktion skandalöser Zusammenhänge und schwerwiegender Konsequenzen im Mittelpunkt. Sie soll zeigen, wie gravierend die politischen Handlungen des Beschuldigten von seinen Amtspflichten und den Werten abweichen, die er und seine Partei vertreten. Wie im Fall Erzberger lassen sich so auch politische Entscheidungen des betreffenden Politikers als direkte Konsequenz korrupter Handlungen und charakterlicher Schwäche präsentieren.

Die Rolle des Korrumpierenden wird in diesen Debatten häufig durch Personen ausgefüllt, deren wirtschaftlicher Erfolg sich als Konsequenz der Kriegs- oder Revolutionszeit interpretieren lässt. Anknüpfend an antisemitische oder allgemein xenophobe Argumentationslinien werden diese „Kriegsschieber" oft stereotyp als osteuropäische Juden präsentiert, die auf Kosten der *deutschen* Bevölkerung skrupellos Profit machten. Dabei gewännen sie Politiker und Beamte – insbesondere Repräsentanten der Republik – für ihre unlauteren Machenschaften und korrumpierten sie.[11]

Rolf / Neckel, Sighard (Hg.): Anatomie des politischen Skandals, Frankfurt a. M. 1989, S. 55–80; Hondrich, Karl Otto: Enthüllung und Entrüstung. Eine Phänomenologie des politischen Skandals, Frankfurt a. M. 2002; Kepplinger, Hans Mathias: Die Mechanismen der Skandalierung. Die Macht der Medien und die Möglichkeiten der Betroffenen, München 2005.

11   Dass diese Perspektive durchaus nicht nur die der Gegner der Republik ist, zeigt beispielsweise eine Reichstagsrede Hermann Müllers (SPD), der „die Korruptionserscheinungen, unter denen wir alle leiden", zwar ausdrücklich nicht auf die Republik, wohl aber auf den Krieg zurückführt, vgl. Verhandlungen des Reichstags, 3. Wp., Bd. 384, 11. Sitzung, 22. Januar 1925, 180A. Vgl. auch Georg Bernhards Artikel zum Ende des Erzberger-Prozesses: „Daß der Krieg die ungeheuerliche Korruption schuf, unter der wir ächzen, ist ebenso richtig wie die leider nicht genügend betonte Tatsache, dass Korrumpierte und Nutznießer der Korruption sich mindestens so zahlreich in den Reihen der Rechtsparteien wie in den Kreisen der augenblicklichen Regierungsparteien befinden", Vossische Zeitung: Erzberger, 8. März 1920.

Stresemann und Litwin

Paul Litwin emigriert 1910 nach Deutschland und gründet dort mit der Evaporator eine Gesellschaft, die allerlei Im- und Exportgeschäfte im Bereich des Altmetall- und Erzhandels betreibt.[12] Es gelingt ihm schnell, einflussreiche Verbindungen zu deutschen Industriellen zu knüpfen: Im Aufsichtsrat der Gesellschaft sitzen unter anderem Hjalmar Schacht, der spätere Präsident der Reichsbank, Heinrich Friedrichs, der Vorsitzende des Bundes Deutscher Industrieller (BDI), und eben Gustav Stresemann, der ebenfalls Mitglied des BDI, des Bundes sächsischer Industrieller und diverser anderer Aufsichtsräte ist.[13] Stresemann bekleidet zu diesem Zeitpunkt keinen Ministerposten, ist aber Mitglied des Reichstages. In den folgenden Jahren setzt er sich mehrfach für Litwin beziehungsweise die Evaporator ein und erhält im Gegenzug eine Gewinnbeteiligung von 10 Prozent. Litwin spendet außerdem seinerseits großzügig für die DVP und die ihr nahestehenden Zeitungen.[14] Wie Strese-

---

12 Das Betätigungsfeld der Evaporator ist kaum klar zu umfassen, ursprünglich liegt es offenbar auf dem Gebiet der Wärmetechnik. Nach dem Krieg habe man es aber, so Litwin im Plauener Prozess, erheblich ausgeweitet, vgl. Vossische Zeitung: Litwins Schrottverträge, 31. März 1927. Im Nachlass Stresemann findet sich außerdem ein Brief vom Juni 1922, in dem Stresemann Litwin eine Expansion der offenbar ebenfalls betriebenen Schokoladen- und Kakaoproduktion vorschlägt, vgl. PA AA, Nachlass Stresemann (im Folgenden als „Nachlass" bezeichnet) Bd. 116, Bl. 92–96. Hinzu kommt, dass Litwin – so auch später der Vorwurf des Landesfinanzamtes – nicht immer zwischen den Geschäften der Evaporator und seinen zahlreichen anderen Betätigungsfeldern trennt.

13 Vgl. Aussage Schachts im Plauener Prozess, Vossische Zeitung: Schacht und Stresemann als Zeugen, 1. April 1927. Litwin erweist sich während des Krieges auch auf diplomatischem Gebiet als nützliche Verbindung und unterstützt die deutsche Delegation bei den Verhandlungen in Brest-Litowsk, vgl. z. B. Nachlass Bd. 196, Bl. 36–43, 88; vgl. auch: Gatzke (1957): Stresemann und Litwin, S. 78f.

14 Siehe z. B.: Nachlass Bd. 116, Bl. 2–3 (Empfehlungsschreiben an Bankdirektor Dr. Dietrich, München, 5. Januar 1922), vgl. auch: Schreiben der Evaporator an Stresemann, 26. Mai 1926: „An Aufsichtsratantiemen stehen Ihnen zu: Mk. 60 947,80, wovon Mk. 5000,-- die feste Vergütung und der Rest die 10% aus dem Reingewinn darstellen. Den obigen Betrag haben wir Ihrem Konto bei der Commerz- und Privatbank Dep. Kaese M, Tauentzienstr. 18a überwiesen", Nachlass Bd. 116, Bl. 90. Litwin zufolge ist auch das Konto „S. Gustav" für die Unterstützung der Partei gedacht, vgl.: Vossische Zeitung: Schacht und Stresemann als Zeugen, 1. April 1927.

mann setzt auch Litwin seine wirtschaftlichen Verbindungen zugunsten des Geschäftspartners ein.

Im Zentrum des Prozesses steht später vor allem das sogenannte „Granaten-geschäft", bei dem Rechtsanwalt Müller Stresemann vorwirft, er habe seinen Einfluss als Abgeordneter bewusst missbraucht, um verbrecherische Aktivitä-ten Litwins zu decken: Im August 1920 wird eine Zugladung voller Kriegsma-terial, die die Evaporator ausführen wollte, vom Zoll beschlagnahmt. Da die beschlagnahmte Ladung nicht wieder freigegeben wird, wendet sich Litwin an Stresemann. Dieser greift in das Verfahren – anders als später von Müller behauptet – nicht direkt ein, unterstützt aber Litwins Beschwerde gegen die Beschlagnahmung bei seinem Parteigenossen Reichswirtschaftsminister Dr. Scholz und bittet um Prüfung der Rechtmäßigkeit dieses Vorgangs.[15] Die Bitte bleibt allerdings vergeblich, die Waggonladung verfällt dem Reich. Zudem werden Litwin, sein Sohn und ein weiterer Mitarbeiter der Evaporator wegen der fehlenden Ausfuhrgenehmigung zu geringen Geldstrafen verurteilt.[16]

Obwohl sich die juristischen Konsequenzen dieses Geschäfts für Litwin also in Grenzen halten, wird er in den folgenden Jahren zum Ziel öffentli-cher Kritik und antisemitischer Anfeindungen. Sowohl die *Deutsche Tages-zeitung* als auch der *Vorwärts* drucken im Juni 1920 einen Artikel über das Granatengeschäft, der mit „Es lebe der Schieber!" betitelt ist. Auch wenn Stresemann sich dadurch zunächst nicht abschrecken lässt, äußert er sich im Frühjahr 1922 in einem Brief an Hjalmar Schacht beunruhigt über die zahlrei-chen „Gerüchte", die in Bezug auf die Evaporator bei verschiedenen Banken im Umlauf seien und nun auch dem Aktienkurs der Gesellschaft schadeten.[17] Litwin selbst macht das zunehmend feindselige Klima ebenfalls zu schaffen: In einem Brief an Stresemann droht er 1922 empört, er werde seine Geschäfte in Deutschland liquidieren und ins Ausland gehen.[18] Er setzt dieses Vorha-ben zwar nicht in die Tat um, das „Kesseltreiben"[19] gegen Litwin, wie Evapo-

---

15   Brief Stresemanns an Dr. Scholz vom 13. Januar 1921, vgl. Urteil S. 22.
16   Urteil S. 21f.
17   Deutsche Tageszeitung: Es lebe der Schieber!, 1. Juni 1920; Gatzke (1957): Stresemann
      und Litwin, S. 84; Brief Stresemanns an Schacht, 11. April 1922, Nachlass Bd. 116,
      Bl. 63.
18   Brief Litwins an Stresemann, 26. Oktober 1922, Nachlass Bd. 116, Bl. 143–146.
19   Brief Frankfurters an Stresemann, 15. Juli 1923, Nachlass Bd. 117, Bl. 43.

rator-Anwalt Frankfurter es bezeichnet, findet allerdings auch mit dieser Episode kein Ende: Im Sommer 1923 wird Litwin wegen Verstößen gegen die Devisenordnung verhaftet.[20] Auch hier lautet der Vorwurf, Litwin habe die Devisenhandelserlaubnis der Evaporator für private Geschäfte missbraucht. Frankfurter stellt die anhaltenden Angriffe Stresemann gegenüber als eindeutig politisches Manöver dar:

> „Es lässt sich für diejenigen Leute, die gewöhnt sind Vorgänge nach ihren politischen Auswirkungen zu untersuchen und zu betrachten, nicht verkennen, dass man in Litwin Ihren Parteigänger und in der Evaporator auch den Aufsichtsrat und insbesondere seinen stellvertretenden Vorsitzenden hofft treffen zu können."[21]

Stresemann ist in einer Presseerklärung zu den Vorgängen deutlich bemüht, einer weiteren Assoziierung Litwins mit dem Klischee des „ostjüdischen Schiebers" entgegenzuwirken, sich aber gleichzeitig auch von dessen Geschäften zu distanzieren.[22] Hinter den Kulissen setzt er sich jedoch mit Erfolg für Litwins Haftentlassung ein. Das Verfahren wird eingestellt, die Evaporator dankt Stresemann für sein „freundliches Eintreten in der Sache unseres Herrn Generaldirektor Paul Litwin, das zu dem erzielten Erfolge beigeholfen hat".[23] Wenig später legt Stresemann mit Beginn seiner Reichskanzlerschaft alle Aufsichtsratsposten nieder, darunter auch den bei der Evaporator. Der Fall scheint damit abgeschlossen zu sein, das Erklärungsmuster „ostjüdischer Schieber

---

20   Die Verhaftung erfolgt offenbar aufgrund der Aussagen des Evaporator-Direktor Müllers, der auf der eigens einberufenen Krisensitzung des Aufsichtsrates auch prompt fristlos entlassen wird, vgl. Protokoll der Aufsichtsratsbesprechung der Evaporator, 23. Juli 1923, Nachlass, Bd. 117, Bl. 66–68; Rundschreiben Müllers an die Aufsichtsratsmitglieder, 8. August 1923, Bl. 71–73; Gatzke (1957): Stresemann und Litwin, S. 86.

21   Brief Frankfurters an Stresemann, 15. Juli 1923, Nachlass Bd. 117, Bl. 46.

22   Brief Stresemanns an seinen Privatsekretär Henry Bernhard, 16. Juli 1922, Nachlass Bd. 117, Bl. 50–52: Stresemann enthalte sich jeden Urteils über Litwin, dieser besäße jedoch die deutsche Staatsbürgerschaft und sei keine „Händlernatur".

23   Brief der Evaporator an Stresemann, 3. August 1923, Nachlass, Bd. 117, Bl. 74.

korrumpiert Repräsentanten der Republik" ist jedoch bereits auf politischer Ebene zu produktiv, als dass es sich so einfach außer Kraft setzen ließe.[24]

Müller gegen Stresemann

Stresemanns Außenpolitik war in der DNVP, der seine Zugeständnisse an die Siegermächte zu weit gehen, schon vor 1925 auf beträchtlichen Widerstand gestoßen. Um die politische Lage zu stabilisieren, koalieren DVP und DNVP nach einer Phase heftiger Auseinandersetzungen ab Januar 1925 zwar im Kabinett Luther, die Spannungen werden dadurch jedoch kaum abgemildert. Im Frühjahr 1925 ist es vor allem Stresemanns Plan eines Nichtangriffspaktes zwischen Deutschland, Frankreich und Belgien, der die Gemüter bewegt.[25] Das gilt auch für den Plauener Ortsverband der DNVP und die verschiedenen anderen rechtskonservativen Organisationen, denen der Rechtsanwalt Arthur Müller angehört. Besonders heftig wird hier die Frage diskutiert, ob Stresemann den Garantiemächten des Versailler Vertrages dieses Angebot gemacht habe, ohne vorher die Zustimmung des übrigen Kabinetts einzuholen oder dieses auch nur davon zu unterrichten.[26]

Am 10. April 1925 veröffentlicht Müller im *Vogtländischen Anzeiger und Tageblatt* eine entsprechende Erklärung des Vaterländischen Arbeitsausschusses Plauen, in der er Stresemann beschuldigt, im Alleingang gehandelt, später darüber gelogen und auch andere DVP-Mitglieder zur Lüge angestiftet

---

24 Schon vor der Kampagne Müllers wird die Verbindung Stresemanns zu Litwin vereinzelt in der Presse wieder aufgegriffen, es handelt sich jedoch um einzelne Artikel, die nicht den Wiederhall der Plauener Kampagne erzeugen können, vgl. dazu: Gatzke (1957): Stresemann und Litwin, S. 86f.

25 Die komplexen Hintergründe der Stresemann'schen Außenpolitik verdienen natürlich eine ausführlichere Darstellung, können aber hier nur angerissen werden, zumal sie im Prozess kaum noch eine Rolle spielen. Weiterführend siehe daher z. B.: Wright (2002): Gustav Stresemann. und: Birkelund (2003): Gustav Stresemann.

26 Urteil, S. 2. Stresemann bestreitet das zwar, hat seine Verhandlungen aber zumindest sehr diskret geführt und Fraktion und Kabinett erst unterrichtet, nachdem bereits erste Verhandlungen mit den Franzosen stattgefunden hatten, vgl.: Birkelund (2003): Gustav Stresemann, S. 387–390.; Wright (2002): Gustav Stresemann, S. 301–307.

zu haben. Obwohl der Plauener Ortsverein der DVP Müllers Vorwürfe als „glatt erfunden und erlogen"[27] bezeichnet, wiederholt Müller sie in mehreren an die DVP gerichteten Briefen,[28] wobei er erklärt, einzig im Interesse der Öffentlichkeit und der Wahrheitsfindung zu handeln: „Eine Politik, die gegenüber den Angriffen der besten nationalen Kreise Deutschlands so, wie es hier geschehen ist, mit Lügen verteidigt werden muß, kann keine im nationalen Interesse liegende Politik sein."[29] Müller ist aber eindeutig auch daran gelegen, eine Beleidigungsklage durch Stresemann zu provozieren. Er betont, er würde ein Ausbleiben einer solchen Klage nicht nur als „Kneiferei", sondern als Bestätigung für die Richtigkeit seiner Vorwürfe auffassen.[30] Müller orientiert sich dabei eindeutig an der Kampagne Karl Helfferichs gegen Matthias Erzberger, die deutlich gemacht hatte, dass ein öffentlicher Prozess auch Personen, die den angegriffenen Politiker ansonsten nicht direkt konfrontieren können, ein hohes Presseecho garantiert und sich verheerend auf die Karriere des Beschuldigten auswirken kann.[31]

Um Stresemann zur Klage zu zwingen, wiederholt Müller seine Anklagen daher nicht nur gegenüber der DVP, sondern auch in der Lokalpresse, auf deutschnationalen Versammlungen und in Briefen an deutschnationale Parteiorganisationen.[32] Außerdem ergänzt er sie um einen weiteren Punkt, nämlich Stresemanns Eingreifen in das Verfahren gegen Litwin: Müller deutet dabei an, dass es bei dem Granaten-Geschäft eben nicht um einen Verkauf von

---

27   Schreiben der DVP an den Vaterländischen Arbeitsausschuss in: Vogtländischer Anzeiger und Tageblatt, Nr. 85, 10. April 1925; Urteil, S. 2f., vgl. auch Schreiben der DVP an Müller, 16. September 1925, Urteil, S. 9.

28   Briefe Müllers vom 31. Juli, 10. September und 23. November 1925, Urteil, S. 3–11.

29   Brief Müllers an die DVP, 31. Juli 1925, Urteil, S. 7.

30   Urteil, S. 8, 10f.

31   Erzberger gewinnt seinen Prozess zwar nominell, das Gericht bestätigt aber auch, dass er sich der Korruption und der fortgesetzten Unwahrheit schuldig gemacht habe. Erzberger tritt als Finanzminister zurück, Helfferich wird zu einer geringen Geldstrafe verurteilt, vgl. Der Erzberger-Prozeß (1920); Klein (2011): Hermes, Erzberger, Zeigner, S. 52–54.

32   Urteil S. 9f. Müller erklärt selbst in den Briefen vom 10. September und 23. November, er schicke sie, ebenso wie eine Abschrift seines ersten Briefes auch an die Plauener Zweigstellen des Deutschnationalen Volksvereins, des Alldeutschen Verbandes sowie an verschiedene Einzelpersonen, vgl. Urteil, S. 8, 11.

Kriegsschrott gegangen sei. Stattdessen habe es sich um waffenfähige Munition gehandelt, die Litwin / die Evaporator zur Zeit der Aufstände in Oberschlesien ohne Ausfuhrgenehmigung nach Polen habe verkaufen wollen. Durch die Belieferung Polens beziehungsweise der polnischen Aufständischen in Oberschlesien mit Munition habe Litwin also außerdem noch Landesverrat begangen. Stresemann habe das anschließende Verfahren gegen Litwin massiv beeinflusst und sich damit selbst schuldig gemacht.[33]

Angesichts der zunehmend öffentlicher werdenden Vorwürfe stellt Stresemann am 29. Dezember 1925 Strafantrag gegen Müller.[34] Gegenstand der Beleidigungsklage sind jedoch nur die Korruptionsvorwürfe, nicht aber Stresemanns Außenpolitik, an der sich Müllers Kritik ja ursprünglich entzündet hatte. Im Gegensatz zu Matthias Erzberger, dem der von Helfferich provozierte Prozess gerade deshalb politisch zum Verhängnis wird, weil sich in ihm Korruptionsvorwürfe mit der Mitschuld an außenpolitischen „Misserfolgen" verbinden, kann Stresemann also die außenpolitische Komponente aus dem Gerichtssaal heraushalten. Trotzdem wird deutlich, dass der Prozess von beiden Seiten von Anfang an als eine Konfrontation der Repräsentanten der Republik und ihrer Gegner verstanden wird. Die *Vossische Zeitung* berichtet über den Prozessbeginn:

> „Der Vertreter des Nebenklägers, des Reichsministers Stresemann, legt Verwahrung ein gegen die beleidigenden Aeußerungen des Angeklagten und bittet das Gericht, derartige Exzesse des Angeklagten zu verhindern. Der Zeuge Dr. Stresemann genieße denselben Schutz wie jeder andere seiner Zeugnispflicht genügende Deutsche. Daran dürfe auch die Tatsache nichts ändern, daß der Zeuge, wie der Angeklagte sich ausdrücke, ein Minister des neuen Regimes sei."[35]

---

33 Brief Müllers vom 10. September, Urteil, S. 9. Im zum deutschen Reich gehörenden Oberschlesien war es bis zur Teilung 1922 mehrfach zu heftigen Konflikten um einen Anschluss an Polen gekommen, siehe dazu Eimers, Enno: Oberschlesien während der Unruhen in den ersten Jahren der Weimarer Republik, in: Merziger, Patrik u. a. (Hg.): Geschichte, Öffentlichkeit, Kommunikation, Stuttgart 2010, S. 383–404. Litwins Lieferung wäre in den Zeitraum zwischen dem ersten und dem zweiten Aufstand gefallen.

34 Urteil, S. 10.

35 Vossische Zeitung: Der Evaporator-Prozeß, 29. März 1927.

Stresemann selbst reist nicht nach Plauen. Es werden lediglich die Protokolle der kommissarischen Vernehmungen Stresemanns und Hjalmar Schachts, der mit ihm im Aufsichtsrat der Evaporator gesessen hatte, verlesen. Beide bestreiten jede Kenntnis irgendwelcher unlauteren Geschäfte Litwins oder der Evaporator. Schacht beschreibt Litwin außerdem als einen Mann, „dem seine östlichen Manieren bis heute anhaften, bei dem ich aber niemals eine unanständige geschäftliche Handlungsweise bemerkt habe"[36] – das Schieberklischee klingt also auch hier an. Litwin streitet ebenfalls ab, Stresemann bestochen zu haben. Er betont außerdem, dass die Eisenbahnwaggons der Evaporator keine Munition für polnische Separatisten, sondern unbrauchbar gemachte Granatenhülsen aus deutschen Heeresbeständen enthalten hätten. Diese habe man in Absprache mit der für die Verwertung des Heeresgutes zuständigen Reichstreuhandgesellschaft nach Böhmen verschicken wollen, wo sie eingeschmolzen werden sollten.[37]

Auf der anderen Seite des Gerichtssaales stellt der Angeklagte Arthur Müller Stresemann konsequent als einen „Minister des neuen Regimes" dar und orientiert sich auch ganz klar am Fall Erzberger, der ebenfalls als eine Konfrontation des alten und des neuen Systems stilisiert worden war. Schon bei der Prozesserzwingung war Müller der Taktik Helfferichs gefolgt, im Prozess stellt er nun auch rhetorisch die Verbindung zum Fall Erzberger her: Wie Erzberger habe sich Stresemann der „politisch-parlamentarischen Korruption" schuldig gemacht und sei daher an Erzberger gemessen „mindestens ebenso schädlich, vielleicht noch schädlicher".[38]

Müllers Informationen über die Verbindungen zwischen Stresemann und Litwin beruhen dabei offenkundig nicht auf persönlicher Kenntnis, er hat weder Zugang zu Berliner Polit- noch zu Industriellenkreisen. Vielmehr bezieht er seine Informationen von dem deutschnationalen Pressebüro Knoll. Knoll agiert in den zwanziger Jahren gemeinsam mit einem ebenfalls in Plauen auftretenden ehemaligen Angestellten im Reichsschatzministerium und einer wechselnden Gruppe Deutschnationaler hinter den Kulissen

---

36   Berliner Tageblatt: Aussagen Schachts und Stresemanns, 31. März 1927 (Abendausgabe).
37   Urteil, S. 18–21.
38   Vogtländer Anzeiger und Tageblatt, 23. November 1926, zitiert nach: Gatzke (1957):
     Stresemann und Litwin, S. 89.

zahlreicher Korruptionsskandale. Sie hatten sich aus dem Reichsschatzamt mehrere Zentner Akten beschafft, die dann systematisch auf ihr Skandalpotential hin durchgearbeitet wurden. In anderen Korruptionsfällen hatte der Einsatz dieses Aktenmaterials bereits zu Beschlagnahmungen und Prozessen geführt, die Beklagten hatten die Akten jedoch wieder zurückerhalten, so dass sie nun in Plauen erneut zum Einsatz kommen können.[39]

Ein typischer Skandalprozess?

Wie die Vorgeschichte des Plauener Prozesses deutlich macht, finden die Korruptionsvorwürfe zwar vor dem Hintergrund einer anhaltenden Debatte über die Verflechtungen von Wirtschaft und Politik statt, dienen im konkreten Fall jedoch zunächst weniger dazu, tatsächlich Missstände in der Wirtschaft anzuprangern. Sie sollen vielmehr einen Anlass liefern, um Stresemanns Außenpolitik im Gerichtssaal diskutieren und öffentlich delegitimieren zu können. Stresemanns Beziehungen zu Litwin waren nicht nur lange vor dem Beginn der Kampagne Müllers bekannt, sie werden durch diesen auch erst problematisiert, nachdem die vorherigen Versuche der Prozesserzwingung gescheitert waren. Zur Untermauerung seiner Vorwürfe zieht Müller mit dem Pressebüro Knoll zusätzlich „professionelle" Skandalierer heran, die in anderen Fällen höchst erfolgreich operiert hatten.

Zum Zeitpunkt des Einsetzens von Müllers Kampagne hat sich im Fahrwasser vorhergehender Korruptionsdebatten bereits ein festes Repertoire an „Skandal-Zutaten" herausgebildet, von denen viele im Fall Stresemann ebenfalls präsent sind (Repräsentant des neuen Regimes, „Schiebergeschäfte", ostjüdischer Unternehmer als Bestechender). Gleichzeitig finden sich nicht nur in Plauen reichlich Gegner der Stresemann'schen Politik. Die Chancen,

---

39 Vgl. Generalstaatsanwalt Landgericht I an Stresemanns Rechtsanwalt Kunz, 15. Januar 1928, mit Auszug aus der Einstellungsverfügung, Nachlass Bd. 288, Bl. 31–43. Die Generalstaatsanwaltschaft zeichnet akribisch eine wahrhaft absurde Abfolge von Aktendiebstählen, Beschlagnahmungen und Prozessen nach, das von Stresemann gegen Knoll angestrengte Verfahren wird dennoch eingestellt, da die Tat unter die Amnestie vom 25. August 1925 (im politischen Kampf begangene Straftaten) falle.

den wirtschaftlich wie politisch gut vernetzten Außenminister über Korruptionsvorwürfe zu diskreditieren, scheinen also gut zu stehen. Trotzdem geht Müllers Plan nicht auf: Schon der Versuch, Stresemanns Außenpolitik auch zum Gegenstand des Prozesses zu machen, scheitert. Das Gericht betrachtet außerdem den Wahrheitsbeweis für die Korruptions-Vorwürfe, die sich „lediglich auf Berichte und Erzählungen Dritter"[40] stützten, als „in keiner Weise erbracht".[41] Stresemanns Einsatz für die Evaporator stelle keine „Korruptionserscheinung" dar, auch wenn natürlich unbestritten sei, dass „sein Eintreten größeres Gewicht hatte, als das eines beliebigen Privatmannes".[42] Müllers konsequente Provokation des Verfahrens wertet das Gericht als besonders schwerwiegend. Insbesondere der Vorwurf des Landesverrats sei ein „ganz ungeheuerlicher" und habe eindeutig darauf abgezielt, Stresemann und seine Politik im In- und Ausland zu delegitimieren. Müller wird angesichts der Schwere der Beleidigung und der Schädigung des Rufes Stresemanns zur höchsten zulässigen Geldstrafe von 10.000 RM verurteilt, da nur diese eine „ausreichende Sühne" darstellen könne.[43]

Warum der Prozess diese Wendung nimmt, dürfte kaum restlos zu beantworten sein, mindestens drei Faktoren könnten hier eine Rolle gespielt haben: So geht zwar aus den eingesehenen Akten nicht hervor, dass die Plauener Staatsanwaltschaft irgendwelche politischen oder wirtschaftlichen Verbindungen zu Stresemann unterhält. Es kann aber auch nicht vollständig ausgeschlossen werden, dass solche Verbindungen zu dem ausgesprochen Stresemann-freundlichen Urteil beitragen. Möglich ist aber auch, dass Müllers Skandalierung gerade aufgrund seines Studiums anderer Skandale fehlschlägt. Schon das Vorgehen Helfferichs im Gerichtssaal war – trotz aller Kritik an den Geschäften und auch der Finanzpolitik Erzbergers – in der Öffentlichkeit als übermäßig polemisch kritisiert worden, vor allem nachdem ein Anschlag auf den Minister verübt wird und der Täter aussagt, er sei durch die Berichterstattung über den Prozess maßgeblich beeinflusst worden.[44] Im Gegensatz zu Müller beruhten viele

---

40   Urteil, S. 21.
41   Urteil, S. 18.
42   Urteil, S. 23.
43   Urteil, S. 24, 25.
44   Vgl. Prozess gegen Oltwig von Hirschfeld, LAB A Rep. 358-01 Nr. 2026.

der Vorwürfe Helfferichs, einem ehemaligen Staatssekretär und langjährigen politischen Gegner Erzbergers, wenigstens auf persönlicher Kenntnis, während sich Müller nur auf die von Knoll gelieferten Informationen aus zweiter Hand stützen kann. Gerade diese Verbindung könnte sich ebenfalls ungünstig ausgewirkt haben, denn im parallel laufenden Kutisker-Barmat-Fall hatte Knoll wegen der Aktengeschäfte schon selbst vor Gericht gestanden, war allerdings freigesprochen worden.[45] Dem sozialdemokratischen *Vorwärts* und der liberalen *Vossischen Zeitung* zufolge beweise der erneute Auftritt Knolls in Plauen doch wieder einmal, dass man auf deutschnationaler Seite schon seit Jahren systematisch Korruptionsvorwürfe zur Delegitimation republikanischer Politiker nutze und sich damit zumindest moralisch als ebenso korrupt erweise.

> „Schon im Helfferich-Prozeß haben ja gestohlene Steuerakten eine Rolle gespielt. Im Plauener Prozeß war das kleine Erzbergersche Aktenfascikel zu zentnerschweren Konvoluten angewachsen, die man im Ramsch, allerdings mehr nach dem Gewicht des Inhaltes als des Umfanges, erhandelt und gezahlt hat.“[46]

Trotz seiner Verurteilung der „Stresemann-Hetze“[47] übt der *Vorwärts* dabei durchaus auch Kritik an dem Außenminister, dem er vor allem vorwirft, dass die DVP nun trotz aller politischen Zusammenstöße mit der DNVP koaliere. Offenkundig sei die „wirtschaftliche Interessengemeinschaft“ beider Parteien stärker als die Abneigung gegen die „Gemeinschaft mit den Förderern einer Lügenkampagne“.[48] Während konservative und rechtsstehende Akteure den Prozess gegen Knoll als Mundtotmachung kritischer Stimmen durch die Vertreter der Republik dargestellt hatten, scheint dies für den Plauener Prozess nur noch in deutlich eingeschränkterem Maße zu gelten. Die unklare Herkunft der Akten und Knolls dubioses Vorgehen hatten zu viele Diskussionen

---

45 Berliner Lokal-Anzeiger: Freispruch im Kußmann-Knoll-Prozeß; Vossische Zeitung: Kußmann und Knoll; Vorwärts: Freispruch im Prozeß Kußmann-Knoll; Rote Fahne: Freispruch im Kußmann-Prozeß, alle vom 8. April 1926.
46 Bernhard, Georg: Neue Sachlichkeit, Vossische Zeitung, 10. April 1927.
47 Vorwärts: Bacmeister & Co., 8. April 1927.
48 Vorwärts: Plauen. Das Urteil im Prozess Stresemann, 19. Juli 1927.

ausgelöst um von deutschnationaler Seite aus noch den Anschein von Legitimität erwecken zu können.[49]

Für sich genommen scheint jedoch keines dieser Elemente auszureichen, um den Ausgang des Prozesses entscheidend zu beeinflussen. Der Verweis des *Vorwärts* auf die „wirtschaftliche Interessengemeinschaft" von DVP und DNVP lässt aber noch einen weiteren Faktor erkennen: Stresemanns Rückhalt in Finanz- und Industriellenkreisen. Im Gegensatz zu Erzberger und vielen der kritisierten SPD- und Zentrumspolitikern etabliert sich Stresemann zunächst als Syndikus des Verbands sächsischer Industrieller in der Wirtschaft, bevor er sich 1903 mit dem Eintritt in Friedrich Naumanns Nationalsozialen Verein auch der Politik zuwendet. In den folgenden Jahren engagiert er sich auf politischer Ebene für die Interessen der sächsischen Industriellen und baut gleichzeitig seine Position in der Wirtschaft als Mitglied zahlreicher Wirtschaftsverbände weiter aus.

Die Kritik an Reichstagsmitgliedern mit Aufsichtsratsposten hatte im Rahmen der Korruptionsdebatten der 1920er Jahre stetig zugenommen. Richard Lewinsohn, der unter den Pseudonym „Morus" für die Zeitschrift *Die Weltbühne* über wirtschaftspolitische Themen berichtet, prangert diese Praxis bei allen Parteien wiederholt heftig an. Der DVP gebührt zwar nach Zahlen noch 1928 die „Vorrangstellung" als Reichstagsfraktion mit den meisten Aufsichtsratsposten,[50] im Zentrum der öffentlichen Kritik stehen jedoch SPD (Sozialdemokratische Partei Deutschlands) und Zentrum. Die Instrumentalisierung von Korruptionsvorwürfen – das deutete ja auch der eingangs zitierte Artikel des *Vorwärts* an – konzentriert sich also auf die Repräsentanten der Republik.

---

49   Vgl. beispielsweise den offenen Brief der Geldgeber des Knoll-Büros, Walther Bacmeister und Bernhard Leopold, die schwere Vorwürfe gegen die Berliner Polizei und Justiz erheben: Wir klagen an, HSTAS J 150/344, Nr. 4. Das Verfahren gegen Kußmann schlägt auch im Preußischen Landtag einige Wellen, Knoll scheint dabei aber auch von deutschnationaler Seite kaum noch tragbar zu sein, Vossische Zeitung: Plauen im Landtag, 7. Mai 1927, Assessor Kußmanns Freunde, 19. Mai 1927. Der DNVP-nahe Berliner Lokal-Anzeiger beispielsweise berichtet zwar regelmäßig über den Prozess, enthält sich jedoch weitestgehend eigener Kommentare und schickt keinen Sonderkorrespondenten nach Plauen.

50   Morus [Richard Lewinsohn]: M.d.R. als Aufsichtsräte, in: Die Weltbühne 24 (1928), Nr. 33, S. 256–258.

Zwar lässt sich der „Vernunftrepublikaner" Stresemann Mitte der zwanziger Jahre durchaus als Repräsentant der Republik darstellen, in das Narrativ des aus kleinen Verhältnissen stammenden und damit leicht korrumpierbaren „Berufspolitikers", der die Politik als Sprungbrett in die Wirtschaft benutzen will, fügt er sich jedoch kaum ein. Der von ihm eingeschlagene umgekehrte beziehungsweise parallele Weg aus der Wirtschaft in die Politik wird, trotz aller Debatten über Korruption und Vernetzung, deutlich weniger kritisch beurteilt. Auch bei Richard Lewinsohn wird dies deutlich: In seinem Buch „Das Geld in der Politik" widmet er Stresemann ein eigenes und durchaus kritisches Kapitel, in dem er ihn zunächst als „typischen Industrieparlamentarier" bezeichnet, den „seine industriellen Freunde" durch Parteispenden unterstützt hätten. Gleichzeitig attestiert er ihm jedoch, diese wirtschaftlichen Netzwerkbeziehungen zwar durchaus zum Vorteil der DVP und möglicherweise auch zum eigenen eingesetzt, sich „innerlich" jedoch von seinen industriellen Auftraggebern freigemacht zu haben.[51]

Der Fall Müller-Stresemann ist also einerseits ein für seine Zeit typischer Fall der Problematisierung und Skandalierung politisch-wirtschaftlicher Verflechtungen, nimmt aber andererseits, aufgrund der Verurteilung Müllers und des Ausbleibens unmittelbarer juristischer oder politischer Konsequenzen für Stresemann, einen untypischen Ausgang. Der Prozess verdeutlicht damit die widersprüchliche Wahrnehmung politisch-wirtschaftlicher Netzwerke durch die Zeitgenossen, wird doch vor Gericht recht deutlich, dass im Falle Stresemanns wirtschaftliche und politische Tätigkeit zumindest eine enge Verbindung eingegangen sind. Gleichzeitig werden diese Verbindung und die Vorteile, die Stresemann zweifelsfrei daraus gezogen hat, als völlig unproblematisch dargestellt. Trotz lebhafter Debatten über die grundsätzliche Verwerflichkeit der Vermischungen von Politik und Wirtschaft herrscht also offenbar kein Konsens darüber, nach welchen Kriterien solche Netzwerke als „korrupt" zu beurteilen sind, ausschlaggebend ist der Rückhalt der an ihnen beteiligten Akteure in Politik und Wirtschaft. Ein Wechsel von der Wirtschaft in die Politik scheint dabei als deutlich weniger von Opportunismus und Gewinnsucht geprägt betrachtet zu werden, als es beim umgekehrten Weg der Fall ist.

---

51 Lewinsohn, Richard: Das Geld in der Politik, Berlin 1931, S. 118f.

Gleichzeitig trägt der Fall auf der Ebene der Korruptionskommunikation auch zur weiteren Verhärtung der diskursiven Fronten bei: Aus pro-republikanischer Sicht bestätigt Müllers Kampagne den Verdacht, dass es sich bei den immer wieder erhobenen Korruptionsvorwürfen vor allem um politisch motivierte „Hetze" handele. Aus der Perspektive der Gegner der Republik stellt der Fall dagegen einen weiteren Schritt in der Etablierung des Narrativs vom ostjüdischen Schieber und dem von ihm bestochenen republikanischen Politiker dar.

Normenkonkurrenz im Wirtschaftswunder
Debatten über Korruption und Wirtschaftskriminalität in der Bundesrepublik Deutschland 1957–1960

Steffen Dörre

Für die Zeitgenossen häuften sich Ende der 1950er Jahre die Korruptionsfälle in der Bundesrepublik.[1] Für manche von ihnen, wie etwa für den vom Bundeskriminalamt (BKA) als Experten geschätzten Gelsenkirchener Kriminalrat Kiehne, verschmolzen Krieg, Zusammenbruch, Wiederaufbau und Wiederaufrüstung sogar zu einer zusammenhängenden Phase äußerst ausgiebiger Korruption, die nun einem neuen Höhepunkt entgegenzusteuern schien.[2] Denn überall dort, wo staatliche Verwaltungen und Wirtschaftsunternehmen aufeinandertrafen, wurden verstärkt „Arbeitsessen", Leihwagenüberlassun-

---

1   Allein der Umfang der diesbezüglichen Auflistungen in den Medien machte immer wieder klar, dass man damals glaubte, es mit einer schnellen Aufeinanderfolge derartiger Delikte zu tun zu haben. Genannt wurden dabei 1958/59 immer wieder: der Auerbach-Prozess, die Bestechungsskandale im Koblenzer Beschaffungsamt, Korruption im Bonner Amt für Besatzungsschäden, der Münchner Spielbankenprozess, der Fall „Blankenburg". Zudem gab es zahlreiche unspezifische Verweise auf Korruptionsskandale in der Bauwirtschaft, bei Entschädigungsämtern und Flüchtlingskrediten. Besondere Prominenz erlangten zahlreiche „Leihwagenaffären". Weitere Fälle aufgelistet in: Middendorff, Wolf: Soziologie des Verbrechens. Erscheinungen und Wandlungen des asozialen Verhaltens, Düsseldorf, Köln 1959, S. 55–76.

2   Kriminalrat Kiehne, Gelsenkirchen: Erfahrungen aus der Tätigkeit zentraler Dienststellen zur Bekämpfung der Korruption, in: Bundeskriminalamt Wiesbaden (Hg.): Wirtschaftsdelikte (einschließlich der Korruption). Arbeitstagung im Bundeskriminalamt Wiesbaden vom 8.4.–13.4.1957 über Bekämpfung der Wirtschaftsdelikte einschließlich der Korruption, Wiesbaden 1957, S. 181–192, hier S. 181. Der Tagungsband im Folgenden nur noch als: BKA (1957): Wirtschaftsdelikte; Informationen zur Geschichte des Bundeskriminalamts sowie zu einzelnen der hier im Folgenden genannten Experten in: Wagner, Patrick: Hitlers Kriminalisten. Die deutsche Kriminalpolizei und der Nationalsozialismus zwischen 1920 und 1960, München 2002.

gen und Bestechungen ruchbar.[3] Selbst wenn die genannten Vorfälle meist als Verfehlungen Einzelner thematisiert worden sind, wurden sie zugleich als Ausdruck eines grundlegenden Wandels zentraler Normen und Werte der deutschen Gesellschaft interpretiert. Unter Journalisten, Kriminalbeamten, Juristen, Politikern und Vertretern der Wirtschaft war indes umstritten, wie dieser Wandel einzuordnen und zu bewerten sei, welche Führungsgruppen von ihm besonders betroffen zu sein schienen und wie man den als unethisch empfundenen Praktiken begegnen könne.

Diese zeitgenössischen Äußerungen und Befürchtungen als Ausgangspunkt nehmend, soll im Folgenden einerseits gezeigt werden, dass das Ausmaß an Korruptionskommunikation im Zuge der Eliten- und Wertedebatten der 1950er Jahre enorm anstieg und dass andererseits dabei Vorfälle in der Verwaltung und in der Wirtschaft von den Zeitgenossen als zusammenhängender Themenkomplex angesehen wurden.[4] Damit richtet sich die Argumentation gegen jene politikgeschichtliche ebenso wie wirtschaftshistorische Forschung, die von einer verschwindend geringen Präsenz öffentlicher Kommunikation über unethisches Verhalten in Politik und Wirtschaft in den ersten Jahrzehnten der Bundesrepublik ausgeht.[5] Die gängige Interpretation, dass damalige Praktiken

---

3   Dies betraf vor allem den Bereich Nahrungs- und Genussmittel, die Bauwirtschaft und die Rüstungsindustrie.

4   Die Elitedebatten der 1950er Jahre dargestellt bei Bluhm, Harald / Straßenberger, Grit: Elitedebatten in der Bundesrepublik, in: Münkler, Herfried / Straßenberger, Grit / Bohlender, Matthias (Hg.): Deutschlands Eliten im Wandel, Frankfurt am Main, New York 2006, S. 125–145. Zur Durchsetzung des Elitenbegriff vgl. Reitmayer, Morten: Elite. Sozialgeschichte einer politisch-gesellschaftlichen Idee in der frühen Bundesrepublik, München 2009.

5   Das liegt vor allem an der Konzentration auf hochrangige Politiker. Darge, der sich mit Bestechung und Korruption von Bundestagsabgeordneten und Ministern in der Bundesrepublik beschäftigt hat, verweist etwa für die Zeit vor 1969 nur auf Abgeordnetenbestechung bei der Abstimmung über die Hauptstadtfrage 1949. Vgl. Darge, Ekkehard: Korruption in der Bundespolitik Deutschlands. Fälle und Bekämpfungsstrategien, Oldenburg 2009, S. 51f. Auch Koenen hat ein Bild entworfen, das „von den scheinbar legitimierten Diebstählen in der unmittelbaren Nachkriegszeit über die eher selten sichtbar gemachten Korruptionsskandale im Zuge des „Wirtschaftswunders" bis zur Häufung in den Verbreitungsmedien seit den 80er und 90er Jahren" reicht. Koenen, Elmar J.: Ältere und neuere Sichtbarkeiten von „Korruption", in: Kliche, Thomas / Thiel, Stephanie (Hg.):

als unproblematisch angesehen, nicht mit grundlegenden Systemfragen verbunden und erst viel später als wachstumshemmend, leistungsfeindlich und undemokratisch charakterisiert wurden, wird damit in Frage gestellt. Um dies zu argumentieren, richtet sich die Aufmerksamkeit zuerst auf die Debatten über Beamtenmoral in den Jahren 1958 und 1959. In einem zweiten Schritt werden jene mit den diesbezüglichen Anschauungen der unmittelbaren Nachkriegszeit kontrastiert, da sich dadurch konkrete Hinweise auf den Normenwandel im politischen Feld gewinnen lassen. Daran schließen sich Beobachtungen zum Verhältnis der Ideale des unbestechlichen Beamten und des ehrbaren Kaufmanns an. Es wird zu zeigen sein, dass trotz des Fehlens spektakulärer Korruptionsfälle und großer Skandale in den ersten Jahren der Bundesrepublik zeitweise von einem hohen Thematisierungsgrad des Ausmaßes an Korruption in Verwaltung und Wirtschaft gesprochen werden kann. Und dass dabei Ende der 1950er Jahre eine zunehmend eklatante Normenkonkurrenz[6] – in Form sich widersprechender Bewertungen von identischen Praktiken in Verwaltung und Wirtschaft – als gesamtgesellschaftliches Problem angeprangert wurde. Vor dem Hintergrund dieser Befunde ist daher abschließend zu fragen, was das

---

Korruption: Forschungsstand, Prävention, Probleme, Lengerich u. a. 2011, S. 76–92, hier S. 76 und 79. Dass Korruption in der „Bonner Republik" ein Tabuthema gewesen sei, davon geht etwa Arnim, Hans Herbert von: Korruption in Politik und Verwaltung, in: Ders. (Hg.): Korruption. Netzwerke in Politik, Ämtern und Wirtschaft, München 2003, S. 16–30, hier S. 16 aus.

6   ‚Normenkonkurrenz' meint hier die Spannung von Verhaltensnormen zwischen unterschiedlichen gesellschaftlichen Subsystemen, hier zwischen Verwaltung und Wirtschaft. Damit verwende ich den Begriff anders als Hillard von Thiessen, der unter Normenkonkurrenz den Konflikt zwischen sozialen und gemeinwohlorientierten Normen versteht, wie er sich in frühneuzeitlichen Gesellschaften aufgrund des gleichberechtigten Nebeneinanders dieser Normen ereignen konnte. Vgl. Thiessen, Hillard von: Korruption und Normenkonkurrenz. Zur Funktion und Wirkung von Korruptionsvorwürfen gegen die Günstling-Minister Lerma und Buckingham in Spanien und England im frühen 17. Jahrhundert, in: Engels, Jens Ivo / Fahrmeir, Andreas / Nützenadel, Alexander: Einleitung, in: Dies. (Hg.): Geld – Geschenke – Politik. Korruption im neuzeitlichen Europa, München 2009, S. 91–120. Zur Normenkonkurrenz in der Moderne vgl. Engels, Jens Ivo / Fahrmeir, Andreas / Nützenadel, Alexander: Einleitung, in: Ebd., S. 1–15, hier S. 12–14.

damalige Skandalpotential so stark begrenzt hat, dass die Bundesrepublik im In- und Ausland noch lange Zeit als außerordentlich korruptionsresistent galt.

„Sind unsere Beamten wirklich so korrupt?" – Korruptionskommunikation im politischen Feld

Ein auf den ersten Blick unscheinbarer Artikel im sozialdemokratischen Vorwärts vom 24. Oktober 1958 führte indirekt zu einer erhöhten Sichtbarkeit von unethischem Verhalten in Politik und Wirtschaft.[7] In ihm wurde argumentiert, dass sich einerseits Unternehmer bestimmter (staatsnaher) Branchen „seit Jahren in steigendem Umfange zu mehr oder weniger kostbaren Geschenken" gezwungen sehen würden und dass andererseits an aktuellen Äußerungen deutscher Beamter, die derartige Bereicherungen als „nichts Verwerfliches" ansehen wollten, der beklagenswerte Zustand der „Ethik des Berufsbeamtentums" ablesbar sei. Dieser Artikel stieß auf harschen Wider-, aber auch auf immensen Zuspruch. Zumindest nahmen ihn zahlreiche Zeitungen und Zeitschriften noch einmal zum Anlass, sich wie bereits in den Monaten zuvor mit den tieferen Ursachen der immer alltäglicher erscheinenden Korruption auseinanderzusetzen. So bezog sich beispielsweise der *Bonner Generalanzeiger* auf den genannten Artikel, als er bei den Bundestagsparteien nachfragte, ob die deutschen Beamten „wirklich so korrupt seien".[8] Auch wenn die Vertreter aller Fraktionen daraufhin

---

7 Vgl. GSW: Der Tanz um´s Goldene „Kilb". Gefälligkeitsgeschenke zu Weihnachten sind allgemeine Praxis geworden, in: Vorwärts. Sozialdemokratische Wochenzeitschrift für Politik, Wirtschaft und Kultur vom 24.10.1958, S. 2. Hieraus auch die nachfolgenden Zitate. Zum Fall des Ministerialrats Kilb, des persönlichen Referenten Adenauers vgl. Roth, Roland: Politische Korruption in der Bundesrepublik – Notizen zu einem verdrängten Thema, in: Fleck, Christian / Kuzmics, Helmut (Hg.): Korruption. Zur Soziologie nicht immer abweichenden Verhaltens, Königstein / Ts. 1985, S. 143–159, hier S. 149. Zum Vorwärts in der frühen Bundesrepublik vgl. Scholten, Jens: Zwischen Markt und Parteiräson. Die Unternehmensgeschichte des „Vorwärts" 1948–1989, Essen 2008, insbesondere S. 65–101.

8 Ausführungen des Bonner Generalanzeiger zitiert nach: Schriftlicher Antwortentwurf auf die Große Anfrage der SPD (BT-Drucksache 824, Juni 1959) von Dr. Anders

übereinstimmend bekundeten, dass „kein Anhaltspunkt" bestünde, dass dies auf die „deutsche Beamtenschaft in ihrer Allgemeinheit" zutreffe, nutzte die Sozialdemokratische Partei Deutschlands (SPD) diese mehr oder weniger selbstgenerierte Vorlage in der politischen Auseinandersetzung und richtete am 30. Januar 1959 eine Große Anfrage an die damalige Regierungskoalition aus Christlich Demokratischer Union (CDU) und Christlich-Sozialer Union (CSU).[9] In der daraus resultierenden Aussprache im Bundestag waren alle Redner sehr genau darauf bedacht, sich betont staatstragend zu geben und nur nicht den Eindruck zu erwecken, die gesamte Beamtenschaft stünde hier am Pranger.[10] Während die Redner der CDU/CSU-Fraktion allerdings immer wieder insistierten, dass eine statistisch nachweisbare Grundlage für die Debatte schlichtweg fehle und es sich hier nur um eine von den Medien und der Opposition in fahrlässiger Weise geschürte Diskussion handele, gingen Freie Demokratische Partei (FDP) und SPD von einer immensen Signifikanz der Fälle aus. Die Redner der beiden größten Oppositionsparteien[11] waren sich dann auch darin einig, dass die zunehmenden Verstrickungen von Staat und Wirtschaft und die Versuchungen der Wohlstandsgesellschaft Ausgangspunkte der Problemanalyse sein müssten.

Die grundsätzliche Argumentationsrichtung war bei beiden indes eine andere: Die FDP fragte vor allem danach, warum in Bonn Beamte der Bundesverwaltung und nicht Mitglieder des Bundestags bestochen würden, obwohl man doch letztere strafrechtlich nicht wegen Bestechung zur Rechenschaft

---

(Bundesministerium des Innern), BA B 116 / 20737 „Vorschriften über die Bestechlichkeit und Bestechung", o.S. Dort auch das nachfolgende Zitat.

9 Große Anfrage der Fraktion der SPD bezüglich der Korruptionsfälle in der Bundesverwaltung, BT-Drucksache 824, Juni 1959. Bereits am 29. September 1958 war diesbezüglich eine Kleine Anfrage der SPD an die Regierung ergangen, doch war dieser kaum Aufmerksamkeit zuteil geworden. Vgl. BT-Drucksache 548, September 1958.

10 Vgl. Stenographischer Bericht der 76. Sitzung des Deutschen Bundestages vom 18. Juni 1959, S. 4175–4200. (im Folgenden: Stenographischer Bericht).

11 Die Deutsche Partei (17 Sitze) und die Freie Deutsche Volkspartei (1 Sitz) äußerten sich innerhalb des Bundestages hierzu nicht. Die DP war nur über die Direktmandate in den Bundestag eingezogen und hatte daher keine vollen Fraktionsrechte, der Abgeordnete der FVP war durch das Abgeordnetenhaus von Berlin gewählt worden und war damit kein voll stimmberechtigter Bundestagsabgeordneter.

ziehen könne.[12] Die Redner der SPD argumentierten hingegen, dass die Korruptionsfälle zusammen mit der aktuellen Staatsverdrossenheit, dem Niedergang der Steuermoral und einem geistigen Klima, das zu sehr auf Sucht nach Geld und Besitz beruhe, Ausdruck einer viel größeren Krise seien. Und diese sah man als nicht unerheblich durch aktuelle Gesetze und das Verhalten auch prominenter Regierungsmitglieder verstärkt an.[13] Beide Parteien schafften damit viel umfangreichere Debattenbezüge. Die FDP nutzte den Moment, um zu einer generellen Kritik am Parlamentarismus unter den Bedingungen der absoluten Mehrheit anzusetzen. Das Parlament, so die Argumentation, sei nur noch „bloße Akklamationsmaschinerie", die „den von der Verwaltung vorbereiteten Regierungsbeschlüssen" zustimmen dürfe. Es seien folglich nicht Macht und Ermessensspielraum der Parlamentarier, sondern der Beamtenschaft, die der Korruption den Boden bereiteten.[14] Der SPD ging es indes nicht nur um die ihrer Meinung nach zu zögerliche Haltung der Bundesregierung bei der Korruptionsbekämpfung. Ihre Kritik bezog sich in hohem Maße auch auf den damals frisch vorgelegten und als unzureichend kritisierten Gesetzentwurf zur Parteienfinanzierung, die Eingriffe des Bundeskanzlers in schwebende Verfahren, die übereilte Zuteilung von Mitteln bei Wiederaufbau und Wiederbewaffnung[15] sowie eine Steuer- und Wirtschaftspolitik, die einseitig Vermögensbildung in der Wirtschaft begünstige und Beamte, Angestellte und Arbeiter benachteiligt habe.[16] Aus all dem sei ein „Bonner Klima"

---

12 Dürr (FDP), in: Stenographischer Bericht, S. 4189. Als Ausnahme wird in der Debatte von Seiten der SPD nur auf die Abstimmung über die Hauptstadt 1949 verwiesen. Vgl. Schröder, Ebd., S. 4177. Zu diesem Themenkomplex vgl. auch Darge (2009): Korruption, S. 51–53.

13 Schmitt (SPD), in: Stenographischer Bericht, S. 4177.

14 Dürr (1959): Stenographischer Bericht, S. 4189 und 4190.

15 Letzteres wurde zeitgenössisch vor allem in und anhand der sogenannten „Schützenpanzeraffäre" debattiert. Diese fand auch Eingang in die Bundestagsdebatte 1959. Vgl. Äußerungen von Schmitt (1959): Stenographischer Bericht, S. 4179. Zum Skandal wurde diese allerdings erst im letzten Drittel der 1960er Jahre, als sie mit Schmiergeldzahlungen und illegaler Parteienfinanzierung in Verbindung gebracht wurde. Vgl. hierzu Kollmer, Dieter H.: Rüstungsgüterbeschaffung in der Aufbauphase der Bundeswehr. Der Schützenpanzer HS 30 als Fallbeispiel (1953–1961), Stuttgart 2002, S. 250–262.

16 Vgl. Schmitt (1959): Stenographischer Bericht, S. 4177f., Zitat S. 4178.

entstanden, in dem Korruption zum „Kavaliersdelikt"[17] geworden sei und das
nicht geeignet wäre, „Sauberkeit und Rechtschaffenheit und damit die Tugenden zu fördern, auf denen der Staat beruhen muß".[18] Diesen Interpretationen
konnten sich CDU und CSU naturgemäß nicht anschließen. Man wehrte sich
auf Regierungsseite daher gegen derartige Vorstellungen von der „Korrupti-
onshauptstadt Bonn".[19] Innenminister Schröder sprach sogar von einer reinen
„Korruptionspsychose"[20], die es nötig erscheinen lasse, das durch Presse und
SPD völlig unberechtigt und ohne wirklichen Anlass geschmälerte Vertrauen
in die öffentliche Verwaltung wiederherzustellen. Es sei dem Eindruck zu
widersprechen, „daß Unbestechlichkeit nicht mehr zu den selbstverständli-
chen Tugenden des deutschen Beamten gehöre".[21]

Diese Stellungnahmen waren sicherlich zu erwarten. Die Diskrepanz in der
Einordnung von Korruptionsfällen verlief a) entlang der jeweiligen Parteili-
nien und war b) der unterschiedlichen Position der Sprecher als Vertreter der
Opposition oder aber der Regierung – und somit als Dienstherrin über die
Beamtenschaft im Bund – geschuldet. Der Grundkonflikt bestand aber vor
allem darin, dass die Regierungsparteien von Einzelfällen moralischer Verfehlungen ausgingen, die Oppositionsparteien die gleichen Vorkommnisse
aber als Symptom für den viel weitergehenden Verfall der politischen Kultur
und eine allgemein gelockerte Beamtenmoral interpretierten.[22] Während die
Opposition daher versuchte, eine Grundsatzdebatte zu führen, waren die
Redner der Regierungsparteien bestrebt, das aktuelle Debatten- und Skandalpotential zu begrenzen.[23] Die einen handelten sich so den Vorwurf der

---

17   Schmitt (1959): Stenographischer Bericht, S. 4178.
18   Schmitt (1959): Stenographischer Bericht, S. 4177.
19   Schröder (CDU), in: Stenographischer Bericht, S. 4182.
20   Schröder (1959): Stenographischer Bericht, S. 4181.
21   Schröder (1959): Stenographischer Bericht, S. 4181.
22   Der ständige Verweis auf den Einzelfallcharakter unethischen Verhaltens bezeichnet
     Schaupensteiner als „Schwarze-Schaf-Theorie". Hierzu vgl. Schaupensteiner, Wolfgang J.:
     Korruption in Deutschland – Das Ende der Tabuisierung, in: Pieth, Mark / Eigen, Peter
     (Hg.): Korruption im internationalen Geschäftsverkehr. Bestandsaufnahme, Bekämp-
     fung, Prävention, Neuwied 1999, S. 131–147, hier S. 135f.
23   Interessant ist dabei vor allem die verwendete Vergleichsebene: Praktiken der Korruption
     „waren im alten Rom ebenso bekannt wie in der Wilhelminischen und in der Weimarer

„maßlose[n] Kritik" und „der oberflächlichen Verallgemeinerung" ein, die anderen den der „Bagatellisierung".[24]

Aufschlussreich ist, dass die Regierungsparteien dabei eine enge Definition von Korruption – als mit dem Straftatbestand der Bestechung deckungsgleich – und die Oppositionsparteien eine deutlich weiter gefasste Begriffsbestimmung verwandten. Im Grunde ging es darum, ob ein „enger Zusammenhang zwischen Leistung und Amtshandlung" bestehen müsse[25] und wie man neuere Erscheinungen wie die der „vorsorglichen Korruption" – Korruption, die darauf abziele, sich das spätere Wohlwollen von Beamten durch vorsorgliche Geschenke zu sichern – zu bewerten habe.[26] Allerdings betonte der Innenminister auch, man solle nicht wegen der „Annahme jedes Notizblockes, Drehbleistiftes oder Werbeartikels mit Firmenaufdruck eine Hexenjagd veranstalten". Dies sei sogar kontraproduktiv, würde doch ein

> „Beamter, der einen ihm übersandten Taschenkalender zurückschickte, […] im Volk mit Recht als pedantischer Bürokrat angesehen werden [und] durch die Zurückweisung einräumen […], daß schon derartige kleine Aufmerksamkeiten geeignet seien, einen Beamten in seiner Objektivität zu beeinflussen."[27]

So einvernehmlich sich die anwesenden Abgeordneten bezüglich dieses letzten Punktes auch zeigten – dies wird in den Zwischenrufen sehr deutlich –, so wenig selbstverständlich waren diese Äußerungen. Ein Blick auf die unmittelbare Nachkriegszeit zeigt dies.

Zeit, vom tausendjährigen Reich ganz zu schweigen." Schröder (1959): Stenographischer Bericht, S. 4181.

24 Der Vorwurf der Bagatellisierung bei Schmitt (1959): Stenographischer Bericht, S. 4176, der der Übertreibung bei Schröder (1959): Stenographischer Bericht, S. 4181.

25 Zu Recht verwies die Opposition darauf, dass für den Tatbestand der einfachen Bestechung im Sinne des § 331 StGB ein derartiger Zusammenhang gar nicht erforderlich sei. Dies sei nur beim Tatbestand der schweren Bestechung zwingend. Vgl. Schmitt (1959): Stenographischer Bericht, S. 4179.

26 Dürr (1959): Stenographischer Bericht, S. 4190.

27 Schröder (1959): Stenographischer Bericht, S. 4185.

„Das letzte Bollwerk eines geordneten Zusammenlebens"[28] – Das Ideal des unbestechlichen Beamten in der Zusammenbruchsgesellschaft

In den ersten Jahren nach Kriegsende dienten Korruptionsvorwürfe schnell als relativ universell einsetzbares Mittel im politischen Kampf.[29] Mit ihnen ließ sich wahlweise die Besatzungsherrschaft, der Kommunismus oder der Nationalsozialismus desavouieren.[30] Korruption ist zugleich allerdings auch als Problem der heimischen Verwaltung thematisiert worden, wurde hier jedoch zeitgenössisch weithin als verständliche Reaktion der deutschen Beamtenschaft angesichts allgemeiner Notlagen interpretiert.[31] Sich gegen eine derartige Verharmlosung von Delikten wendend, machte der Innenministers des Landes Nordrhein-Westfalen in einem Schreiben an alle öffentlichen Verwaltungen 1947 geltend, dass die „gegenwärtige Not […] in wachsendem Ausmaß die Grundlagen der Öffentlichen Ordnung" beeinträchtige.[32] Im „allgemeinen Niedergang unserer Zeit" sei der Beamte und öffentlich Angestellte „in seiner Unbestechlichkeit das letzte Bollwerk eines geordneten Zusammenlebens". Er dürfe trotz der prekären sozio-ökonomischen Lage „nicht in den Strudel des

---

28 Innenminister des Landes Nordrhein-Westfalen an Großverteiler betreffend Korruptionserscheinungen in der öffentlichen Verwaltung am 29.12.1947, BA Z / 10 / 232 „Zentralhaushaltsamt für die britische Zone: Beamtenrecht, Bd. 5, 1946–1948".

29 Diesbezüglich drängen sich die Parallelen zur Korruptionskritik in der Weimarer Republik auf. Zu Korruptionsskandalen in der ersten deutschen Republik vgl. Klein, Annika: Hermes, Erzberger, Zeigner: Korruptionsskandale in der Weimarer Republik, in: Bulkow, Kristin / Petersen, Christer (Hg.): Skandale. Strukturen und Strategien öffentlicher Aufmerksamkeitserzeugung. Wiesbaden 2011, S. 49–65.

30 Zur zeitgenössischen Interpretation des NS als korrupt vgl. Menne, Leo: Korruption, in: Kölner Zeitschrift für Soziologie 1 (1948 / 49), S. 144–188, insbesondere S. 160–163. Zu Vorwürfen der Alliierten in Bezug auf Probleme bei der „Beschaffung von Besatzungsbedarf" vgl. Materialsammlung BA B 106 / 15767.

31 Zu den gängigen subsistenzökonomischen Praktiken in der Nachkriegszeit vgl. Koenen (2001): Sichtbarkeiten, S. 80–82.

32 Dieses und die folgende Zitate aus: Innenminister NRW an Großverteiler (1947), o.S. Ähnlich argumentiert auch: Schreiben des Oberfinanzpräsidenten Westfalen in Münster an die ihm unterstehenden Behörden vom 29.7.1947 und Aktenvermerk der Finanzleitstelle Hamburg vom 19.2.1948, beide in BA Z 31 / 231. Aufschluss über die Diffusion der konkreten Regelungen gibt eben diese Akte des Bundesarchivs.

gegenwärtigen Verfalls" geraten, sondern müsse vielmehr „durch die Sauberkeit seiner Amtsführung dem moralischen Zusammenbruch unserer Zeit die Würde einer bewußten Arbeit für die Gemeinschaft" entgegensetzen. Wie rigide hier Anspruch und Norm für die Bediensteten der öffentlichen Verwaltungen in einer Phase, in der maximal von einem „diffusen Staat"[33] die Rede sein konnte, formuliert wurden, verdeutlicht die sich anschließende Auflistung von problematischen Gefälligkeiten: Nicht nur Geld und Waren, auch „Einladungen zu Mahlzeiten, zu einer Flasche Wein, zu einem Glase Bier, Autofahrten, Gewährung von Quartier und von freier (oder besonders billiger) Verpflegung" seien als gravierende Verstöße anzusehen.[34]

Neben den unmittelbaren Dienstherren sahen sich auch die höheren Gerichte dazu veranlasst, die Grenzen des Erlaubten sehr eng zu interpretieren. Maßgeblich war hier das Grundsatzurteil des Strafsenats des Oberlandesgerichts (OLG) Celle aus dem Jahre 1948.[35] Die Strafkammer ging in ihrer Urteilsbegründung davon aus, dass zur Bestechung zwar „ein bewußter Zusammenhang zwischen der Amtshandlung und dem Geschenk" gehöre, dass dieser jedoch „nicht ausdrücklich zur Sprache" kommen müsse. Vielmehr genüge bereits „das stillschweigende Einverständnis" und von diesem sei in fast allen Fällen einfach auszugehen. Zugleich verwies man auf die gute Tradition, in diesem Bereich keine Spielräume zu akzeptieren.[36] In der Begründung hieß es daher: Es ist

> „schon immer Brauch gewesen, daß der Beamte im Dienst eine ihm angebotene Zigarette ausschlug, um nicht für bestechlich zu gelten. Das galt schon zu Zeiten, in denen eine Zigarette nur einen geringen Wert hatte und keineswegs als ‚Geschenk'

---

33 Siegrist, Hannes: Der Wandel als Krise und Chance. Die westdeutschen Akademiker 1945–1965, in: Tenfelde, Klaus / Wehler, Hans-Ulrich (Hg.): Wege zur Geschichte des Bürgertums. 14 Beiträge, Göttingen 1994, S. 289–314, hier S. 293.

34 Innenminister NRW an Großverteiler (1947).

35 Vgl. OLG Celle, 14.2.1948, SJZ 1948, S. 685ff. Zur Zirkulation des Urteils und den Diskussionen innerhalb der Verwaltungen vgl. BA Z / 40 / 6.

36 Alle Entscheidungen der Oberlandesgerichte und des Bundesgerichtshofs zum Straftatbestand der Bestechung sind aufgelistet in: Schmidt, Eberhard: Die Bestechungstatbestände in der höchstrichterlichen Rechtsprechung von 1879 bis 1959, München, Berlin 1960, S. 521.

angesehen wurde, dessen Annahme den Empfänger zu irgend etwas verpflichtete. Ein Beamter, der einem so allgemeinen und so alt hergebrachten guten Brauch zuwiderhandelt, muß und wird sich in aller Regel darüber klar sein, daß er sich dem Verdacht der Bestechlichkeit aussetzt. Tut er es trotzdem, so wird fast immer der Schluß naheliegen, er habe tatsächlich in dem Bewußtsein gehandelt, den Vorteil ‚für‘ seine Amtstätigkeit zu erhalten.“[37]

Der Kontrast zwischen den Äußerungen aus den Jahren 1947 / 48 und den Jahren 1958 / 59 ist sowohl in der Grundaussage als auch im Detail enorm. So wechselt etwa das Argument, die gesamte Staatlichkeit sei durch Vorfälle von Korruption in der Verwaltung bedroht, quasi die Seiten. Es wurde in den späten 1950er Jahren nicht mehr durch die jeweiligen Regierungen und Verwaltungschefs vertreten, sondern von der Opposition. Während die Berufung auf historische Vorbilder weiterhin unerlässlich schien, wurde jedoch Ende der 1950er Jahre ein Interpretationsspielraum für Verwaltung und Gerichte geschaffen und anerkannt. Ein solcher Graubereich war vorher noch strikt abgelehnt worden. Die skizzierten Korruptionsdebatten führten also dazu, die bis dahin gültige Bewertung von Praktiken des Verwaltungshandelns zu hinterfragen und auf ihre Passgenauigkeit für die aktuelle Zeit zu überprüfen. Als Konsequenz auf die öffentlichen und parlamentarischen Debatten erfolgte dann im Zuge der Strafrechtsreform 1960 und durch ein Bundesgerichtsurteil im gleichen Jahr eine relativ schnelle Reaktion von Gesetzgebung und Justiz.[38] Der Bundesgerichtshof ging nun davon aus, dass Geschenke nicht mehr generell als „innere Belastung“ und als Grund für Befangenheit zu interpretieren seien.[39]

---

37   Vgl. OLG Celle (1948), zitiert nach BA Z / 40 / 6, o.S.

38   Vgl. BT-Drucksache 2150 vom 3.11.1960 zum „Entwurf eines Strafgesetzbuches (StGB)“, S. 607–612.

39   Vgl. BA B 116 / 20737 sowie das Urteil des zweiten Strafsenats 2 StR 91 / 60 vom 25. Juli 1960, hieraus auch das Zitat. Vgl. hierzu auch die juristischen Diskussionen in: Kirschbaum / Schmitz: Grenzen der Bestechungstatbestände. Entgegnung auf eine Monographie von Schmidt, in: Goltdammer´s Archiv für Strafrecht 11 (1960), S. 321–354 und Stein, Albert: Der Streit um die Grenzen der Bestechungstatbestände, in: Neue Juristische Wochenschrift, Heft 10 (1961), S. 433–439.

„Der Kampf gilt dem Absinken der allgemeinen Geschäftsmoral"[40] – Normenkonflikte zwischen dem politischen und ökonomischen Feld

Dass unterschiedliche Normen im politischen und im ökonomischen Feld galten, schien den Zeitgenossen dabei offensichtlich zu sein. Bereits in der schon zitierten Urteilsbegründung von 1948 gingen die Richter davon aus, das Wirtschaftsleben sei davon geprägt, dass „in weitem Umfange Leistungen in mehr oder weniger unerlaubter Weise von Gegenleistungen abhängig gemacht" würden.[41] In der von Kompensationsgeschäften und Schwarzmärkten geprägten Zusammenbruchsgesellschaft ließen sich diese aber noch als dienlich, produktionssteigernd und lebensnotwendig erachten; hätten sie es doch ermöglicht, staatliche und alliierte Markthemmnisse so zu umgehen, dass die Produktion überhaupt am Laufen gehalten und ein minimaler Lebensstandard gesichert werden konnte. Da vergleichbare Praktiken – so das OLG – im öffentlichen Dienst nicht tragbar seien, müsse vor allem sichergestellt werden, dass diese nicht noch stärker als ohnehin schon auf jenen übergriffen.[42] Auch in der Bundestagsdebatte des Jahres 1959 waren sich alle Redner darin einig, dass an der „Berührungsfläche zwischen Staat und Wirtschaft [...] die strengeren Anschauungen des Beamtendienstes mit den oftmals loseren Auffassungen des Wirtschaftslebens" aufeinandertrafen.[43] Problematisches Verhalten in der Wirtschaft sei eben kein Einzelfall mehr, sondern längst gängige Geschäftspraxis; so würden sich viele deutsche Firmen mittlerweile nicht mehr nur auf die eigene Leistungsfähigkeit, sondern vor allem auf Geschenke an ihre Kunden verlassen.[44] Auch die *Frankfurter Allgemeine Zeitung* hatte am 24. September 1958 bereits in diese Richtung argumentiert. Der diesbezügliche Artikel fand

---

40 Prof. Dr. G. Schmölders, Universität Köln: Die Wirtschaftsdelikte als Störungsfaktoren im Ordnungssystem der Marktwirtschaft, in: BKA (1957): Wirtschaftsdelikte, S. 13–19, hier S. 19.

41 Zusammenfassung des Urteils des OLG Celle – Strafsenat – vom 14.2.1948, BA Z/40/6, o.S.

42 Vgl. Zusammenfassung des Urteils des OLG Celle – Strafsenat – vom 14.2.1948, BA Z/40/6, o.S.

43 Schröder (1959): Stenographischer Bericht, S. 4185.

44 Schmitt (1959): Stenographischer Bericht, S. 4177.

daher sogar Eingang in die Bundestagsdebatte von 1959. Hier war die Rede
von einem ausufernden „Gefälligkeitswesen", dass sich

> „bei den kleinen und großen Festgelagen, Ausflügen, Betriebsbesichtigungen mit
> Cocktail, dem reichen Angebot von Whisky und Kognak im Sitzungszimmer, den
> Weihnachtsgeschenken vom prächtigen Rauchverzehrer bis zum schlichten Pelz-
> mantel, den Leihgaben von Autos, Eisschränken, Waschmaschinen […], mit denen
> Einkäufer und Inhaber verwandter Positionen bei Laune gehalten werden"

zeige.[45] Diese Argumentation ließ sich von der Opposition noch weiter zuspit-
zen. Wiederum mit Bezug auf einen Zeitungsartikel hieß es: Es seien gerade
die „Denkart und Verhaltensweise der Absatzwirtschaft" und deren Praktiken „des gerade noch Zulässigen", die das vom „Christentum Jahrhunderte
hindurch erstrebt[e] […] sittliche Höchstmaß" im Feld der Ökonomie unter-
grabe und das Ideal des „ehrbare[n] Kaufmann[s] des Mittelalters" gefähr-
de.[46] Auch wenn die Oppositionspolitiker hier ganz bewusst auf Pressezitate
zurückgriffen und die Regierungsparteien diesen allzu harschen Ton gegenüber
der Wirtschaft vermieden, konnte man sich doch anscheinend leicht darauf
verständigen, dass Betrugs- und Untreuedelikte nicht so sehr typisch für die
öffentlichen Verwaltung, sondern für die Wirtschaft seien.[47] Zwar verwiesen
die Regierungsparteien darauf, dass „in den verantwortungsbewußten Füh-
rungsgremien unserer Wirtschaft die fragwürdigen Praktiken ebenso verurteilt
werden",[48] doch sind sich – zwischen den Zeilen – letztlich alle einflussreichen

---

45 Frankfurter Allgemeine Zeitung vom 24. September 1958, zitiert nach Schmitt (1959):
    Stenographischer Bericht, S. 4179.
46 Mit wortwörtlichem Bezug auf die Ausführungen in einer nicht näher benannten
    Ausgabe des „Sonntagsblatt" aus dem Februar 1959: Schmitt (1959): Stenographischer
    Bericht, S. 4178.
47 Das zeige schon der Blick auf die gegenläufigen Tendenzen bei den Deliktzahlen. Während
    „die Zahl der Bestechungsverfahren gegen Beamte und Angestellte seit Jahren ständig
    rückläufig" sei, hätten sich die vergleichbaren Delikte in der Wirtschaft zwischen 1950
    und 1956 mehr als verdoppelt. Schröder (1959): Stenographischer Bericht, S. 4184.
48 Schröder (1959): Stenographischer Bericht, S. 4184. Die Debatten veranlassten die
    Wirtschaft nicht, sich in ihren Spitzenorganisationen und Industrie- und Handels-
    kammern intensiv mit diesen Vorwürfen auseinanderzusetzen, auch weil man diese

Akteure im politischen Feld einig, dass die Moral des Geschäftslebens zum zentralen Problem geworden war.

Diese Verweise wurden von den Politikern sicherlich vor allem dazu genutzt, das Bild des vergleichsweise ethisch handelnden Staatsbediensteten – trotz aller Thematisierung des unethischen Verhaltens in ihren Reihen – zu retten. Darüber hinaus ging es hier aber auch um Vorschläge zur Bewältigung einer eklatanten Normenkonkurrenz. Schon aus praktischen Gründen könne man ja Beamten den privaten gesellschaftlichen Verkehr mit Personen außerhalb des öffentlichen Dienstes nicht verbieten. „Keinesfalls", so Innenminister Schröder, dürfe „die Beamtenschaft in die Rolle gedrängt werden, sich als eine besondere Kaste zu fühlen und sich von der Außenwelt abzuschließen", da man von ihr verlange, die „Verhältnisse und Anliegen der gesamten Bevölkerung" korrekt zu beurteilen.[49] Einerseits sei daher das „Pflichtbewußtsein der im Dienst des Bundes stehenden Personen zu festigen und zu vertiefen".[50] Andererseits müsse verhindert werden, dass sich beide Normengebäude noch weiter auseinander entwickelten.[51] Diese Kluft war auch deswegen sichtbarer geworden, weil sich die Bewertung des Wirtschaftsgebarens gewandelt hatte. Anders als noch zehn Jahre zuvor wurden nun Praktiken, die den Markt als zentralen Mechanismus der Koordination, Allokation und Distribution auszuschalten versuchten, als Verstoß gegen das Gemeinwohl interpretiert. Das Argument der „ökonomischen Funktionalität" von Korruption und Wirtschaftskriminalität, das heißt von der generell wünschenswerten Beschleunigung bürokratischer und ökonomischer Vorgänge durch Bestechung, war Ende der 1950er Jahre zu einer Minderheitenmeinung geworden.[52] Argumentiert wurde nun mit dem immensen volkswirtschaftlichen Schaden, den generell wachstumshemmenden, den

---

Vorwürfe allzu leicht mit Verweis auf eigene Produktivitätskennzahlen als politisches Kampfmittel abtun konnte.

49   Schröder (1959): Stenographischer Bericht, S. 4185.
50   Schröder (1959): Stenographischer Bericht, S. 4187.
51   Schmitt (1959): Stenographischer Bericht, S. 4176.
52   Ende der 1950er und in den 1960er Jahren ist das Argument der ökonomischen Funktionalität von Korruption vor allem in Überlegungen zur Modernisierung sogenannter „unterentwickelter Gebiete" nachweisbar. Zum Verhältnis von Korruption und Modernisierung vgl. Draude, Anke: Der blinde Fleck der Entwicklungstheorie. Von der Unüberwindbarkeit der Modernisierungstheorie im Korruptionsdiskurs, Berlin 2007.

Marktprozess verzerrenden und gemeinwohlschädigenden Folgen.[53] Folglich sollte die moralische Integrität der Wirtschaftselite und deren Vorbildfunktion gestärkt werden. Die Rückkehr zum Ideal des ehrbaren Kaufmanns schien auch den unbestechlichen Beamten zu ermöglichen.

Wie stark die Diskussionen um Korruption in Politik und Wirtschaft miteinander verbunden waren, zeigt auch der Blick auf eine sechstägige Konferenz von Richtern, Staatsanwälten, Kriminal- und Regierungsbeamten, die 1957 im BKA in Wiesbaden stattfand und die erheblichen Einfluss auf den medialen, juristischen und politischen Diskurs der Folgezeit hatte. Ihre Argumente fanden sich dann auch in der Bundestagsdebatte von 1959 und in juristischen Argumentationen zur Strafrechtsreform von 1960 wieder. Schon der Titel der Tagung „Wirtschaftsdelikte (einschliesslich der Korruption)" verweist noch einmal einerseits darauf, dass das unethische Verhalten in Politik, Verwaltung und Wirtschaft zeitgenössisch fast immer zusammen diskutiert wurde, andererseits darauf, wie sehr das grundlegende Problem mittlerweile in den gewandelten Normen des Geschäftslebens zu liegen schien. So verwies im einleitenden Referat auch Regierungs- und Kriminaldirektor Dr. Niggemeyer darauf, dass das massive Wirtschaftswachstum zu einem Normenwandel geführt und der „Kampf um den Kunden" auch alteingesessene Firmen dazu veranlasst habe, Geschäftspraktiken zu verfolgen, „die mit kaufmännischer Sitte und guter Überlieferung nicht mehr in Einklang zu bringen" seien.[54] Obwohl genaue Zahlen nicht vorlagen, ging man vom „ungeheure[n] wirtschaftliche[n] und finanzielle[n] Schaden" der Wirtschaftskriminalität aus,[55] der die Schäden

---

53 Ende der 1950er Jahre verband sich die Debatte über Korruption und Wirtschaftskriminalität mit zeitgenössischen Thematisierungen einer zunehmenden Kartellbildung und des zunehmenden Einflusses von Interessenverbänden. Am prominentesten die Kritik bei Eschenburg, Theodor: Herrschaft der Verbände?, Stuttgart 1955, die daher auch in der Bundestagsdebatte von 1959 aufgegriffen wurde. Vgl. Schmitt (1959): Stenographischer Bericht, S. 4198. Zu den beiden gegensätzlichen Interpretationen der Wohlstandswirkung von Korruption vgl. Nützenadel, Alexander: Korruption aus historischer Perspektive, in: Graeff, Peter / Grieger, Jürgen (Hg.): Was ist Korruption?, Baden-Baden 2012, S. 79–92, hier S. 85.

54 Regierungs- und Kriminaldirektor Dr. Niggemeyer: Einführung, in: BKA (1957): Wirtschaftsdelikte, S. 7–11, hier S. 8.

55 Offensichtlich basierten die Ausführungen nicht auf umfangreichen statistischen Zahlenmaterialien. Zitat bei Kriminalkommissar Bertlin: Wirtschaftsdelikte aus der Sicht

durch gewöhnliche Eigentumsdelikte, wie Diebstahl und Betrug, bei weitem überstieg.[56] Dieser Vergleichsmaßstab ist aufschlussreich, da er eine klare Trennlinie zwischen typischen Oberschichtverbrechen (Steuerhinterziehung und Wirtschaftsstraftaten) und typischen Unterschichtverbrechen (Eigentumsdelikte und Gewaltverbrechen) suggeriert.[57] Und dies hatte Auswirkungen auf die Vorstellungen vom Täter: Während man es bei „üblichen Straftaten [...] in der Mehrzahl der Fälle mit Tätern zu tun [hätte], die infolge irgendeiner Veranlagung kriminell werden", würde man sich bei den Wirtschaftsstraftaten dagegen mit Menschen konfrontiert sehen, „die normal sind, normal denken und fühlen".[58] Diejenigen Vortragenden, die wirtschaftskriminelle Handlungen als Elitenphänomen begriffen, beschrieben die Täter dann auch als arriviert. Gerade ihr hohes Sozialkapital ermögliche es ihnen, ihre Taten oftmals unbemerkt zu begehen oder im Fall des Bekanntwerdens straffrei davonzukommen.[59] Zudem seien sie weit überdurchschnittlich intelligent. Insbesondere

---

des Kriminalisten, in: BKA (1957): Wirtschaftsdelikte, S. 49–62, hier S. 50.

56 So schon Bertlin, Günter: Wirtschaftskriminalität, Wiesbaden 1956, S. 15.

57 Vgl. u. a. Regierungsdirektor Dr. Terstegem: Besonderheiten der Steuerstraftaten und des Steuerstrafrechts, insbesondere unter dem Gesichtspunkt einer Zusammenarbeit zwischen Finanzverwaltung und Kriminalpolizei, in: BKA (1957): Wirtschaftsdelikte, S. 213–238, hier S. 218.

58 Oberstaatsanwalt Dr. Lorenz: Aufklärung und Verfolgung von Wirtschaftsstraftaten, in: BKA (1957): Wirtschaftsdelikte, S. 91–98, hier S. 91. Zum Begriff des „Intelligenzverbrechers" vgl. Niggemeyer (1957): Einführung, S. 8. Ein Ausnahmefall ist die Pathologisierung der Wirtschaftsstraftäter, etwa durch die Deutung ihrer Handlung als „Spaltung (Schizophrenie) des Denkens". So bei Terstegem (1957): Besonderheiten, S. 218. Abseits der Öffentlichkeit entwickelte sich in den 1960er Jahren der kriminologische Teildiskurs zur „Oberschichtenkriminalität" konsequent weiter. Ende der 1950er Jahre waren hier bereits zahlreiche Argumente etabliert, die in der zehn Jahre später einsetzenden Debatte über die „Täter im weißen Kragen" eine deutlich breitere Öffentlichkeit finden sollten. Aufgrund seiner Position als Gründungspräsident der Deutschen Kriminologischen Gesellschaft besonders einflussreich: Die Veröffentlichungen des Kriminologen Amand Mergen.

59 Vgl. Lorenz (1957): Aufklärung, S. 53. Zur zeitgenössischen Debatte um die Rolle der Eliten vgl. Bluhm / Straßenberger (2006): Elitedebatten, S. 126–133. Zu verweisen ist an dieser Stelle auch auf die zeitgenössische Beschäftigung der Soziologie mit Kriminalität auf den Führungsebenen von Politik, Verwaltung und Wirtschaft. International vergleichend: Middendorff (1959): Soziologie, insbesondere S. 55–76.

Gesetzgeber und Strafverfolgungsbehörden müssten darauf reagieren: Erstens sei die Gesetzeslage anzupassen,[60] zweitens seien Polizeibeamte, Staatsanwälte und Richter besser zu schulen.[61] Ein enormer und zügiger Handlungsbedarf wurde festgestellt, denn mittlerweile schien sogar die Stabilität des gesamten Systems bedroht. Vor dem Hintergrund der Erfahrungen der Weltwirtschaftskrise befürchtete man vor allem, dass sich die „latente[n] Gefahrenherde" in dem Moment „häufen und gegenseitig potenzieren" könnten, in dem der konjunkturelle Aufschwung abflachen würde. Sobald eine derartige Krise einmal eingesetzt habe, müsse es unter den gegebenen Bedingungen zu verheerenden Kettenreaktionen kommen.[62]

Zumindest waren diese Argumente so deutlich vernehmbar, dass sich Wirtschaftskreise dazu veranlasst sahen, ihnen entgegenzutreten. Dabei wurde immer wieder auf das legitime Beratungsinteresse der Industrie gepocht. Zudem wurde auf die Berechtigung unterschiedlicher Normensysteme innerhalb einer Gesellschaft verwiesen.[63] Geschäftsleute dürften daher nicht einfach

---

60 Insbesondere die Tagungsteilnehmer aus dem juristischen Feld betonten, dass das Konkursstrafrecht mittlerweile überholt und reformbedürftig sei. Vgl. u. a. Ministerialrat im Bundesjustizministerium Dr. Böhle-Stammschräder: Gedanken zur Neuordnung des Konkursstrafrechts, in: BKA (1957): Wirtschaftsdelikte, S. 249–258.

61 Von den Kriminalisten und den Staatsanwälten wurde vor allem auf Spezialisierung und Zentralisierung gedrängt. Das Personal der Strafverfolgungsbehörden sei besser zu schulen, die jeweiligen Abteilungen besser auszustatten, Sonderdezernate zu schaffen. Vgl. u. a. Bertlin (1957): Wirtschaftsdelikte, S. 51f. Dabei stand zum Teil die Reichszentrale zur Bekämpfung von Korruption beim Reichskriminalamt (RKPA) Pate, die im NS seit 1938 als zentrale Dienststelle zur Korruptionsbekämpfung fungiert hatte. Vgl. Kriminalrat Kiehne (1957): Erfahrungen, S. 181–185. Verwiesen wurde auch auf die Intensivierung der Zusammenarbeit mit anderen staatlichen und zivilgesellschaftlichen Institutionen, etwa mit der Deutschen Zentralstelle zur Bekämpfung der Schwindelfirmen, der Zentrale zur Bekämpfung unlauteren Wettbewerbs, dem Verein „pro honore" sowie dem Verein gegen das Bestechungsunwesen. Zu Geschichte, Tätigkeit und Programm dieser Institutionen vgl. Verein gegen das Bestechungsunwesen e.V.: Fünfzig Jahre Kampf gegen Korruption, Bonn [1959].

62 Lorenz (1957): Aufklärung, S. 91.

63 Jens Ivo Engels hat darauf verwiesen, dass in der Moderne die „Akzeptanzbereitschaft für die Pluralität von Normensystemen" abgenommen habe. Engels, Jens Ivo: Korruption in der Moderne. Debatten und Praktiken in Großbritannien und Deutschland im 19. Jahrhundert, in: HZ 282 (2006), S. 313–350, Zitat S. 324.

zum „Feinde" der öffentlichen Verwaltung erklärt werden.[64] Schon gar nicht, wenn doch – so die Alternativdeutung – wirtschaftskriminelle Handlungen vor allem ein Aufsteigerphänomen seien, also nicht das etablierte Wirtschaftsbürgertum beträfen, in dem Anspruch und Wirklichkeit sich noch decken würden.[65]

Es ist gerade dieser immer wieder in den zeitgenössischen Argumentationen an zentralen Stellen auftauchende Rekurs auf den unbestechlichen und pflichtbewussten Beamten ebenso wie auf den ehrlichen und ehrbaren Kaufmann, der es in einer Umbruchsphase ermöglichte, unter scheinbar fixen und seit Jahrhunderten bewährten Labeln zugleich Traditionsbestände zu aktualisieren und historische Kontinuitäten herzustellen. Diese Idealvorstellungen gehören damit zu jenen Wunschbildern der 1950er Jahre, die mit Berufung auf jahrhundertealte Traditionen als „Bollwerk gegen das einstürmende Neue restituiert und gefestigt" wurden.[66] Dass man trotz aller Normenkonkurrenz und trotz des immer wieder apostrophierten enormen Bedrohungspotentials meist daran festhielt, Korruption vor allem als individuelles normwidriges Verhalten zu interpretieren, hat es dabei erleichtert, den Zustand der bürgerlichen Ordnung zu debattieren und zugleich das Delegitimierungspotential dieser Debatten zu begrenzen. Damit war man anscheinend so erfolgreich, dass sich in den 1960er Jahren das Bild der relativ sauberen, von Korruption im internationalen Vergleich recht freien, Bundesrepublik wieder verfestigen konnte.[67]

---

64 So argumentiert etwa Reuter, Franz: „Geschäftsleute als Feinde…", in: Der Volkswirt. Wirtschafts- und Finanzzeitung vom 25. Juli 1959, S. 1575.

65 Diese Position findet sich auch in: BKA (1957): Wirtschaftsdelikte.

66 Herbert, Ulrich: Liberalisierung als Lernprozeß. Die Bundesrepublik in der deutschen Geschichte – eine Skizze, in: Herbert, Ulrich (Hg.): Wandlungsprozesse in Westdeutschland: Belastung, Integration, Liberalisierung 1945–1980, Göttingen 2002, S. 37.

67 Angelos Giannakopoulus und Dirk Tänzler verweisen darauf, dass diese Vorstellung vom „sauberen Deutschland" stark durch die Politikwissenschaft der 1960er Jahre gestützt worden sei, „die Korruption zum Übergangsphänomen sich modernisierender Gesellschaften erklärte". Vgl. Giannakopoulus, Angelos / Tänzler, Dirk: Deutsche Ansichten zur Korruption, in: APuZ 3–4 (2009), S. 13–19, hier S. 13. Zugleich haben sich die Politskandale der 1960er Jahre vor allem auf Politiker und nicht mehr auf Beamte konzentriert. Zu diesen vgl.: Huge, Dieter / Schmidt, Regina / Thränhardt, Dietrich: Politische Korruptionsskandale auf Bundesebene 1949–1986, in: Bellers, Jürgen (Hg.): Politische Korruption – vergleichende Untersuchungen, Münster 1989, S. 38–59.

Fazit

Mit dem geschichtswissenschaftlichen Instrumentarium der historischen Korruptionsforschung lassen sich zentrale Dimensionen des Wandels von Normen und Werten im Übergang von Zusammenbruch und Wiederaufbau zum sogenannten Wirtschaftswunder nachvollziehen. Dieser Forschungszweig hat anhand der Phänomene Patronage und Korruption in den letzten zehn Jahren – wenn auch hauptsächlich für die Frühe Neuzeit und den Übergang zur Moderne – hinlänglich gezeigt, dass Debatten über Korruption – und hier muss man aufgrund des vorliegenden Sammelbandes ergänzen: auch über Wirtschaftskriminalität – als Ausweis gesellschaftlicher Normenkonflikte interpretierbar sind und diese als Zugriff auf soziale Ordnungsvorstellungen dienstbar gemacht werden können.[68] Bereits die historische Kriminalitätsforschung der vorangegangen Jahrzehnte hatte in diese Richtung argumentiert.[69] Denn auch hier hatte sich gezeigt, dass in Debatten über spezifische Kriminalitätsformen die Stabilität der politischen und ökonomischen Ordnung sowie die Ausgestaltung individueller und kollektiver Machtbefugnisse verhandelt und zugleich in ihnen Anforderungen an eine moralische Lebensführung formuliert und eingefordert wurden. Auffällig war dabei, dass zu unterschiedlichen Zeiten Rechtsverstöße unterschiedlicher sozialer Gruppen besonders thematisiert wurden. Ein Befund, der dazu Anlass gab, darüber nachzudenken, welche Aussagen dies über zeitgenössische Normalitätsvorstellungen zuließ. Somit zielte die historische Kriminalitätsforschung nicht nur auf die Randbereiche der Gesellschaft, sondern im Gegenteil auf ihr Zentrum.[70] Mit Blick auf die junge Bundesrepublik lässt sich diesbezüglich feststellen, dass hier nicht nur Jugendkriminalität und klassische Sittendelikte angeprangert wurden, sondern

---

68 So etwa Nützenadel mit Bezug auf Dirk Baecker und Jens Ivo Engels: Nützenadel (2012): Korruption, S. 86. Zur heuristischen Leistungsfähigkeit der Forschung zu politischer Korruption vgl. auch Engels (2006): Politische Korruption in der Moderne, S. 313–350.

69 Vgl. Schwerhoff, Gerd: Aktenkundig und gerichtsnotorisch. Einführung in die Historische Kriminalitätsforschung, Tübingen 1999.

70 Zum Verhältnis von Kriminalitätsvorstellungen und gesellschaftlichen (Eigentums-) Ordnungen, hier am Beispiel des Sprechens über die Eigentumsdelinquenz im 19. Jahrhundert, vgl. Habermas, Rebekka: Eigentum vor Gericht. Die Entstehung des modernen Rechtsstaats aus dem Diebstahl, in: Werkstatt Geschichte 42 (2006), S. 25–43.

auch unmoralisches und ungesetzliches Verhalten von Eliten in Verwaltung und Wirtschaft.[71] Dabei wird ersichtlich, dass es Ende der Fünfziger Jahre in diesen Debatten nicht nur um die Neuinterpretation des Straftatbestandes der Bestechung ging, oder darum, zu definieren, was aus welchen Gründen „klare" Korruption, was nur einfache Gefälligkeiten seien. Wichtiger waren sie als Kristallisationspunkte für die bürgerliche Selbstverortung, für die Überprüfung von Idealbildern von Beamten und Kaufleuten sowie für die Bestimmung der Rolle von Eliten unter Bedingungen des aufscheinenden Massenwohlstands. Denn in den Korruptionsdebatten wurden immer auch der Führungsanspruch bürgerlicher Gruppen, der Vorbildcharakter ihrer Lebensführung und die Akzeptanz der bürgerlichen Rechts- und Eigentumsordnung thematisiert. Damit waren diese mehr als die bloße Möglichkeit, ein diffuses Unbehagen an der Moderne auszudrücken oder den allgemeinen Kulturverfall und die Amerikanisierung der Geschäftssitten zu beklagen. Vielmehr ließ sich hier öffentlichkeitswirksam ausloten, was im „Wirtschaftswunder" für wen unter welchen Umständen angemessenes Verhalten sei.

Das vorgestellte Quellenmaterial bietet einen ersten Einblick in die daraus resultierende Vielschichtigkeit der zeitgenössischen Argumentationen. Die Analyse der Aussprache im Bundestag hat gezeigt, welche Argumente Ende der 1950er Jahre im politischen Feld zirkulierten beziehungsweise bereits etabliert waren, welche – z. T. unterschiedlichen – Vorstellungen über Ursachen und Formen der Korruption existierten und wozu Korruptionskommunikation den politischen Akteuren dienen konnte. Diese Diskussionen spitzten sich in dem Moment zu, in dem aus Einzelfällen breite Verwerfungen und massive Veränderungen von Moral und Sitte zu werden schienen. Denn jetzt stieg auch die mediale Aufmerksamkeit. Der Vergleich dieser kurzen, aber durch die vermehrte Kommunikation über Korruption und Wirtschaftskriminalität gekennzeichneten Phase mit der unmittelbaren Nachkriegszeit konnte zeigen, wie sich die Interpretationsmuster verschoben hatten, wie sich Skandalisierungspotentiale veränderten und dass gewandelte moralische Bewertungen in Gesetzesänderungen einflossen. Von allen Beteiligten wurde dabei unethisches

---

71 Zum Umgang mit Normabweichung in den 1950er Jahren anhand der Phänomene Unehelichkeit, Jugendkriminalität und Homosexualität vgl. die diesbezüglichen Beiträge in Herbert (2002): Wandlungsprozesse.

Verhalten in Verwaltung und Wirtschaft grundsätzlich als zusammengehöriger Themenkomplex debattiert. Dies aufgreifend, wurde argumentiert, dass sich in den 1950er Jahren der Aufmerksamkeitsschwerpunkt verschob. Nicht so sehr die Beamten und ihr Verhalten, sondern die Normen der Geschäftswelt wurden nun verstärkt sichtbar gemacht und problematisiert. Zwar wurden Verfehlungen von Beamten ebenfalls breit diskutiert, als grundsätzlich problematisch wurde aber nun empfunden, dass sich die „Moral der Wirtschaft" auf immer mehr Lebensbereiche ausdehnte. Damit konnte gezeigt werden, dass Ende der 1950er Jahre die Vorstellung einer deutlichen Normenkonkurrenz – also der zeitgenössische Eindruck, in der Wirtschaft würden andere, nicht mehr hinnehmbare, Verhaltensmaßstäbe gelten als in Verwaltung, Justiz und Politik – alles andere als eine Minderheitenmeinung gewesen ist. Sie wurde vielmehr in weiten Teilen der Medien, aber auch in anderen Teilöffentlichkeiten und in wissenschaftlichen Diskursen problematisiert und führte zu einer vergleichsweise verstärkten Sichtbarkeit von Korruption und Wirtschaftskriminalität Ende der 1950er Jahre. In diesen Diskussionen waren Parteien ebenso zu vernehmen, wie Strafverfolgungsbehörden. Es fiele nicht schwer, zahlreiche weitere Quellenbelege, etwa auch aus der Gewerkschaftsbewegung, den Kirchen und aus Industrie und Handel selbst, zu finden, die diesen Befund bestätigen würden. Insgesamt haben sich die Zeitgenossen zwar bezüglich Korruption und Wirtschaftskriminalität nur ein recht diffuses Bild der Lage machen können, das hat aber weder das Konfliktpotential begrenzt, noch die Bedrohungsszenarien, die ja bis zur Vorstellung des vollständigen wirtschaftlichen und gesellschaftlichen Kollapses reichten, weniger wirksam werden lassen. Im Gegenteil.

Begünstigt wurde diese kurzzeitig erhöhte Sichtbarkeit der um Kriminalität von Angehörigen der Führungsgruppen der deutschen Gesellschaft kreisenden Debatte durch die langsame Aufweichung des regierungskonformen Konsensjournalismus, die Infragestellung traditioneller Wertorientierungen und Konfliktregelungsmechanismen sowie die zeitgleich beginnenden umfangreichen Liberalisierungs- und Reformdebatten.[72] Auch ließ sich dieses Thema leicht an Diskussionen über die Rolle von Staat und Wirtschaft in einer allmählich

---

72   Ulrich Herbert beschreibt die Jahre von 1959 bis 1973/74 daher auch als „Kernphase" des Liberalisierungsprozesses. Herbert, Ulrich: Liberalisierung als Lernprozeß. Die

sich abzeichnenden Wohlstandsgesellschaft koppeln. Dennoch kann nicht davon gesprochen werden, dass Korruptionsfälle die politischen Institutionen der jungen Bundesrepublik in ihren Grundfesten erschüttert hätten oder dass durch das beschriebene Ausmaß an Wirtschaftskriminalität die Wettbewerbsordnung so diskreditiert worden wäre, dass sie grundsätzlich reformiert hätte werden müssen. Dafür verantwortlich ist jedoch weder das geringe Ausmaß von Gesetzesverstößen noch die generelle Unsichtbarkeit der Phänomene. Man kann auch schwerlich argumentieren, dass diese Probleme nicht als systembedrohend wahrgenommen wurden. Es kann ebenfalls nicht reichen, darauf zu verweisen, dass etwa die Bundestagsdebatte von 1959, obwohl alle überregionalen und viele regionale Zeitungen über sie am Folgetag in längeren Artikeln berichteten, auch deswegen an den Rand der Aufmerksamkeit gedrängt wurde, weil parallele politische Ereignisse diese in Anspruch nahmen.[73]

Es ist daher nun abschließend zu fragen, warum es nicht zur „Explosion öffentlicher Entrüstung"[74] kam. Diese Frage ist auch deswegen relevant, weil die Forschung zu Korruptionsfällen anhand der neuen Thematisierungskonjunktur in den späten 1980er und frühen 1990er Jahren intensiv darüber nachgedacht hat, warum anscheinend erst in jenen Jahren eine viel weitreichendere Skandalisierung möglich war.[75] Véronique Pujas hat mit Blick auf diese spätere „Welle" von Korruptionsskandalen in Westeuropa betont, dass hierfür mehrere Bedingungen zugleich erfüllt sein mussten: erstens „eine Atmosphäre allgemeinen Misstrauens", zweitens „Spannungen zwischen sozialen, marktorientierten und politischen Werten", drittens „die Erkenntnis, dass ein Missbrauch von Normen vorgefallen ist, was mit einschließt, dass Vorkommnisse als skandalös definiert wurden" sowie viertens „ein

---

Bundesrepublik in der deutschen Geschichte – eine Skizze, in: Ders. (2002): Wandlungsprozesse, S. 7–49.

73 Die übliche Berichterstattung zum 17.6. und die damit einhergehenden Gedenkfeiern sowie der schwelende Konflikt zwischen Kanzler Adenauer und Bundeswirtschaftsminister Erhard über die Ausrichtung der CDU dominierten die mediale Berichterstattung.

74 Pujas, Véronique: Zum Verständnis der Welle an Korruptionsskandalen im heutigen Westeuropa, in: Nell, Verena von / Schwitzgebel, Gottfried / Vollet, Matthias (Hg.): Korruption im öffentlichen Raum. Ein internationaler Vergleich , Wiesbaden 2006, S. 59–84, hier S. 59.

75 Vgl. Pujas (2006): Welle, S. 60–62.

Zusammenbruch grundlegender Aushandlungsmechanismen politischer Beziehungen".[76] Ganz offensichtlich sind im vorliegenden Fall die erste und die vierte Bedingung nicht erfüllt. Auch wenn sich die Normenkonkurrenz leicht nachweisen ließ und Korruption und Wirtschaftskriminalität auch öffentlich als unethisches Verhalten thematisiert worden sind, so resultierten daraus keine großen Skandale.[77] Die tieferen Ursachen hierfür liegen in den Spezifika der deutschen Geschichte zwischen 1930 und 1960, die sich hier in sechs Punkten knapp skizzieren lassen. Erstens waren die Korruptionsdebatten aus der Weimarer Republik keineswegs vergessen. Hier hatten sie den Nationalsozialisten zur Bekämpfung der Republik gedient und waren antisemitisch aufgeladen worden.[78] Zweitens war die Abgrenzung vom als grundsätzlich korrupt beschriebenen NS-Regime für die Legitimation der jungen parlamentarischen Demokratie so wichtig, dass Korruption noch nicht als Auswuchs des demokratischen Systems, sondern allenfalls als Problem einer zu mächtigen Bürokratie oder einer zunehmenden Konsumorientierung thematisierbar war.[79] Drittens war das Ausmaß der Korruption durch das Fehlen eines ausgeprägten Verwaltungszentralismus auch strukturell erheblich

---

76 Pujas (2006): Welle, S. 63.

77 Zur idealtypischen Verlaufsform von Skandalen vgl. Bösch, Frank: Historische Skandalforschung als Schnittstelle zwischen Medien-, Kommunikations- und Geschichtswissenschaft, in: Crivellari, Fabio u. a. (Hg.): Medien in der Geschichte. Historizität und Medialität in interdisziplinärer Perspektive, Konstanz 2004, S. 445–464, hier S. 449f.

78 Vgl. Engels / Fahrmeir / Nützenadel (2009): Einführung, S. 9. Daher wollte man weder im politischen Feld noch in den Medien die – wie es in der Bundestagsdebatte 1959 hieß – „schweren Fehler (...) der Weimarer Zeit" wiederholen, „als man aus Parteiegoismus vermeintliche oder wirkliche Skandale aufbauschte und verallgemeinerte und damit nicht der Demokratie, sondern den Feinden der Demokratie in die Hände arbeitete". So Schröder (1959): Stenographischer Bericht, S. 4181f. Eine Reaktivierung antisemitischer Argumentationen ließ sich in den für diesen Aufsatz analysierten Quellen für die Zeit nach 1945 übrigens nicht mehr nachweisen. Zur Weimarer Republik vgl. Klein, Annika: Korruption und Korruptionsskandale in der Weimarer Republik, Göttingen 2014.

79 Es würde sich lohnen der Spur nachzugehen, dass sich fast alle gesellschaftlichen Kräfte in der Zusammenbruchsgesellschaft sehr schnell auf eine Charakterisierung des Nationalsozialismus einigen konnten: seiner immensen Korruptionsanfälligkeit.

begrenzt.[80] Da viertens die Medien in der frühen Bundesrepublik den Vertrauensverlust in das noch junge politische System fürchteten, war das Skandalisierungspotential von vornherein gering.[81] Fünftens waren die Auswirkungen von Korruption und Wirtschaftskriminalität in Zeiten gefüllter Staatskassen und breiten wachsenden Wohlstands kaum spürbar und daher nur abstrakt erfahrbar. Je höher das Wirtschaftswachstum ausfiel, umso eher waren Teile der Öffentlichkeit anscheinend auch bereit, früher als problematisch angesehene Praktiken als wichtiges Schmiermittel für die Wirtschaft anzusehen. Zudem wurde sechstens das antikapitalistische Potential der Debatten durch die Konstellation im Kalten Krieg erheblich begrenzt. Unter diesen Bedingungen der auf Stabilität und Ruhe konzentrierten Bundesrepublik konnte es weder zu langanhaltenden Kämpfen zwischen Justiz, Medien, Unternehmen und Parteien „um Machtverteilung, Einfluss und Legitimität im öffentlichen Raum" noch zu einem Zusammenbruch der politischen Aushandlungsmechanismen kommen.[82] Nichtsdestotrotz lässt sich durch den hier verfolgten Untersuchungsansatz Licht auf bisher allzu oft vernachlässigte Gegentendenzen zur deutschen Wirtschaftswundererzählung werfen. Dadurch werden die Erfahrungen immenser Wachstumsraten und steigenden Wohlstands nicht geschmälert, doch richtet sich der Blick so auch auf die zeitgenössisch sehr verbreitete Skepsis gegenüber Wohlstandsgesellschaft, sozialer Marktwirtschaft und dem Führungsanspruch von Eliten in Verwaltung, Politik und Wirtschaft.

---

80 Mit Verweis auf die relativ geringe Größe der Gemeinden und die Begrenzung der Aufgaben von Ministerien: Ellwein, Thomas: Verfassung und Verwaltung, in: Broszat, Martin (Hg.): Zäsuren nach 1945. Essays zur Periodisierung der deutschen Nachkriegsgeschichte, München 1990, S. 47–61, hier S. 57.

81 Entscheidend war, dass auch die Parteipresse nun keine längeren Skandalisierungsstrategien mehr verfolgte. Zur Funktion der Medien in der Nachkriegszeit vgl. Hodenberg, Christina von: Die Journalisten und der Aufbruch zur kritischen Öffentlichkeit, in: Herbert (2003): Wandlungsprozesse, S. 278–311. Die Autorin geht hier davon aus, dass Ende der 1950er Jahre ein Generationswandel in den Medien den Konsensjournalismus mit seiner nationalen und antikommunistischen Schlagrichtung langsam beendete. Dies deckt sich mit dem Befund, dass 1959 Kritik zwar möglich, Skandale aber unwahrscheinlich waren.

82 Diese zählen laut Pujas zu den grundlegenden Bedingungen. Vgl. Pujas (2006): Welle, S. 65; Zitat ebd.

III. Regelverstöße als Geschäftsmodell

La « presse vénale » entre impunité et stigmatisation
Le cas du *Matin* (1903–1934)

Dominique Pinsolle

Le Matin (1884–1944), un des plus importants quotidiens français de la première moitié du XXe siècle, doit en partie sa renommée aux multiples affaires de chantage dont il s'est fait une spécialité dès les premières années de son existence[1]. Cas extrême, le journal de la Maison rouge (qui doit son surnom à la couleur de ses immeubles du boulevard Poissonnière à Paris) est au cœur des jeux d'influence entre monde politique, presse et milieux d'affaires tout au long de son existence. Paradoxalement, la question de l'éthique des entreprises de presse et, plus particulièrement, de la déontologie journalistique, le concerne d'autant plus qu'il incarne une forme de journalisme « à l'américaine » fondé sur les notions d'objectivité et d'impartialité s'inscrivant à contre-courant de la tradition politique et littéraire française. Dans cette situation, *Le Matin* doit parvenir à concilier deux logiques susceptibles d'entrer en contradiction : une logique commerciale (qui a pour but la conquête et la fidélisation d'un lectorat toujours plus important) et une logique de chantage (qui se manifeste par l'instrumentalisation du *Matin* par son propriétaire pour soutirer de l'argent à des bailleurs de fonds ou des puissances étrangères).

Grâce à la législation particulièrement libérale instaurée en 1881, la presse française jouit alors d'une importante marge de manœuvre, que les dirigeants du *Matin*, comme d'autres, exploitent à des fins personnelles. Cependant, les hommes de presse de l'époque doivent composer avec un certain de nombre de normes et de principes professionnels auxquels les journaux eux-mêmes ne cessent de se référer. Les accusations de « corruption » ou de « vénalité » se multiplient dès la fin du XIXe siècle, et touchent particulièrement *Le Matin*, surtout après son rachat par l'homme d'affaires Maurice Bunau-Varilla en

---

1 Pinsolle, Dominique : Le Matin (1884–1944). Une presse d'argent et de chantage, préface de Christian Delporte, Rennes 2012.

1903. En effet, nombreux sont les scandales et les affaires dans lesquels ce titre est impliqué au cours de son existence, ce qui en fait le symbole de la « presse vénale » qui occupe le devant de la scène lors du scandale des emprunts russes en 1923[2] et qui est à nouveau montrée du doigt lors de l'affaire Stavisky en 1934. Dans ces conditions, quelles sont les stratégies employées pour tenter de neutraliser les effets des rumeurs, des accusations et des scandales qui ternissent l'image du *Matin*? Comment le propriétaire de ce journal parvient-il à se protéger personnellement des attaques dont il fait l'objet? Trois stratégies sont mises en place par le patron de ce titre sulfureux: rester dans l'ombre tout en entretenant des relations avec des personnalités influentes, exploiter avec prudence les marges de manœuvre laissées par la loi, et s'appuyer sur la limite ambiguë entre contenu rédactionnel et publicité.

Un homme de l'ombre protégé par la loi et sa proximité avec le pouvoir

Au cours de ses quarante-et-une années passées à la tête du *Matin*, Maurice Bunau-Varilla se protège en prenant soin de rester dans l'ombre, à l'abri d'un réseau lui assurant une certaine influence. Cet homme d'affaires peu scrupuleux n'est officiellement le directeur du *Matin*, c'est-à-dire le président de son conseil d'administration, que durant deux très brèves périodes, d'août 1895 à février 1896 (au moment du premier rachat du journal), puis de juin 1901 à décembre 1902, lorsque son associé Henry Poidatz se désengage de l'affaire. Lorsqu'il prend le contrôle du titre en devenant propriétaire de 80% de son capital en 1903, il préfère confier la présidence du conseil d'administration à un homme de paille, Jules Madeline, qui occupe ce poste jusqu'en 1920. C'est lui qui est le représentant officiel du *Matin* lors de manifestations publiques ou lorsque le journal a besoin d'être défendu par écrit après avoir été mis en cause. Légalement, *Le Matin* est représenté par un prête-nom faisant office de gérant, dont on ne sait rien ou presque, si ce n'est le patronyme qui peut apparaître à l'occasion d'une condamnation judiciaire. Bunau-Varilla est donc parfaitement à l'abri, à la fois politiquement, puisque Madeline est là pour endosser

---

2 Martin, Marc : Retour sur « l'abominable vénalité de la presse française », in : Le Temps des Médias 6 (2006), p. 22–33.

la responsabilité du contenu éditorial du titre, et légalement, puisque la loi de 1881 fait du gérant (qui peut être désigné librement, sans qu'une participation dans le capital de la société soit nécessaire)[3] le premier responsable de la publication en cas de procédure judiciaire.

Officiellement, Bunau-Varilla n'est donc que le « conseiller politique » du *Matin*, et n'occupe plus aucune fonction au sein du conseil d'administration à partir de décembre 1902. Soucieux d'entretenir l'illusion d'un journal qu'il ne contrôlerait pas, il reprend systématiquement tous ceux qui le présentent comme le « directeur » du journal, en précisant qu'il n'est que son « principal actionnaire » et qu'il n'a, à ce titre, aucun droit de regard particulier sur ce qui est publié. Lors de son embauche au *Matin*, en 1908, le journaliste Clément Vautel a le malheur d'appeler son nouveau patron « monsieur le directeur ». Aussitôt, Bunau-Varilla le reprend : « Ne m'appelez pas ainsi. Je ne suis pas le directeur du *Matin* […] Je suis, tout simplement, son principal actionnaire »[4]. Mis en cause lors du procès intenté au *Matin* par le sénateur de la Meuse Charles Humbert en 1908, le patron de la Maison rouge répond au juge qu'il est effectivement en charge de la « direction morale » du journal, mais nullement de sa « direction effective »[5], distinction qui ne trompe personne après les affaires révélées en 1907–1908[6], mais que Bunau-Varilla ne cesse par la suite d'invoquer à chaque fois qu'il est attaqué. Ce dernier bénéficie du caractère très libéral de la loi de 1881 et n'est jamais directement inquiété, même lorsque son journal est condamné. C'est le cas, par exemple, durant l'été 1908, lorsque *Le Matin* est condamné à deux reprises pour diffamation, après avoir été poursuivi en justice par Charles Humbert et Joseph Chaumié[7]. Dans le verdict, seul le nom du gérant apparaît, un certain Denglos, qui est condamné au paiement de l'amende et au versement de dommages-intérêts[8]. Mais derrière ce prête-nom,

---

3   Terrou, Fernand : L'évolution du droit de la presse de 1881 à 1940, in : Bellanger, Claude et al. (éd) : Histoire générale de la presse française, tome III : de 1871 à 1940, Paris 1972, p. 7–61.

4   Vautel, Clément : Mon film. Souvenirs d'un journaliste, Paris, p. 111.

5   Archives Nationales [AN], F7 13951, Le Journal, 1er juillet 1908.

6   Pinsolle (2012) : Matin, p. 150–155.

7   Pinsolle, Dominique : Pouvoir politique contre pouvoir médiatique : les procès Chaumié et Humbert contre Le Matin (1907–1908), in : Parlement(s) 18 (2012), p. 127–139.

8   Le Temps, 8 août 1908 et 3 juillet 1908.

et derrière la direction de Jules Madeline, c'est bien Bunau-Varilla, propriétaire de plus de 80% des parts de la société (seul, puis avec son frère Philippe à partir de 1911), qui tient les rênes de l'entreprise.

Protégé juridiquement, le patron du *Matin* l'est aussi par ses liens avec certaines personnalités et par sa capacité à se faire respecter. A partir de 1903, le succès grandissant du *Matin* assure à son propriétaire une influence qui le met à l'abri d'un certain nombre d'attaques. En effet, Bunau-Varilla est un maître chanteur notoire, dont l'absence de scrupules est révélée au grand jour par la campagne de chantage menée contre le roi des Belges Léopold II en 1904. Face à la virulence des attaques, le monarque finit par céder et permet au patron du *Matin* de préserver ses intérêts dans la compagnie de chemins de fer du Congo[9]. Députés, ministres et chefs d'Etat savent qu'il vaut mieux ne pas attiser l'animosité de Bunau-Varilla, dont l'orgueil et la susceptibilité sont connus. En 1905, par exemple, le compte rendu de mandat du député du 1er arrondissement de Paris, Edmond Archdeacon, ose rappeler que la Marche de l'Armée organisée par *Le Matin* en mai 1904 a été endeuillée par la mort d'un participant, et estime que le ministre de la Guerre, a « sacrifi[é] sans vergogne la vie et la dignité de nos soldats et les [a] jet[és] en pâture aux besoins de réclame d'un journal de tripoteurs, dont il redoutait l'animosité »[10]. Aussitôt, le 1er avril 1905, Jules Madeline, en tant que président du conseil d'administration du *Matin*, demande une autorisation de poursuites contre un membre de la Chambre des députés et réclame 500 000F de dommages-intérêts à l'élu et à l'imprimeur du compte rendu. Alors que la commission parlementaire réunie pour examiner la demande de Madeline refuse qu'Archdeacon soit poursuivi, ce dernier estime tout de même nécessaire de s'excuser auprès de Bunau-Varilla :

> « Des pièces que j'avais remises à mon avocat et ami Maître Marcel Habert, il résulte
> en effet, sans discussion possible, que je n'ai ni prononcé ni dicté le mot qui a été

---

9   Mouthon, François-Ignace : Du bluff au chantage. Les grandes campagnes du Matin,
     Paris 1908.

10   AN, 18 AR 1, Demande en autorisation de poursuites contre un membre de la Chambre
     adressée par Jules Madeline, 1er avril 1905.

inséré dans mon compte rendu de mandat et qui pouvait, je le reconnais, justement vous émouvoir »[11].

Souvent critiqué, voire violemment attaqué, Bunau-Varilla sait s'assurer des soutiens précieux en cas de poursuites devant les tribunaux. Le journaliste François-Ignace Mouthon, collaborateur du *Matin* de 1901 à 1908, a longue-ment décrit les stratégies et manœuvres de celui qu'on surnomme « l'Em-pereur de la Maison rouge » dans un célèbre pamphlet intitulé *Du bluff au chantage*, écrit juste après son départ du *Matin*[12]. La démonstration sent la rancune personnelle et la volonté de se dédouaner, mais la précision du pro-pos, qui recoupe nombre d'autres témoignages,[13] rend l'ouvrage convaincant[14]. Avec une exagération liée au caractère pamphlétaire de son livre, Mouthon souligne notamment le rôle déterminant des « certificats de bonne conduite » que Bunau-Varilla peut obtenir « de tous les ministres présents et passés, de toutes les banques, compagnies, sociétés, corporations, associations, congré-gations et agences qui existent sur la surface du territoire »[15]. On peut trouver une trace de cette « triple cuirasse de papier »[16] dans le recueil de correspon-dances que Jules Madeline utilise lors du procès Humbert en espérant prouver ainsi le caractère irréprochable de son journal. A l'annonce des poursuites, le directeur du *Matin* envoie plusieurs lettres à diverses personnalités, pour leur demander de garantir par écrit les bonnes pratiques du quotidien. La première est adressée à Georges Clemenceau, alors président du Conseil des Ministres, qui entretient de bonnes relations avec Maurice Bunau-Varilla[17] et accepte de

---

11   AN, 18 AR 1, Archdeacon à Bunau-Varilla, avril 1905.

12   Mouthon (1908) : Bluff, p. XI : Mouthon quitte Le Matin le 15 janvier 1908, et la préface est datée du 24 juin de la même année.

13   Pinsolle (2012) : Matin, Chapitre VI, p. 133–163 ; Pinsolle (2012) : Pouvoir politique contre pouvoir médiatique, p. 131–137.

14   C'est également l'avis de Patrick Eveno, qui estime que les « détails » du livre « emportent la conviction de l'historien » (Eveno, Patrick: L'argent de la presse française des années 1820 à nos jours, Paris 2003, p. 41).

15   Mouthon (1908) : Bluff, p. IX.

16   Ibid.

17   En 1906, Clemenceau est assez proche du patron du Matin pour qu'on le sollicite afin d'être recommandé auprès de ce dernier. En 1907, Bunau-Varilla rend visite à Clemenceau,

fournir à Madeline un courrier assurant que *Le Matin* n'a jamais « sollicité de [lui] aucune faveur » [18]. Les autres témoignages sont de même teneur, et sont fournis par plusieurs autres personnalités, dont trois anciens présidents du Conseil (Emile Combes, Maurice Rouvier et Ferdinand Sarrien), les directeurs de plusieurs établissements bancaires, le Syndic des Agents de change de Paris Maurice de Verneuil, ainsi que le publicitaire financier Alphonse Lenoir[19].

Cependant, les protections dont bénéficie le patron du *Matin* ne lui assurent pas forcément l'impunité. En 1908, *Le Matin* perd ainsi son procès contre Humbert (juste après avoir échoué devant Chaumié). Quant à Clemenceau, il devient à la fin de la Première Guerre mondiale l'ennemi juré de Bunau-Varilla, qui se serait senti humilié lorsque le président du Conseil aurait refusé ses conseils et ses invitations[20]. Clemenceau, dont la politique est remise en cause dans les colonnes du *Matin*, déteste le patron de la Maison rouge après la guerre : en septembre 1919, sur les conseils de son chef de cabinet Georges Mandel, il fait inculper les membres du conseil d'administration du journal, Bunau-Varilla (en tant que principal actionnaire) et René Schoeller (directeur commercial) pour trafic de licences d'importation de papier journal, escroquerie, abus de confiance et corruption de fonctionnaires ; *Le Matin* est accusé, entre autres, d'avoir réalisé un bénéfice illicite sur la revente du papier journal[21]. En attaquant *Le Matin*, Mandel pense alors probablement pouvoir atteindre Aristide Briand (ami intime de Bunau-Varilla[22]), qui lui semble être le seul rival sérieux de Clemenceau pour les élections présidentielles[23]. L'affaire dite « des papiers » se conclut cependant par un non-lieu le 17 mars 1920[24].

---

alors en cure en Carlsbad (Suarez, Georges : Clemenceau, tome 2 : Dans l'action, Paris 1932, p. 75 et 108.).

18 Archives personnelles de M. Pierre Collenot, carton « Le Matin », recueil de lettres échangées entre Le Matin et diverses personnalités, s. d.

19 Ibid.

20 Sauerwein, Jules : Trente ans à la une, Paris 1962, p. 43.

21 AN, CAC, 19940434 art. 679, dossier Maurice Bunau-Varilla.

22 Suarez, Georges: Briand : sa vie, son œuvre, avec son journal et de nombreux documents inédits, tome 4 : Le pilote dans la tourmente : 1916–1918, Paris 1940, p. 321.

23 Wormser, Georges : Georges Mandel, l'homme politique, Paris 1967, p. 85 ; sur le rôle joué par Mandel dans cette affaire, voir également Le Journal du Peuple, 28 septembre 1919.

24 AN, 1 AR 5, Assemblée générale de la société « Le Matin », 30 juin 1920.

L'influence de Bunau-Varilla dépend, en outre, directement du succès et de la réputation de son journal. Au fur et à mesure que ce dernier décline, tant du point de vue symbolique que commercial, l'Empereur de la Maison rouge devient de plus en plus exposé. Les relations entre ce dernier et Raymond Poincaré sont à cet égard révélatrices. Poincaré est l'avocat du *Matin* de 1894 jusqu'au début des années 1900[25], et les deux hommes restent proches par la suite. Cependant, alors que les tirages du *Matin* ne cessent de diminuer, l'ancien président de la République, devenu président du Conseil des ministres, préfère instaurer une certaine distance avec son ancien ami. Ainsi, en novembre 1928, il n'hésite pas à sous-entendre, « devant une délégation de la presse », que *Le Matin* fait « peut-être » partie des journaux acceptant des subventions occultes[26]. Bunau-Varilla, offusqué, lui écrit aussitôt pour lui faire part de son émotion et clamer son innocence[27].

Des pratiques prudentes à l'abri de la loi : le cas des emprunts russes

Bien que protégé, Maurice Bunau-Varilla n'est pas pour autant omnipotent ni totalement invulnérable. Si la loi de 1881 garantit une grande liberté à la presse, le patron du *Matin* doit composer avec les normes alors en vigueur concernant notamment l'honnêteté et l'indépendance des journaux. Le cas des emprunts russes est parfaitement représentatif de la manière dont *Le Matin* tente d'exploiter la marge de manœuvre qui lui est laissée par la loi pour monnayer son influence auprès des gouvernements étrangers tout en préservant son image et sa réputation.

---

25 Bibliothèque Nationale de France [BNF], Département des manuscrits, Nouvelles Acquisitions Françaises, 15995, Papiers Poincaré, IV, Lettres de Maurice Bunau-Varilla à Raymond Poincaré ; Payen, Fernand : Raymond Poincaré : l'homme, le parlementaire, l'avocat, d'après des documents et des souvenirs inédits, Paris 1936, p. 288.

26 BNF, Nouvelles Acquisitions Françaises, 15995, Papiers Poincaré IV, Bunau-Varilla à Poincaré, 30 novembre 1928.

27 Ibid.

Du fait de la forte augmentation des placements extérieurs français (ils sont multipliés par quatre entre 1880 et 1914[28]), la presse fait l'objet de multiples pressions. Nombre d'Etats souhaitent attirer de nouveaux capitaux, et « subventionnent » certains journaux français pour orienter les placements. La Russie en fait partie : l'économiste Arthur Raffalovitch est chargé, à Paris, d'assurer la promotion des emprunts russes en achetant la bienveillance de certains titres. Son action est très bien connue, car sa correspondance a été rendue publique par les Soviétiques et a été publiée en France en 1923–1924 par *L'Humanité*, alors en pleine campagne contre l' « abominable vénalité de la presse française »[29]. Le montant des sommes versées aux journaux parisiens entre 1900 et 1913 s'élève à 6,5 millions de francs, dont 80% sont consacrés à de la publicité financière (parfaitement légale), le reste étant constitué de subventions occultes, pouvant servir à acheter des articles « inspirés », à obtenir le droit de publier un texte ou à rémunérer directement certains directeurs de journaux ou certains journalistes[30]. Raffalovitch, qui obtient notamment la possibilité, le 14 janvier 1902, de publier en « une » un article (signé « Jean d'Orsay », pseudonyme habituel dans le journal) présentant la situation de la Russie sous un jour très favorable, se méfie beaucoup du *Matin*, qui se distingue par son avidité en 1904–1905[31]. Ses efforts sont cependant couronnés de succès et, en 1908, un nouvel accord est finalement trouvé concernant la publication des annonces de tirages (4000 lignes à 5F l'une, ou 2000 lignes à 10F). *Le Matin*, prudent, refuse de toucher des subventions occultes et préfère que lui soit garanti le maximum de publicité de tirages d'amortissements en échange de sa bienveillance. Raffalovitch prête à Bunau-Varilla les propos suivants, qu'il aurait tenus lors d'un entretien avec lui :

> « J'ai refusé deux fois de l'argent, une fois 300 000 francs que m'a offerts [Maurice de] Verneuil [Syndic des Agents de change de Paris], sur une somme de 3 millions

---

28   Labrousse, Ernest / Braudel, Fernand: Histoire économique et sociale de la France, tome 4 : 1880–1950, Paris 1993, p. 224.

29   Ces documents font ensuite l'objet d'un livre, publié en 1931 : L' abominable vénalité de la presse, d'après les documents des archives russes (1897–1917), Paris 1931.

30   Eveno (2003) : L'argent, p. 70.

31   Pinsolle (2012) : Matin, p. 148–150.

de francs qu'il voulait faire donner par le gouvernement russe [...], et une autre fois 120 000 francs, à raison de 10 000 francs par mois. J'ai dit à Verneuil de me faire adresser des annonces pour 500 000 francs s'il voulait, mais pas autre chose... »[32]

Rappelons ici que les subventions versées à la presse française par des gouvernements étrangers sont alors courantes, notamment depuis les négociations ayant suivi la fin du premier conflit mondial, au cours desquelles les journaux français ont été littéralement « mis aux enchères » et ont reçu des subsides de l'Italie, de la Grèce, de la Bulgarie, ou encore de la Yougoslavie, de la Pologne et de la Tchécoslovaquie[33]. Le journal de Bunau-Varilla, pressentant les attaques dont il va faire l'objet, fait publier par *L'Œuvre*, la veille du lancement de la campagne de *L'Humanité*, une lettre anticipant les révélations :

« [N]ous mettons au défi qui que ce soit d'apporter la preuve qu'aucun gouvernement ni une personne quelconque ait versé au *Matin* une somme qui n'aurait pas été régulièrement inscrite à la comptabilité et qui ne serait pas représentée par des ventes effectives de numéros ou par de la publicité »[34].

La stratégie de défense du *Matin* est claire: tout est parfaitement légal, puisqu'il n'est question que de publicité. *L'Humanité*, de son côté, tente de convaincre le juge que cette dernière, dont le caractère légal ne peut pas être a priori contesté, a cependant été faite « sous conditions » : « [S]ous son apparente forfanterie, ce qu'il dit revient à ceci: quand nous faisons un mauvais coup, nous en inscrivons le résultat au compte « publicité ». Cela prouve que la comptabilité du *Matin* est bien tenue. Pas davantage »[35]. Dès la publication des premières lettres de Raffalovitch, la direction du *Matin* engage des poursuites contre *L'Humanité* et réclame 500 000F de dommages-intérêts. Malgré la gravité des faits révélés par les documents publiés, le journal communiste doit prouver que l'achat de publicité financière (tout à fait légal) a eu une influence sur les informations fournies par *Le Matin* à propos de la Russie. Le procès s'ouvre le

---

32   Raffalovitch à Kokovtzev, 5 mars 1908, Ibid., p. 191.
33   Bellanger, Claude et. al. (1972) : Histoire générale, p. 501–502.
34   Cité dans L'Humanité, 7 décembre 1923.
35   L'Humanité, 7 décembre 1923.

14 mars 1924 devant la 12e chambre correctionnelle. *L'Humanité* ne conteste pas « l'habile et bonne tenue » de la comptabilité du journal de la Maison rouge, mais continue à affirmer que ce dernier a accepté de la « publicité sous conditions » et que, de ce fait, il a « soutiré de l'argent à des particuliers et à l'Etat russe »[36]. Bunau-Varilla, lui, se targue d'avoir refusé 500 000F puis 120 000F, ce que vient confirmer Maurice de Verneuil. De son côté, *L'Humanité* est mis en difficulté à cause d'une annonce financière pour les mines du Donetz publiée le 15 mars 1908[37].

Le 24 mai, *Le Matin* peut crier victoire : selon les attendus du jugement, des sommes ont bien été versées aux journaux français (y compris *L'Humanité*) à propos des emprunts russes, mais cela ne permet pas de conclure que la presse a été « vénale »[38]. En effet, il n'a pas été prouvé que *Le Matin* s'était mis au service de la Russie, car, toujours selon les attendus du jugement, les sommes versées « ont pu correspondre à des services de publicité régulièrement dus et nécessaires même en matière d'emprunts »[39]. Cependant, le succès du *Matin* est très relatif. D'une part, le procès a permis de confirmer l'authenticité des documents publiés par *L'Humanité* (ce qu'« oublie » de mentionner *Le Matin* dans son compte rendu du procès...[40]). D'autre part, le journal communiste n'est condamné qu'à une amende de 10 000F, au lieu des 500 000F demandés[41], et les insertions traditionnelles sont refusées par souci d' « apaisement »[42].

Le recours à la «loi du mur»: le cas de l'affaire Stavisky

Si Maurice Bunau-Varilla peut s'abriter derrière ses relations ou la loi, *Le Matin* se retrouve parfois acculé. Reste alors une dernière carte à jouer: celle de la tromperie dont le journal aurait été lui-même victime, et dont il n'aurait pas

---

36   L'Humanité, 3 mai 1924.
37   L'Humanité, 5 avril 1924.
38   Le Temps, 25 mai 1924.
39   Ibid.
40   Le Matin, 25 mai 1924.
41   L'Humanité, 25 mai 1924.
42   L'Humanité, 27 mai 1924.

pu avoir conscience. L'implication du *Matin* dans l'affaire Stavisky révèle la manière dont le journal peut utiliser cet argument en dernier recours.

Rappelons les faits. Stavisky a recours à Gustave Astruc, agent de publicité lié au groupe Havas[43], pour placer dans la presse des annonces concernant la Compagnie Foncière et d'Entreprises générales de Travaux publics. Ce dernier accepte et signe deux contrats : l'un pour la distribution de 1 300 000F à des journaux financiers et de province (le 25 juin 1929), l'autre (le 27 septembre 1929) pour la distribution de 400 000F aux six grands journaux politiques de Paris (*Le Matin*, *L'Echo de Paris*, *Le Journal*, *Excelsior*, *Le Petit Journal* et *Le Petit Parisien*)[44]. Astruc doit s'assurer le « concours actif » des journaux. Il s'engage également « à ménager les sympathies ou la neutralité de la presse financière de critique » et à « prémunir la société contre les critiques »[45]… Un premier placard est publié dans les grands journaux parisiens. On le trouve, par exemple, dans *Le Matin* du 29 septembre 1929 (page 6). Le texte sous-entend que l'emprunt lancé par La Foncière bénéficie d'une garantie de la Caisse des dépôts et consignations, donc de l'Etat : « Une inscription de Rente française 4% 1918, immatriculée au nom de la Société civile des obligataires, est déposée à la caisse des dépôts et consignations, représentant le montant intégral des titres émis. » « Le placard était fait pour tromper », reconnaît par la suite Astruc[46]. Sur intervention du ministère des Finances, la mention de la Caisse des dépôts est retirée. La diffusion de cette publicité mensongère fait l'objet de longs débats au cours des auditions réalisées par la commission d'enquête parlementaire à la fin de l'année 1934. Maurice Bunau-Varilla est auditionné le 5 décembre 1934. Sa défense consiste à nier toute complicité dans les affaires

---

43   Bellanger, Claude et. al. (1972) : Histoire générale, p. 497.

44   Rapport général fait au nom de la commission d'enquête chargée de rechercher toutes les responsabilités politiques et administratives encourues depuis l'origine des affaires Stavisky par M. Ernest Lafont (rapport Lafont) ; Annexes (dépositions), Tome IV, Paris 1935, p. 4558–4559; Paul Jankowski précise qu'Astruc paya notamment 20 000F pour Le Temps, 50 000F pour Le Matin, 75 000F pour L'Information et 100 000F pour L'Agence économique et financière (Jankowski, Paul: Cette vilaine affaire Stavisky. Histoire d'un scandale politique, Paris 2000, p. 100).

45   Compte rendu de l'audition de Jean Astruc devant la commission d'enquête parlementaire ; Le Temps, 6 juin 1934.

46   Le Temps, 6 juin 1934.

de Stavisky en arguant du fait que son journal s'est contenté d'accepter de la publicité. Pour convaincre la commission, il fait appel à la « loi du mur », qui remonte à la conception qu'Emile de Girardin avait de la publicité dans les journaux[47] et dont Stéphane Lauzanne, rédacteur en chef du *Matin* de 1901 à 1940, s'est fait le défenseur dans son ouvrage *Sa majesté la presse* paru en 1925 : selon cette « loi », les journaux sont entourés d'un « mur » virtuel, qui sépare rigoureusement la rédaction de la publicité, et sur lequel n'importe qui peut placer des annonces (à condition de payer) sans que le patron ou les employés du journal y soient liés d'une quelconque manière[48]. Bunau-Varilla assure ainsi aux membres de la commission parlementaire :

> « Vous ne pouvez pas empêcher un mur de porter des affiches contenant des erreurs ou des saletés. Ces affaires de publicité, ce n'est pas *Le Matin* qui s'en occupe. C'est l'agence Havas, c'est la Société de publicité; cela arrive au *Matin* quand cela a passé par deux étamines, on ne le regarde même pas. [...] Si l'on pouvait faire des annonces avec garantie du journal, il y a longtemps que ce serait fait. C'est impossible »[49].

Pourtant, Fred Kupferman affirme que la grande presse aurait pu dénoncer le scandale beaucoup plus tôt, dans la mesure où elle disposait des informations concernant le mécanisme des escroqueries dès 1930[50]. Par ailleurs, la stricte séparation entre contenu éditorial et annonces publicitaires que met en avant Bunau-Varilla est bien plus floue dans la réalité. Sur une même page, peuvent effectivement se côtoyer informations rédactionnelles et réclames, les secondes étant très discrètement signalées au lecteur par trois traits horizontaux en haut de la page (le double trait étant réservé aux premières)[51]. Ce système a

---

47 Martin, Laurent : Presse écrite et publicité en France : deux siècles d'histoire conflictuelle, in : Marseille, Jacques / Eveno, Patrick (eds.): Histoire des industries culturelles en France, XIXe-XXe siècles, Paris 2003, p. 219–235.

48 Lauzanne, Stéphane : Sa Majesté la Presse, Paris 1925, p. 76 et 94.

49 Rapport Lafont, op. cit., p. 4558–4559.

50 Kupferman, Fred : Les relations financières de Stavisky avec la petite et la grande presse, 1926–1933, in : Les cahiers du CEREP n°2, in : Presse et politique, Actes du colloque de Nanterre (25–26 avril 1975), p. 104–116.

51 Sur cette pratique, voir notamment : Mennevée, Roger : Les documents politiques, diplomatiques et financiers, juin 1930, p. 322–323.

l'avantage de faire passer aux yeux du lecteur inattentif des publicités pour des textes journalistiques, tout en garantissant au *Matin* la possibilité de se réfugier derrière cet artifice en cas de polémique.

Conclusion

Le cas du *Matin* est révélateur des pratiques d'une certaine presse qui exploite au maximum la liberté laissée par la loi de 1881. Cependant, la prudence dont sait faire preuve Maurice Bunau-Varilla révèle en même temps l'existence de normes obligeant *Le Matin* à trouver un équilibre entre les exigences de son propriétaire et la nécessité de préserver son image et sa réputation. Les accusations portées contre la « presse vénale » ou la « presse pourrie » sont directement liées au décalage existant entre les pratiques peu scrupuleuses de certains hommes de presse et le processus de professionnalisation du secteur, qui s'appuie sur un certain nombre de principes et qui aboutit à l'instauration d'un statut pour les journalistes en 1935[52]. La limite entre la publicité et l'information est alors mouvante, et le chantage exercé par certains journaux s'apparente à une pratique institutionnalisée permettant de rester à l'abri de la loi, comme le souligne Paul Jankowski à propos de la signature de contrats publicitaires destinée à satisfaire les maîtres chanteurs: « Ce procédé rendait très difficile une condamnation par un tribunal […] De telles pratiques demeuraient secrètes et de tels arrangements tacites »[53]. Ce qui permet d'ailleurs à ceux qui jouent les intermédiaires de se présenter comme des victimes lorsqu'un scandale éclate. Ainsi, Astruc affirme à la commission chargée d'enquêter sur l'affaire Stavisky : « Si l'on pouvait me débarrasser de certaine presse qui coûte cher à mes clients, je serais fort heureux »[54]. Et lorsque le président de la commission lui demande s'il aimerait en être débarrassé « par la loi », l'agent publicitaire répond : « Il n'y a aucun doute »[55]. A une époque où le processus de professionnalisation

---

52 Delporte, Christian : Les journalistes en France, 1880–1950. Naissance et construction d'une profession, Paris 1999.
53 Jankowski (2000) : Stavisky, p. 190.
54 Le Temps, 6 juin 1934.
55 Ibid.

du journalisme n'est pas encore achevé, ce qui peut être qualifié rétrospectivement de « corruption » s'apparente finalement à un ensemble de pratiques qui transgressent certes des normes tendant à s'imposer de plus en plus au sein du monde journalistique, mais qui constituent bien souvent le quotidien de certains hommes de presse et le fondement des relations que ces derniers entretiennent avec les milieux d'affaires et le monde politique.

Jean Luchaire, réussir dans le journalisme et œuvrer pour la paix en Europe
Une illustration du pacifisme dévoyé par la vénalité dans l'entre-deux-guerres

Jean-René Maillot

Jean Luchaire (1901–1946) rêvait d'un destin extraordinaire mais son nom reste marqué par le déshonneur[1]. La mémoire collective garde l'image d'un ultra de la collaboration, honni et passé par les armes à la Libération. L'historiographie a évoqué une figure montante de la gauche radicale des années vingt puis un fervent défenseur du rapprochement franco-allemand dans le sillage d'Aristide Briand. Elle a davantage retenu son engagement ultime dans la collaboration. Pourtant Jean Luchaire est une personnalité importante parmi les relèves de l'entre-deux-guerres[2] et sa contribution aux débats de l'époque restait à analyser. Une lecture exhaustive de ses publications nous permet aujourd'hui de dresser un portrait beaucoup plus net de ce journaliste particulièrement précoce et passionné par le rôle de la jeunesse dans une Europe bouleversée par la Grande Guerre. Devenu directeur de son propre organe de presse puis l'un des personnages clés des relations franco-allemandes durant les années trente, sa carrière est marquée par d'incessantes difficultés financières. Privé de fortune personnelle et sans attache idéologique précise, Luchaire recherche les appuis lui permettant de faire vivre son projet éditorial. Le pacifisme affiché dans sa lecture des relations internationales devient l'objet de multiples instrumentalisations. Luchaire considère qu'un patron de presse est à la fois

---

1 Cette communication est tirée d'une thèse menée sous la direction du professeur Olivier Dard à l'université de Lorraine. Nous nous permettons de renvoyer à Maillot, Jean-René : Jean Luchaire et la revue « Notre Temps » (1927–1940), Berne 2013.

2 Dard, Olivier : Le rendez-vous manqué des relèves des années trente, Paris 2002, p. 17 et suivantes.

un faiseur d'opinion et un intermédiaire indispensable dans les relations politiques internationales. Persuadé de conserver un rôle d'apaisement, il s'expose
à un jeu dangereux qui le dépasse rapidement. Le cas de Jean Luchaire illustre
la fragilité caractéristique de la presse d'opinion, une question régulièrement
soulevée par les acteurs eux-mêmes durant l'entre-deux-guerres[3]. Il interroge
également sur les objectifs assignés plus ou moins consciemment aux entreprises de presse. Pour bien comprendre la dérive de Luchaire il est nécessaire
de souligner les intérêts de chacun derrière les transactions financières mais
également de mesurer la ferveur qui entoure les discours pacifistes. Ainsi
s'éclaire le contexte dans lequel une entreprise de presse pacifiste et européiste
accepte de se soumettre au national-socialisme dans l'espoir confus de durer
et d'éloigner les risques de guerre.

Après une enfance en Italie où il anime plusieurs revues et groupes de
discussion, le jeune Luchaire se lance à Paris dans le journalisme. En 1921, il
intègre *L'Ère nouvelle*, le journal des gauches. Il y développe ses deux passions :
la représentation de la jeunesse française et la promotion d'un rapprochement
étroit entre France et Italie qu'il décrit comme l'union latine. En mai 1922, il
change diamétralement son regard en politique internationale. Il défend désormais une politique de conciliation avec l'Allemagne. Le seul indice dont nous
disposons pour éclairer ce revirement soudain est la prise en main du journal
par Albert Dubarry[4], un proche de Joseph Caillaux[5]. Luchaire poursuit dès
lors une belle carrière en prenant de plus en plus de responsabilités dans les

---

3   « Le maître chanteur a joué entre les deux guerres un rôle important. Les mœurs de
     presse le firent croître et multiplier, comme l'herbe après l'orage. » Jean Zay, Patrick
     Pesnot : Souvenirs et solitudes, précédé de Jean Zay, ministre de l'intelligence française
     de Patrick Pesnot, La Tour d'Aigues 2004, p. 238.

4   Albert Dubarry est né en 1872. Il mène une carrière de journaliste quelque peu bohême
     puis s'engage dans l'adminsitration coloniale avant la Première Guerre mondiale. En juin
     1917, il fonde le journal Le Pays avant de devoir le quitter quelques mois plus tard. Cet
     organe pacifiste réunit plusieurs figures de la gauche républicaine notamment Gaston
     Vidal, Yvon Delbos et Alphonse Aulard. Il se transforme en décembre 1919 et prend
     pour titre L'Ère nouvelle. Sur Albert Dubarry, voir une note de police du 29 / 06 / 1918,
     AN, F7, 15952 et également Bariéty, Jacques : L'appareil de presse de Joseph Caillaux et
     l'argent allemand (1920–1932), in : Revue historique, 502 (1972), p. 377–406.

5   Berstein, Serge : Histoire du Parti radical, t.I, La recherche de l'âge d'or : 1919–1926,
     Paris 1980, p. 249.

journaux d'Albert Dubarry. Jean Luchaire suit un autre apprentissage durant les années vingt. Il fréquente de nombreux groupements de jeunesse, des plus éphémères jusqu'aux plus importantes organisations de la gauche républicaine, notamment la Fédération des jeunesses laïques et républicaines (FJLR). En 1927, de nouvelles perspectives s'offrent à lui lorsqu'il crée son propre organe de presse intitulé *Notre Temps*. Ce mensuel a pour objectif de refléter toutes les idées de la « nouvelle génération », cette jeunesse née à l'aube du siècle qui a échappé au massacre tout en étant élevée devant le spectacle de la Grande Guerre. Malheureusement, Luchaire se montre rapidement incapable de gérer une entreprise. Volontiers dispendieux, il confond la caisse du journal avec son portefeuille[6]. À l'été 1928, le codirecteur de *Notre Temps*, Émile Roche, menace d'interrompre la publication de la revue si Luchaire ne rembourse pas l'intégralité des sommes empruntées indûment. À court d'argent, il sollicite l'aide du Quai d'Orsay et obtient une première subvention. Celle-ci lui permet d'éponger ses dettes et de sauver sa publication. Grâce à son entregent, Luchaire parvient à se tirer d'une situation bien délicate. Désormais seul à la tête de *Notre Temps*, sa connaissance des groupements de jeunesse et son expérience professionnelle lui assurent une place importante au sein du journalisme politique parisien.

Le « rapprochement intellectuel »

En juin 1930, *Notre Temps* propose une nouvelle ligne éditoriale. Devenu hebdomadaire grâce à l'augmentation de la subvention ministérielle, il annonce son engagement au service de l'idée européenne. Officiellement, il s'agit de mobiliser la jeunesse française autour du projet de Fédération européenne à l'heure où la France attend les réponses des chancelleries au mémorandum Léger-Briand de mai 1930. Cependant, il devenait urgent pour *Notre Temps* de renouveler une ligne éditoriale devenue peu fédératrice. Il faut noter également la rencontre d'Otto Abetz à Pâques 1930. Luchaire accepte immédiatement le projet d'Abetz d'organiser des rencontres entre les jeunesses allemandes et françaises. *Notre Temps* fait le choix d'un « rapprochement intellectuel » qui

---

6 Maillot (2013) : Luchaire, p. 117–121.

montre sa défiance envers la politique et la diplomatie. Il témoigne également de l'espoir chez Luchaire de jouer un rôle de premier plan dans les relations internationales. Mais le projet de libres discussions entre les deux jeunesses laisse rapidement la place à la diffusion d'un discours nationaliste de plus en plus revendicatif à mesure que la situation se radicalise outre-Rhin. La délégation française est impressionnée par la détermination de ses interlocuteurs et se voit contrainte d'abandonner le discours européen sous peine de rompre le contact avec le *Sohlbergkreis*[7] réuni autour d'Otto Abetz. Cette initiative personnelle d'Abetz retient l'attention de l'ambassade d'Allemagne à Paris dès 1931. Elle considère qu'il s'agit de « la tentative la plus importante qui ait été accomplie en France » pouvant « peser sérieusement sur les décisions » des hommes politiques. Luchaire serait lui-même la « garantie » d'un « travail pratique et fécond »[8]. Ainsi, de 1930 à 1934, un hebdomadaire briandiste censé défendre l'idée européenne participe à la légitimation de discours nationalistes puis à la banalisation du national-socialisme.

Jean Luchaire, un équilibriste à la tête d'un hebdomadaire

Jean Luchaire ordonne son discours de politique intérieure autour de l'idée d'une réforme de l'État ; un thème majeur de la politique française durant l'entre-deux-guerres[9] qui lui autorise une large latitude de positions. L'accompagnement critique du Parti radical lui permet de garder le contact avec des personnalités régulièrement au pouvoir. Ainsi, *Notre Temps* a vu ses subventions régulièrement augmenter. En 1929 l'aide mensuelle du Ministère des Affaires étrangères s'élève à 15000 francs, elle passe à 25 000 francs en juin 1930 et autorise une périodicité mensuelle. En septembre 1933, ces subventions s'élèvent à 100 000 francs afin de transformer *Notre Temps* en un quotidien de combat au

---

7   Suite à la première rencontre d'août 1930 au Sohlberg, les organisations de jeunesse allemandes se réunissent au sein du Sohlbergkreis dirigé par Abetz, les Français créent de leur côté le Comité d'entente de la jeunesse française pour le rapprochement franco-allemand.

8   PAAA, DBP 1050 / 1, Courrier du Conseiller Kühn à l'AA, 18 / 07 / 1931, p. 2.

9   Sur la réforme de l'État, se reporter à Chatriot, Alain : La démocratie sociale à la française. L'expérience du Conseil national économique 1924–1940, Paris 2002.

service des ministères radicaux[10]. Par ailleurs, Luchaire complimente toujours le Président du conseil et son ministre des Affaires étrangères pour leurs louables efforts. Tardieu, Chautemps, Steeg, Laval, Herriot, Paul-Boncour, Daladier, Sarraut sont tour à tour félicités dans les éditoriaux de *Notre Temps*. Ces serments d'allégeance répétés indiquent une incapacité à survivre sans une aide importante tout en attirant l'attention des contemporains qui ont souvent moqué la « continuité » toute relative de Luchaire. Les seules personnalités politiques à subir ses foudres sont Doumergue et Barthou, également responsables de la suppression des subventions en 1934.

Durant ses trois premières années d'existence, *Notre Temps* s'est peu préoccupé de politique internationale. Luchaire défend à plusieurs reprises l'idée d'une réduction des réparations exigées de l'Allemagne dans l'espoir de voir les dettes de guerre également réduites. Mais à partir de juin 1930, et donc après la rencontre d'Otto Abetz, Luchaire adopte une ligne résolument germanophile. Il justifie d'ailleurs cette position par son expérience acquise au contact de représentants allemands attitrés. Au retour de la rencontre du Sohlberg d'août 1930, il affirme que l'Allemagne a un « légitime besoin d'expansion »[11] qui ne constituerait pas une menace pour la France si cette expansion se tournait vers l'Est de l'Europe. Désireux d'apaiser les esprits en France, il reconnaît le nationalisme allemand tout en le minorant. Selon lui, la jeune génération qui arrive au pouvoir en Allemagne est « ardemment nationale » mais « elle n'est ni *nationaliste*, au sens agressif du mot, ni surtout *anti-française* »[12]. L'idée que les aspirations allemandes doivent servir de point de départ à la réflexion de politique internationale le mène à défendre personnellement quantités de revendications nationalistes. « Oui. L'Allemagne est unanime à répudier une responsabilité unilatérale de la guerre, historiquement contestable [...] »[13].

La politique de rapprochement franco-allemand ne lui paraît pas être autre chose que la réparation des erreurs du Traité de Versailles. Et les revendications

---

10   AN, F7 15327, interrogatoire de Jean Luchaire, Nice, 02 / 07 / 1945, p. 7.

11   Luchaire, Jean : Politique de force ? Non, politique d'entente, in : Notre Temps 23 (24 / 08 / 1930), col. 402.

12   Ibid., col. 404. Luchaire souligne en italique dans le texte.

13   Luchaire, Jean : Adaptation, et non concession, in : Notre Temps 65 (23 / 11 / 1930), col. 282.

allemandes ne seraient pas la marque d'une volonté de puissance mais de justes demandes face à des mesures abusives. « Excessives, celles qui permettaient à une puissance étrangère d'isoler deux parties du territoire germanique. Excessives, celles qui imposaient à l'Allemagne une réduction unilatérale trop prolongée de ses armements… » Si Luchaire s'est toujours montré un adversaire du nationalisme français il fait preuve de la plus grande mansuétude qui soit à l'égard de celui allemand. Il refuse d'imaginer une confrontation politique entre Berlin et Paris et ne s'alarme que du risque de guerre. Une seule politique serait alors possible, celle qui permet à l'Allemagne « d'assurer son expansion économique et culturelle, ainsi que l'unité du germanisme »[14]. La tendance au réarmement est fortement minorée[15]. Enfin, les questions autour du corridor de Dantzig et de la réunion des populations de langue allemande lui semblent comparables à l'attente du retour de l'Alsace-Lorraine dans le giron français. Face à ce besoin de justice de l'Allemagne, la France est accusée de mener une politique « d'impérialisme statique »[16].

Les différentes lectures de Notre Temps

Aux côtés de Jean Luchaire, Pierre Brossolette, militant socialiste, signe un second éditorial consacré à la politique internationale. Luchaire et Brossolette partagent une même aversion pour les nationalistes français. Les deux sont pacifistes mais leurs visions de l'Allemagne sont très différents. Dès 1930, Brossolette fait preuve de rigueur. Il place Berlin devant ses responsabilités et dénonce tous les excès nationalistes puis ceux dictatoriaux et racistes. Lorsque *Notre Temps* devient quotidien en septembre 1933, Édouard Pfeiffer est nommé co-directeur afin d'épauler Luchaire. Les lecteurs assistent alors à une lutte d'influence entre les deux directeurs par éditorial interposé. Pfeiffer est partisan d'une certaine fermeté alors que Luchaire se montre toujours aussi conciliant.

---

14 Ibid., col. 283.
15 Luchaire, Jean : Y a-t-il une menace allemande?, in : Notre Temps 66 (30/11/1930), col. 324.
16 Luchaire, Jean : L'avenir des relations franco-allemandes, in : Notre Temps 67 (07/12/1930), col. 364.

À la mi-novembre, Luchaire commente le plébiscite hitlérien[17]. Le peuple allemand aurait choisi la paix en plébiscitant Hitler. Pour convaincre ses lecteurs, Luchaire argue d'une bonne connaissance de l'opinion publique allemande. Il a également recours à des artifices de langage plus ou moins grossiers. Ainsi l'Allemagne proposerait soit une paix de « bonne volonté » soit une paix « de conquête ». Si l'expression « paix de conquête » est difficile à comprendre, l'explication suivante ne l'est pas moins[18].

« Chaque fois que le mot paix traverse une frontière, il acquiert une signification différente. » *Notre Temps* offre en réalité un visage complexe. On y lit un pacifisme de circonstance de la main de Luchaire, un discours de paix moraliste offert par des intellectuels français et allemands et un pacifisme juridique de bon aloi signé Pierre Brossolette et Robert Lange, fervent défenseur de la Société des Nations. L'intense campagne de *Notre Temps* en faveur du « rapprochement intellectuel » fait place au sentimentalisme et au pacifisme le plus pur avec notamment les signatures de Annette Kolb et Ernst Johannsen mais également à la défense d'une identité spécifique outre-Rhin, via l'idée de *Volkstum*, puis aux revendications nationalistes. *Notre Temps* publie quelques avis critiques envers l'Allemagne hitlérienne mais ces articles sont affublés d'un titre modérateur qui en dénature le sens véritable[19]. Le discours en faveur de la Fédération européenne ou des États-Unis d'Europe a rapidement disparu. En la matière, Luchaire s'en tient d'ailleurs à la célébration du personnage de Briand. Pour autant, *Notre Temps* s'est progressivement mué en relais de la propagande nationale-socialiste sous l'impulsion de Luchaire.

L'isolement de Notre Temps et la survie professionnelle de Jean Luchaire

Dès 1933, des polémiques ternissent l'image de Luchaire. Les 22 et 23 avril 1933 se tient à Paris la quatrième rencontre pour le « rapprochement intellectuel ». Les participants allemands sont tous représentants du parti hitlérien ou de

---

17 Luchaire, Jean : Apaisement? Oui. Paix? Laquelle?, in : Notre Temps 49 (13/11/1933).
18 Maillot (2013) : Luchaire, p. 369.
19 Brossolette, Pierre : M. Rudolf Hess a prononcé un discours de paix, in : Notre Temps 164 (10/07/1934).

la jeunesse nationale-socialiste. *Notre Temps* ne publie pas l'habituel compte rendu des débats, Luchaire propose seulement un « résumé interprétatif » rédigé du point de vue d'un congressiste allemand s'adressant directement aux Français[20]. L'Allemagne vivrait un processus révolutionnaire qui ne serait que temporairement violent. Il y aurait « oppression d'une minorité par la majorité » car le peuple soutiendrait le régime. Le rétablissement prochain des droits permettrait d'envisager la définition d'un « concordat avec la minorité juive ». Ce type d'« exaltation nationale » autour de la notion de *Volk* serait fructueux pour une collaboration internationale et chaque peuple est invité à s'inspirer de ce mouvement d'« unité ». Luchaire ne craint pas de reproduire ensuite le discours antisémite dans lequel est décrit une « minorité non assimilée » qui s'est emparée de « la plupart des leviers de commande ». La liberté du peuple allemand aurait été étouffée à la fois par le Traité de Versailles, la République de Weimar, le marxisme et le judaïsme. L'identité socialiste du mouvement assurerait l'adhésion du peuple tout en s'éloignant d'un nationalisme traditionnel. Le traité de Locarno serait garanti et il n'y aurait pas de nouvelles revendications territoriales. Les Allemands ne se reconnaîtraient pas dans le terme de pacifistes cependant, ils voudraient « lutter contre la guerre ». Luchaire qualifie ces propos de renseignements indispensables à la jeunesse française. Mais en l'absence de tout commentaire critique il s'agit plutôt d'une diffusion bienveillante du discours officiel hitlérien[21]. Luchaire subit les critiques de Bernard Lecache, fondateur de la Ligue internationale contre l'antisémitisme, de Victor Basch de la Ligue des droits de l'homme et d'anciens amis comme Louis Martin-Chauffier. Enfin, en 1934, les soupçons de corruption sont devenus trop graves et trop évidents. Luchaire voit une grande partie de ses amis et des rédacteurs de *Notre Temps* s'éloigner définitivement. Robert Aron du groupe Ordre nouveau dresse un portrait de Luchaire aussi abrupt que révélateur de l'image publique du directeur de *Notre Temps*. « Sans cohérence, ni foi, émargeant aux différents fonds secrets, les officiels ou les privés, ce personnage a l'impudence de s'ériger à l'étranger comme en France comme le porte-parole de la jeunesse française, et

---

20 Maillot (2013) : Luchaire, p. 342.
21 Luchaire reproduit ici les mêmes termes que ceux utilisés par Abetz. PAAA, BDP 1050 / 1, Lettre d'Abetz à Forster le 02 / 04 / 1933, Aide-mémoire de la rencontre des 22 et 23 / 04 / 1933 adressé à l'ambassade le 03 / 05 / 1933.

même de parler au nom de la révolution »[22]. Après les événements du 6 février 1934 et la démission du cabinet Daladier, le nouveau gouvernement présidé par Gaston Doumergue installe Louis Barthou au Quai d'Orsay. Ce dernier, peu enclin à favoriser le rapprochement franco-allemand, supprime les subventions accordées à *Notre Temps*. Le journal de Luchaire aborde une période des plus difficiles. Au printemps 1934, il offre une visibilité nouvelle à l'Italie et publie une série de reportages complaisants envers le fascisme. Et toujours se pose la question de l'argent nécessaire à la survie professionnelle de Luchaire. En avril 1934, il se fait l'écho d'insinuations déjà anciennes faisant de lui un journaliste « à la solde de la *Wilhelmstrasse* ». Dès octobre 1932 Pierre Bernus soulignait dans le *Journal des Débats* l'énergie déployée par *Notre Temps* « au service des thèses allemandes »[23]. Luchaire semble apprécier le scandale car il reconnaît d'autres attaques[24].

> « Plus récemment, j'ai appris que *Notre Temps*, déjà payé par Hitler, l'était aussi par Mussolini ! Il avait suffi de notre approbation du Pacte à Quatre et d'une enquête pittoresque sur l'Italie pour faire germer cette affectueuse supposition dans l'esprit de plusieurs émigrés italiens antifascistes, dont quelques-uns sont cependant mes camarades d'enfance! »[25].

Des recherches récentes confirment ces soupçons. Les archives italiennes contiennent une demande de subvention datant de l'été 1934 et adressée par Luchaire au bureau de presse du chef du gouvernement[26]. Le souvenir de ses activités à Florence en 1919 avec les frères Rosselli permet de mesurer le fossé

---

22   La Lutte des jeunes, 27 / 05 / 1934, p. 3, cité par Dard, Olivier : Bertrand de Jouvenel, Paris 2008, p. 81.

23   Bernus, Pierre : Qui égare l'opinion française? in : Le Journal des Débats 289, (17 / 10 / 1932) p. 1.

24   Maillot (2013) : Luchaire, p. 409.

25   Luchaire, Jean : Notre Temps a perdu 600 000 Francs, in : Notre Temps 100 (25 / 04 / 1934).

26   Lettre du 1er août 1934 d'Italo Sulliotti à Galeazzo Ciano, chef du bureau de presse du chef du gouvernement, AS, MCP, Reports, busta 4, fasc 28 / B. Poupault, Christophe : A l'ombre des Faisceaux. Les voyages français dans l'Italie des Chemises noires (1922–1943). Thèse de doctorat d'histoire, Université de Paris Ouest-Nanterre La Défense, Université de Rome La Sapienza 2011, p. 235, note n°1301.

qui sépare désormais Luchaire de ses anciens amis. *Notre Temps* exprime une défiance envers la SDN à l'heure de possibles sanctions contre l'Italie. Les arrangements successifs avec les événements et l'espoir de conserver une « paix de fait » conduisent Luchaire à abandonner le pacifisme juridique en 1935. Ceci provoque le départ de Robert Lange, dernier gage de respectabilité de *Notre Temps*. Durant les années suivantes, Luchaire est particulièrement isolé. Seul Bertrand de Jouvenel lui apporte encore son soutien. En 1936, il affirme son indifférence pour la guerre civile espagnole. En 1937, il recommande de sauvegarder la civilisation européenne face au danger asiatique, une mission supérieure qui pourrait nécessiter une guerre. Le pacifisme de Luchaire, soumis aux aléas de l'actualité, ne reconnaît par conséquent ni règles juridiques ni valeurs morales. En 1938, à l'heure des accords de Munich, Luchaire bénéficie d'un retour en grâce auprès des autorités politiques et notamment de Georges Bonnet, ministre des Affaires étrangères. Luchaire a maintenu des contacts étroits avec Otto Abetz, devenu pour sa part une personnalité importante au sein des services Ribbentrop. Luchaire se targue de pouvoir toucher au plus près les autorités allemandes et obtient la reprise d'une subvention conséquente de la part du Quai d'Orsay. Les quelques traces de ces échanges montrent surtout l'empressement de Luchaire à témoigner des bons sentiments allemands envers Daladier et Bonnet[27]. Luchaire présente les accords de Munich comme un retour à la normalité. La France paierait « les fautes commises » alors que le peuple refuserait la guerre « non par peur mais par mauvaise conscience »[28]. L'Allemagne exigerait des biens sur lesquels elle aurait « des titres humains imprescriptibles » tandis que le « fameux droit des peuples à disposer d'eux-mêmes » jouerait en sa faveur. Luchaire dénonce toujours la « croisade des démocraties » contre les dictatures et appelle de ses vœux la « croisade de l'Occident » contre l'impérialisme asiatique. Les démocraties pourraient facilement s'entendre sur ce point avec les dictatures à condition de placer « leurs intérêts au-dessus de leurs idéologies »[29]. Les polémiques avec les antimunichois sont vives. Après les accords Bonnet-Ribbentrop, les

---

27   AN, F7 15327, « Daladier et Bonnet inspiraient confiance à Hitler en 1938 » ; « Von Ribbentrop approuvait, en 1938, l'attitude de Georges Bonnet », 21 / 10 / 1938.

28   Luchaire, Jean : Maintenant au travail, in : Notre Temps 645 (14 / 10 / 1938).

29   Luchaire, Jean : Les entretiens franco-anglais, in : Notre Temps 651 (27 / 11 / 1938).

accusations prennent un tour personnel et Luchaire doit répondre aux insinuations qui font d'Abetz un agent de Ribbentrop distribuant une « manne bienfaisante » à certains journaux français. Une véritable avalanche de soupçons s'abat alors sur *Notre Temps*[30]. Mais Luchaire reste imperturbable. Il raille les adeptes de « l'antifascisme » et de la dénonciation d'une « régression morale » en face d'une « contagion fasciste »[31]. Ces « démocrates extrémistes » seraient épris « de violence » car ils voudraient « contrebattre les dictatures ». Il soutient toujours que « diviser irrémédiablement l'Europe en deux blocs idéologiques » revient à « rendre inévitable une guerre ». Lorsque Luchaire dénonce un danger, celui-ci provient du communisme, des pays asiatiques, parfois d'Italie. Il n'accuse jamais nommément l'Allemagne, laquelle serait moins une dictature qu'un pays « dynamique ». Au lendemain de l'entrée des soldats du Reich à Prague, Luchaire se fait fort d'expliquer que « l'inévitable a fini par se produire »[32]. Il y voit une justification *a posteriori* des accords de Munich alors que les « nationaux versaillais et [les] Don Quichotte démocrates » voulaient entraîner la France dans la guerre. Le directeur de *Notre Temps* se définit comme partisan *ad vitam aeternam* de la conciliation. « C'est pourquoi si la folie humaine voulait que Français et Allemands s'entre-tuent demain à nouveau sur les champs de bataille, nous redeviendrons ensuite partisans du même rapprochement »[33]. Luchaire décrit l'heure présente comme étant « la guerre blanche », laquelle consisterait à faire vivre les opinions publiques sous la menace d'un conflit sans pour autant le déclencher. « Économe du sang de son peuple, M. Hitler a réalisé des opérations d'une gigantesque envergure en exprimant tacitement cette pensée [...] »[34].

Cette période pourrait même « préparer une vaste négociation internationale de règlement pacifique ». Luchaire n'est plus à un tour de force près dans ses argumentations retorses, il identifie Buré, Pertinax, Kerillis et Bidault parmi d'autres comme les véritables fauteurs de guerre. En mai 1939, Luchaire

---

30 Le détail de ces attaques est à lire dans Lévy, Claude : Les Nouveaux Temps et l'idéologie de la collaboration, Paris 1974, p. 16 et Maillot (2013) : Luchaire, p. 438–440.

31 Luchaire, Jean : Offensive constructive, in : Notre Temps 998 (22/01/1939).

32 Luchaire, Jean : Le Troisième Reich à Prague, in : Notre Temps 1006 (19/03/1939).

33 Luchaire, Jean : Persévérer? Mais comment?, in : Notre Temps 1009 (16/04/1939).

34 Luchaire, Jean : La Guerre blanche, in : Notre Temps 1013 (14/05/1939).

minimise encore un à un les derniers agissements hitlériens. Les mouvements de troupes à la frontière de Dantzig auraient pour seul but « d'impressionner » la Pologne, l'Axe devrait bientôt « stopper » ses préparatifs et Hitler n'aurait prononcé qu'un « discours d'attente »[35]. Mussolini et Hitler seraient même en train de renoncer à « une victoire militaire ». Jean Luchaire publie le 25 juin un ultime réquisitoire contre les « va-t-en guerre » de la presse antimunichoise. *Notre Temps* interrompt sa publication le 21 juillet 1939 alors que son directeur doit se reposer en sanatorium[36]. En mars 1940, Luchaire obtient l'autorisation et l'argent nécessaire du ministre de l'Information, L-O Frossard, pour faire reparaître son journal. *Notre Temps* est cette fois conçu comme un outil de propagande au service du moral des Français en guerre. Luchaire met ainsi un terme à l'existence de *Notre Temps* en professant un « bourrage de crâne » qu'il avait tant critiqué durant ses premières années de journalisme. Toujours au contact des autorités politiques, il est prêt à amorcer une nouvelle étape de sa carrière sitôt le conflit interrompu.

Conclusion

La corruption de Jean Luchaire est d'abord d'ordre moral. Elle se cristallise dans le reniement des idées premières de son discours sous la pression de personnalités extérieures à *Notre Temps* capables de lui apporter une stabilité financière passagère. Ses erreurs politiques successives prennent ainsi naissance dans une malhonnêteté intellectuelle. Luchaire s'est présenté comme un héritier de Briand mais il s'est contenté d'une politique de concessions sans fin. L'argumentaire européen n'a été qu'un accessoire à brandir avant de se soumettre au nationalisme le plus agressif. Dès la conclusion du Sohlberg, le projet européen avec les valeurs qu'il était censé mobiliser est mis entre parenthèses au profit d'un arrangement entre nations. En 1931, l'idée est définitivement abandonnée avant d'être réutilisée durant la collaboration pour la cause de la propagande. Jean Luchaire semble avoir une véritable hantise du conflit politique et militaire.

---

35 Luchaire, Jean : Horizons plus souriants, in : Notre Temps 1014 (21 / 05 / 1939).

36 Les Procès de la collaboration : De Brinon, Fernand / Darnand, Joseph / Luchaire, Jean : Compte rendu sténographique, Paris 1948, p. 354 et p. 368.

Et son discours pacifiste ne sert qu'à justifier des arrangements successifs qui compromettent gravement l'équilibre continental.

Ensuite, Jean Luchaire fait du journalisme un métier d'influence auprès des politiques. Son apprentissage dans l'ombre d'Albert Dubarry n'y est sans doute pas étranger[37]. Cette conception s'oppose en tout point à celle d'un journalisme d'idées prôné par Pierre Brossolette. Il faut souligner la capacité de Luchaire à conserver des relations étroites avec les autorités politiques malgré les difficultés financières et les accusations. De ce point de vue, son itinéraire en politique intérieure est tout aussi instructif. Luchaire accorde une confiance aveugle à Otto Abetz. Cette relation intime le laisse espérer jouer un rôle diplomatique qui reste finalement très limité. Luchaire peut rehausser son image à Paris en faisant valoir ses contacts outre-Rhin[38]. Mais la relation est par nature déséquilibrée. Abetz est l'intermédiaire qui rend possible l'apport de subsides, il reste surtout l'instigateur d'une machination dont Luchaire n'est qu'un rouage parmi d'autres. Lors de sa déposition au procès Abetz, le conseiller d'ambassade Feihl a expliqué qu'il remettait à Luchaire « chaque mois [...] 2000 à 3000 francs » en échange de rapports sur la politique française et de la publication d'articles permettant de « faire voir des idées allemandes »[39]. La personnalité de Jean Luchaire a ici une grande importance. *Notre Temps* a bénéficié à ses débuts d'un succès d'estime mais étant dépourvu d'un lectorat suffisant, cet organe est resté entièrement dépendant des subventions. Luchaire a identifié sa réussite professionnelle à la viabilité de son entreprise espérant garder son rang de directeur de presse. Or, son caractère aussi généreux que dispendieux l'exposait à des dangers croissants. Ses plus proches amis ont évoqué dans leurs souvenirs « une légèreté séduisante mais dangereuse dans la conduite de sa vie »[40] et « de mauvaises habitudes » chez un homme « accablé de soucis d'argent » et frappant « à toutes les portes »[41]. Cette imprudence saisissante s'accompagne d'un faible attachement aux idées et aux principes. Nombre de

---

37 Bariéty : L'appareil de presse, 1972.
38 Maillot (2013) : Luchaire, p. 465.
39 BDIC, Procès Abetz, F Rés 334 / 1, Audience du 18 juillet 1949, déposition de M. Feihl, p. 52.
40 De Jouvenel, Bertrand : Un voyageur dans le siècle, Paris 1980, p. 84.
41 Nels, Jacques : Fragments détachés de l'oubli, Paris 1989, p. 84.

ses proches se distinguent pourtant dans l'opposition aux dictatures. Sa mère s'est remariée avec le professeur Salvemini, son père Julien Luchaire a épousé Antonina Vallentin.

Le cas de Jean Luchaire n'est pas une exception. Il ne se distingue pas non plus par la seule âpreté aux gains. L'espoir de faire disparaître définitivement les motifs de guerre entre l'Allemagne et la France l'a aveuglé et a nourri une germanophilie encouragée par son hostilité envers le Royaume-Uni. Le pacifisme s'est avéré extrême sans être dogmatique et l'a conduit suite à ses erreurs personnelles de la collusion jusqu'à la collaboration. Le thème de la corruption fait référence à une entorse à la déontologie mais ce problème ne se résume pas à une question morale au niveau individuel. Luchaire a beaucoup perdu suite aux soupçons de corruption en 1934. Pour autant sa carrière se poursuit aussi longtemps que les conditions pour une transaction sont réunies, que ce soit avec le gouvernement français ou les différentes ambassades européennes. Ainsi l'hebdomadaire puis quotidien pouvait se mettre au service des uns et des autres, simultanément ou successivement. Quelle que soit l'ampleur de son lectorat, lorsqu'il était réconnu comme lorsqu'il s'est retrouvé isolé, *Notre Temps* a trouvé des partenaires financiers. Ce financement occulte qui n'est pas rare à cette époque pose donc la question de l'adéquation entre une presse politique indépendante et le difficile équilibre financier de toute entreprise de ce type[42]. Luchaire a souvent défendu sa probité en expliquant qu'il refusait de « vendre » sa feuille aux « oligarchies financières », laissant entendre dans le même temps qu'il valait mieux recevoir de l'argent des ministères. Ainsi, il n'était sans doute pas difficile aux organisations étrangères de trouver des plumes dociles dans les journaux français. Cependant, l'efficacité de ces campagnes est à relativiser du fait même de leur généralisation. Pour l'historien, ces « affaires louches » qui entourent la comptabilité des journaux sont de précieux révélateurs des jeux d'influence entre politique et économie. Elles apportent dans le même temps une lumière indispensable pour saisir toutes les significations des discours publics.

---

42 Lire à ce propos Martin, Marc : Retour sur « l'abominable vénalité de la presse française » in : Le Temps des médias 6 (2006), p. 22–33.

IV. Regulierungsversuche zwischen Demokratie und Diktatur

Le pantouflage des hauts fonctionnaires dans les entreprises privées françaises (19e–21e siècles)
Évolution de la réglementation et des pratiques

Hervé Joly

Il s'agit moins dans cette contribution de traiter d'« affaires louches » en tant que telles que de situations susceptibles d'en générer, à travers ce qu'on appelle aujourd'hui des « conflits d'intérêt ». À partir de recherches menées sur le recrutement des dirigeants d'entreprises françaises, l'accent est mis sur le cas des hauts fonctionnaires qui ont pu ou peuvent se retrouver au service de sociétés commerciales privées, avec cette circulation des élites entre les sphères administrative et économique caractéristique du cas français, appelée « pantouflage »[1]. S'il existe des phénomènes semblables en Allemagne, au Japon ou aux États-Unis, la part des dirigeants de grandes entreprises qui ont commencé leur carrière dans la haute fonction publique est exceptionnellement élevée en France[2]. Le fait qu'un fonctionnaire chargé du contrôle d'activités économiques puisse se voir proposer de faire carrière, et même une brillante carrière, dans une entreprise avec laquelle il est en relation professionnelle laisse nécessairement peser un soupçon de complaisance dans l'exercice de sa mission. Dans quelle mesure l'État a-t-il essayé de prévenir ces conflits d'intérêt qui pourraient résulter des passages de fonctionnaires dans le secteur privé ?

---

1 Son origine dans l'argot polytechnicien est impropre, puisqu'elle désignait historiquement le fait pour des élèves à la sortie de cette école de se libérer de leur engagement décennal en faveur de l'État en rachetant leur « pantoufle » (frais de scolarité) pour éviter d'intégrer les corps militaires comme l'Artillerie ou le Génie, et donc rejoindre le secteur privé avant même d'avoir été en poste comme fonctionnaire ; cf. Belhoste, Bruno : La Formation d'une technocratie. L'École polytechnique et ses élèves de la Révolution au Second Empire, Paris 2003.
2 La place manquant pour citer les nombreux travaux d'historiens ou de sociologues sur le sujet, je me permets de renvoyer à mon livre récent ; Joly, Hervé : Diriger une grande entreprise au XXe siècle : l'élite industrielle française, Tours 2013, chap. 5.

Entrer dans la fonction publique limite-t-il la liberté d'entreprendre de l'intéressé non seulement pendant mais éventuellement après son engagement ?

La question se pose pour les fonctionnaires de tous niveaux, depuis le policier qui se fait engager comme agent de sécurité ou l'employé des impôts qui devient comptable, mais il est étudié ici pour les élites économiques à travers les « grands corps » de l'État, ces groupes restreints de hauts fonctionnaires qui relèvent, sans nécessairement y exercer leur activité, d'administrations spécifiques d'inspection ou de contrôle, comme, dans le domaine administratif, l'Inspection des Finances ou le Conseil d'État, ou dans le domaine technique, les Mines ou les Ponts et Chaussées[3]. Depuis deux siècles, leur relation aux entreprises privées a été progressivement réglementée, à travers trois dimensions :

- l'exercice concomitant de fonctions publiques et privées, hypothèse qui apparaît aujourd'hui impossible, mais qui ne l'était pas historiquement ;
- l'exercice de fonctions privées dans le cadre d'une sortie temporaire (congé ou mise en disponibilité) de la fonction publique, avec un retour possible dans l'administration ;
- l'exercice de fonctions privées après le départ définitif (après démission ou retraite) de la fonction publique.

L'exercice concomitant de fonctions publiques et privées

L'interdiction de principe aujourd'hui en vigueur pour un fonctionnaire « d'exercer à titre professionnel une activité privée lucrative de quelque nature que ce soit »[4] n'a pas toujours été affirmée aussi clairement par la loi, pour un second emploi d'abord, *a fortiori* pour une fonction accessoire d'administrateur de société.

---

3 Pour une analyse globale, voir Kessler, Marie-Christine: Les Grands Corps de l'État, Paris 1986.

4 Loi n° 83–634 du 13 juillet 1983 portant droits et obligations des fonctionnaires (art. 25), www.legifrance.gouv.fr (consulté le 11 mai 2014).

La lente disparition des cumuls d'emplois public et privé

Avant le statut général de 1945, les fonctionnaires étaient soumis à des règles différentes selon leur corps. Pour les ingénieurs des Mines, l'interdiction de cumul de fonctions publiques et privées n'existait pas explicitement à l'origine[5]. Le décret originel du 18 novembre 1810 « contenant organisation du corps impérial des ingénieurs des Mines » se contente de définir des missions assez lourdes pour occuper l'essentiel de leur temps, comme, pour les ingénieurs ordinaires, l'obligation de visiter au moins une fois par an chacune des exploitations qui existent dans leur arrondissement (art. 28)[6]. La frontière avec les activités privées n'est cependant pas étanche puisqu'ils peuvent « avec l'autorisation du directeur général, et sur la demande des concessionnaires, lever des plans de mines, et suivre des travaux d'exploitation ou des constructions d'usines » (art. 43). Ces activités peuvent leur valoir des rémunérations supplémentaires : « Les indemnités qui leur seront allouées pour ce travail particulier seront payées de gré à gré par les concessionnaires ou exploitants » (art. 44). La seule limite est qu'« ils ne pourront jamais s'éloigner, sans autorisation, de l'arrondissement de leurs exploitations ». En cas d'absence supérieure à trois mois, il est prévu qu'ils puissent être « destitués » (art. 71).

Certains ingénieurs se permettent pourtant d'avoir des activités privées parallèles. Avant sa démission en 1830 pour entrer au service de l'entreprise de sa belle-famille de Wendel, Charles Théodore de Gargan (1791–1853) aurait, après son mariage en 1826, alors qu'il était chargé des départements de la Moselle et de la Meurthe, dès 1828 participé à la direction des forges de Hayange[7]. De manière plus durable, Louis-Antoine Beaunier (1779–1835) a, tout en cumulant à partir de 1816 la responsabilité de l'important arrondissement de la Loire avec le contrôle de nombreuses concessions houillères et la direction de la nouvelle

---

5   Contrairement à ce qu'affirme curieusement André Thépot quant au congé prévu dès « la loi de 1810 », sans préciser à quel texte il se réfère ; Thépot, André: Les Ingénieurs des mines du XIXe siècle. Histoire d'un corps technique d'État 1810–1914, Paris 1998, p. 295 : la loi concernant les mines, les minières et les carrières du 21 avril 1810 ne contient pas plus que le décret qui suit de dispositions en matière de congé des ingénieurs.

6   Voir la partie historique du site des Annales des Mines ; admi.net / jo / NAPOLEON / (consulté le 7 mai 2014).

7   Livre du centenaire (École Polytechnique), Paris 1897, t. III, p. 159.

école des mines de Saint-Etienne, obtenu l'année suivante le droit de diriger la Société des aciéries de la Bérardière qu'il avait fondée avec des partenaires financiers[8]. Ses productions d'acier raffiné lui valent dès 1819 une médaille d'or du gouvernement français et, explicitement en tant que manufacturier, la Légion d'honneur. Deux autres usines sont implantées à Beaupertuis (Isère) et à Saint-Hugon (Savoie). S'il cesse de diriger ces établissements en 1823, il obtient la même année, pour une compagnie qu'il avait fondée avec d'autres partenaires, la concession d'une première ligne de chemins de fer entre Saint-Étienne et Andrézieux. En 1829, la compagnie des mines et du chemin de fer d'Épinac (Saône-et-Loire) lui demande de faire partie de son conseil d'administration, et il fait un voyage d'étude sur place. Il assure toutes ces missions sans que personne ne trouve apparemment à y redire : comme le constate admiratif son successeur à Saint-Étienne dans une nécrologie officielle, « c'est en menant ainsi de front trois ou quatre genres de travaux différents, dont chacun aurait paru pouvoir suffire à une vie active, que M. Beaunier a passé douze années à Saint-Étienne[9]. » Ce qui apparaîtrait aujourd'hui comme une prise illégale d'intérêts était perçu à l'époque comme un service rendu à la nation par l'association d'intérêts privés et publics.

Il faut attendre la fin de la Seconde République pour qu'un décret de Louis-Napoléon Bonaparte du 24 décembre 1851 vienne expressément interdire aux ingénieurs du corps des Mines de « devenir entrepreneurs [et] concessionnaires de travaux publics, [et de] prendre un intérêt quelconque dans les exploitations des mines, minières, carrières et établissements minéralurgiques situés sur le territoire de la République, sous peine d'être considérés comme démissionnaires »[10] (art. 26). Mais cette interdiction ne vaut toujours que pour les activités privées en relations avec leurs activités publiques, dans le secteur minier et métallurgique. Rien n'est prévu pour interdire formellement des activités dans d'autres secteurs.

---

8   Auguste Henri de Bonnard, notice nécrologique, Annales des mines, 1835, p. 515–540 (consultable en ligne sur www.annales.org/archives/beaunier.html).

9   Ibid. En fait, ce sont au moins quatorze ans qu'il passe à Saint-Étienne de 1816 à sa nomination à Paris comme maître des requêtes en service extraordinaire au Conseil d'État en septembre 1830, et même plus dans la mesure où il reste directeur de l'école des mines locale.

10   Voir www.admi.net/jo/D24.12.1851.html (consulté le 7 mai 2014).

Dans les notes signalétiques que les supérieurs doivent remplir chaque année sur leurs ingénieurs, il existe une rubrique spécifique « exactitude et régularité dans le service », avec la précision demandée « Se livre-t-il à des occupations étrangères ? ». L'ingénieur Charles Ledoux (1837–1927), d'une « fortune médiocre »[11] au départ, est ainsi amené à multiplier les activités privées alors qu'il est encore dans les cadres. Dès 1868, alors qu'il est en poste au service des mines d'Alès, son supérieur indique qu'il fait, au titre des occupations étrangères, « beaucoup d'expertises ». En 1871, Ledoux demande au ministre une autorisation d'absence d'un mois et demi pour se rendre en Grèce : l'objet de son voyage serait d'explorer les anciennes mines de plomb argentifère du Laurion et d'organiser le service d'un chemin de fer associé qui vient d'être construit par une société française; il fait état de l'importance pour l'administration d'y défendre les intérêts nationaux. L'autorisation d'absence est accordée mais sans traitement. Son ingénieur en chef lui « trouve une tendance fâcheuse, celle de rechercher l'accumulation de fonctions, soit administratives, soit étrangères qui peuvent augmenter ses appointements. Cette recherche visible ne me rappelle pas le type des hommes de devoir et de désintéressement que nous avons été élevés à honorer dans les ingénieurs des Mines qui nous ont précédé dans la carrière »[12]. En 1874, ses supérieurs regrettent que, obligé de subvenir à ses charges de famille après la naissance rapprochée de six enfants, Ledoux soit « parfois forcé de faire passer les exigences de son service après celles des capitalistes qui lui demandent des conseils et des voyages »[13]. L'ingénieur en chef considère que son poste actuel, avec les nombreuses mines de l'arrondissement et les charges complémentaires de contrôle des chemins de fer locaux et de directeur de l'école des mines d'Alès, n'est pas adapté à sa situation : « placé, à Paris par exemple, dans un service qui serait de nature à lui permettre des occupations étrangères et rémunératrices, ses bonnes qualités se montreraient seules ». Soutenu par son administration centrale qui considère qu'il serait victime dans le Gard en tant que protestant engagé d'une hiérarchie très catholique, Ledoux est, au cours de la même année 1874, effectivement muté à sa

---

11   Archives Nationales, F14 / 11414, dossier de carrière Charles Ledoux, note signalétique 1862.

12   AN, F14 / 11414, note signalétique 1870, avis de l'ingénieur en chef, 25 juillet 1871.

13   AN, F14 / 11414, note signalétique 1873, avis de l'ingénieur en chef, 25 février 1874.

demande à Paris pour s'occuper du seul contrôle de l'exploitation du chemin de fer du PLM. Le poste lui laisse visiblement quelques loisirs. Dès l'année suivante, il demande au ministre à exercer, à la suite d'un inspecteur général, une fonction d'ingénieur-conseil auprès de la Société des Houillères de Ronchamp (Haute-Saône) ; il s'agirait seulement de donner par correspondance des avis purement techniques sur la marche générale de l'exploitation […] afin de se tenir au courant de l'avancement des travaux, il devra se rendre à Ronchamp environ deux fois par an, ces absences étant d'ailleurs, vu la proximité de Paris, de courte durée »[14]. Son supérieur, convaincu par son argumentation, donne un avis favorable. Si le temps exigé est présenté comme faible, la rémunération annuelle est conséquente, avec 3 500 F, soit presque autant que ses émoluments d'ingénieur de 1ère classe, 4 500 F, qui représentent déjà près de cinq fois le salaire moyen d'un ouvrier de province à l'époque (931 F). Ses supérieurs ne font plus de remarques négatives sur son activité, et le proposent même pour la Légion d'honneur qu'il obtient en 1879 ; la note qui présente ses états de service ne fait pas état de ses activités privées[15]. En 1881, Ledoux n'hésite pas à refuser une promotion comme ingénieur en chef à Marseille en indiquant que « de pressantes considérations de famille et d'intérêt privé ne me permettent pas de quitter Paris »[16]. Quelques mois plus tard, après avoir été nommé ingénieur en chef à Rouen, il demande un congé de trois mois pour se rendre en Espagne en vue d'organiser l'exploitation de mines de plomb et d'une fonderie pour le compte de la Société minière et métallurgique de Peñarroya. À son terme, il informe son administration qu'un poste de directeur technique lui est offert ; il obtient un congé renouvelable et quitte définitivement son poste.

La hiérarchie d'Auguste Rateau (1863–1930) n'est pas non plus dupe lorsque, en 1897, il demande à quitter son poste de professeur à l'École des mines de Saint-Etienne dont « les nombreuses leçons et fréquents examens, accumulés dans une partie de l'année seulement, [lui] cause une certaine fatigue, qui disparaît, il est vrai, pendant les vacances » et à être affecté dans des « fonctions d'ingénieur de contrôle, en attendant qu'une occasion [lui] soit offerte de revenir

---

14   AN, F14 / 11414, lettre de Ledoux au ministre des Travaux publics, 18 octobre 1875.

15   AN, LH / 127, dossier de Légion d'honneur (consultable en ligne sur la base Léonore, www.culture.gouv.fr / documentation / leonore / accueil.htm).

16   AN, F14 / 11414, lettre de Ledoux au ministre des Travaux publics, 18 mars 1881.

au Professorat, dans une des Écoles de Paris, [… où il pourrait] de charger de l'un [des cours] sans crainte de dépasser la limite de [s]es forces »[17]. Comme le constate, tout en appuyant la demande avec bienveillance au nom de « l'intérêt général », l'inspecteur général en charge de la région Centre dans son avis au ministre, « si M. Rateau s'était confiné dans ses seuls devoirs de professeur, il se peut qu'il eût mieux résister aux fatigues incontestables du professorat […] Il a voulu poursuivre simultanément ses travaux personnels de mécanique appliquée et mettre à profit, avec des vues parfois trop intéressées, ses dons remarquables d'inventeur[18]. » L'année suivante, Rateau est affecté au service de l'arrondissement minéralogique de Lyon, mais il renonce finalement à ce poste en demandant un « congé sans traitement pour affaires personnelles ».

Les cas de cumul aussi flagrant tendent à disparaître au 20e siècle, les tâches administratives étant trop lourdes que des activités se fassent à l'insu d'une administration qui peut obliger les ingénieurs concernés à se mettre en position de congé (cf. *infra*). Le seul cas que l'on puisse trouver est plutôt anecdotique, tant il relève d'une négligence flagrante de l'administration. Georges-Jean Painvin (1886–1980), affecté depuis 1913 comme professeur de paléontologie à l'École des Mines de Paris, avait été autorisé en 1919, tout en conservant sa chaire et son traitement, à remplir les fonctions d'ingénieur-conseil au Comptoir du Ferro-silicium[19]. Mais, en 1926, il ne déclare pas au ministre sa désignation comme administrateur délégué d'une grande entreprise industrielle, la Société d'électro-chimie, d'électro-métallurgie et des aciéries électriques d'Ugine. Alors que cette fonction est mentionnée dans tous les annuaires de sociétés, et qu'il apparaît publiquement à partir de 1930 comme l'unique patron de l'entreprise, sa hiérarchie n'en fait pas état dans ses notes signalétiques annuelles, souligne sa qualité de « très bon professeur » et le propose même à l'avancement comme inspecteur général. Il reçoit son traitement annuel complet de 60 000 F. En 1934, il est promu officier dans l'ordre de la Légion d'honneur sans éveiller l'attention. Il faut attendre 1936 pour que, en application d'un décret-loi de

---

17 AN, F14/11633, dossier de carrière Auguste Rateau, lettre de Rateau au ministre des Travaux publics, 5 février 1897.
18 AN, F14/11633, avis de l'inspecteur général Louis Aguillon au ministre des Travaux publics, 11 février 1897.
19 AN, Fontainebleau, 77390, art. 136, dossier de carrière Georges-Jean Painvin.

1934 réglementant les cumuls en matière de traitement, on lui demande de se mettre en disponibilité.

On retrouve là pour un professeur la question du cumul plus ou moins toléré jusqu'à aujourd'hui des universitaires avec des emplois privés, pratiqué dans certaines disciplines comme le droit ou la gestion, dans la mesure où leur seul service d'enseignement peut leur en laisser le loisir. Mais, si la pratique est contestable, elle ne relève moins nettement du conflit d'intérêt pour des fonctionnaires qui n'ont pas de fonction d'autorité. En revanche, l'affaire récente du conseiller de François Hollande Aquilino Morelle, accusé d'avoir cumulé sa fonction précédente d'inspecteur général des affaires sociales avec une mission rémunérée pour un laboratoire pharmaceutique, montre que la question peut rester d'actualité.

Pendant longtemps, la principale préoccupation de l'administration par rapport à l'exercice par un fonctionnaire d'activités privées était que celles-ci lui prennent trop de temps et l'amènent à négliger ses missions statutaires. La notion de conflit d'intérêt possible n'était pas très présente ; au contraire, les activités pouvaient être perçues, d'une part, comme un enrichissement de son expérience et, d'autre part, comme un autre moyen de servir l'intérêt général. Ce n'est que dans la période récente que l'idée d'un conflit d'intérêt possible est apparue.

Le cumul d'un emploi public et d'une fonction d'administrateur de société privée

La question du cumul avec un emploi public se pose pour des fonctions d'administrateur, qui, selon la pratique habituelle des sociétés anonymes ne s'exercent pas à temps plein, mais de manière accessoire, dans la mesure où elles n'impliquent que l'assistance à des réunions du conseil plus ou moins fréquentes. En pratique, l'exercice de telles fonctions dans de grandes sociétés cotées était assez rare pour des fonctionnaires en exercice, mais pas inexistante au moins au 19e siècle. On peut citer, parmi d'autres, le cas d'Édouard Brame (1818–1888), ingénieur en chef de 2e classe des Ponts et Chaussées, nommé administrateur de l'entreprise sidérurgique Châtillon-Commentry en 1870. Cette fonction privée qu'il conserve jusqu'à son décès ne l'empêche pas de continuer à faire carrière dans l'administration ; il est chargé à ce titre de la présidence du Comité de l'exploitation technique des chemins de fer, une responsabilité qui n'est pas sans intérêt pour une entreprise sidérurgique susceptible de trouver d'importants débouchés commerciaux dans ce secteur. Il est promu dans son corps jusqu'au grade d'inspecteur général de 1ère classe et dans l'ordre de la Légion d'honneur au rang de commandeur en 1887.

Un autre inspecteur général des Ponts et Chaussées, Charles Baume (1844–1923), a été nommé en 1903 administrateur de la Société des automobiles Peugeot. Il doit toutefois se retirer en 1905 du conseil, « par suite de la décision du ministre des travaux publics interdisant aux fonctionnaires sous ses ordres de faire partie de conseil d'administration de sociétés industrielles »[20]. Il ne reprend son poste deux ans plus tard qu'après avoir pris sa retraite de l'administration.

Ce n'est qu'en octobre 1936 que, soucieux de mettre fin à certains abus, le gouvernement du Front populaire impose, dans un décret-loi relatif aux cumuls de retraites, de rémunérations et de fonctions pour les agents publics, une interdiction générale d'« exercer une fonction industrielle et commerciale, d'occuper un emploi privé rétribué, ou d'effectuer à titre privé un travail moyennant rémunération »[21] (art. 1er). L'interdiction s'applique aux fonctions d'administrateur d'une société commerciale dans la mesure où elles sont rémunérées. L'année précédente, un traité de droit des sociétés indiquait encore qu'il n'existait une incompatibilité que pour les « militaires et fonctionnaires appartenant à l'armée », en vertu d'une simple circulaire de 1869, et les agents du ministère des Affaires étrangères, en vertu d'une autre circulaire de 1922[22]. Le statut général des fonctionnaires de 1946 reprend le principe de cette interdiction[23].

Les seuls fonctionnaires pour lesquels il semble exister une certaine tolérance sont les universitaires, même si le décret-loi de 1936 prévoit seulement qu'elle puisse leur permettre d'« exercer les professions libérales qui découlent de la nature de leurs fonctions », ce qui ne semble valoir que pour le métier d'avocat pour les juristes ou les activités médicales pour les médecins. Une

---

20 Archives historiques du groupe Crédit agricole, fonds du Crédit lyonnais, DEEF 31651 / 1, rapport annuel SA des automobiles Peugeot, assemblée générale ordinaire, 11 mars 1905.

21 Journal officiel de la République française (JORF), 31 octobre 1936, p. 11360–11363.

22 Houpin, Charles / Bosvieux, Henry: Traité général théorique et pratique des sociétés civiles et commerciales et des associations, Paris 1935, t. 1, p. 209.

23 JORF, loi n° 46–2294 du 19 octobre 1946, p. 8910–8911, art. 9, dans une formulation semblable à la formulation actuellement en vigueur d'après la loi de 1983.

entreprise pharmaceutique comme Rhône-Poulenc a pourtant eu plusieurs professeurs de médecine à son conseil. Si la nomination des deux premiers titulaires, Louis Pasteur Vallery-Radot (1886–1970) et Jean Delay (1907–1987), respectivement en 1959 et 1971 fait suite à leur retraite de la faculté de Paris[24], leur successeur en 1978, Claude Laroche (1917–2003), professeur de pathologie médicale, n'accède à l'honorariat qu'en 1987[25], bien après avoir quitté le conseil de Rhône-Poulenc avec la nationalisation de 1982. L'administration semble avoir fermé les yeux sur un cumul qui n'a probablement pas fait l'objet d'une demande d'autorisation expresse de l'intéressé.

Le passage temporaire dans le privé d'un fonctionnaire

Le statut général de la fonction publique de 1946 prévoit bien pour l'ensemble des fonctionnaires une situation de mise en disponibilité, mais celle-ci ne peut être accordée qu'« à titre exceptionnel pour convenances personnelles » (art. 117), pour une durée maximale de trois années, renouvelable à deux reprises pour une durée égale (art. 118), ce qui permet d'atteindre neuf ans. Ce n'est qu'avec un décret d'application de la loi de 1984 sur la fonction publique que la disponibilité sur demande de l'intéressé peut être accordée pour convenances personnelles sous la seule réserve des nécessités du service (art. 44), ou pour « exercer une activité relevant de sa compétence, dans une activité publique ou privée, à condition [...] que l'intéressé ait accompli au moins dix années de services effectifs dans l'administration ; que l'activité présente un caractère d'intérêt public, à raison de la fin qu'elle poursuit ou du rôle qu'elle joue dans l'économie nationale »[26] (art. 45). Mais, dans les deux cas, la durée ne peut excé-

---

24 Voir leurs biographies sur le site www.pasteur.fr / infosci / archives / pvro.html (consulté le 9 mai 2014) pour le premier – dont le cumul entre 1959 et 1965 avec la fonction de membre du nouveau Conseil constitutionnel ne pose pas de problème vu le caractère peu exigeant de la fonction à l'époque – ; dans Who's who in France, Paris 1987–1988, 19e éd., p. 543 pour le second.

25 Voir sa biographie en ligne sur le site du Who's who, www.whoswho.fr / decede / biographie-claude-laroche_7998 (consultée le 9 mai 2014).

26 JORF, 20 septembre 1985, décret n° 85-986 du 16 septembre 1985 relatif au régime particulier de certaines positions des fonctionnaires de l'État, p. 10813–10818, ici p.

der six ans. La durée maximale est étendue en 2002 à dix ans pour les convenances personnelles, l'article 45 étant en revanche abrogé. Cela laisse le temps au fonctionnaire d'assurer sa situation dans le secteur privé avant de quitter définitivement l'administration.

Avant 1946, les régimes des congés variaient selon les corps. Les inspecteurs des Finances, grands consommateurs de pantouflages, étaient dans une situation peu favorable : la disponibilité pour convenances personnelles accordée sans condition était limitée à un an, celle introduite en 1921 pour « exercer auprès d'établissements publics ou privés une mission représentant un intérêt général » à trois ans[27]. Ensuite, ils devaient obligatoirement démissionner s'ils voulaient rester dans une entreprise, ce qui n'a pas manqué de poser quelques problèmes à certains qui, au moment de la crise des années 1930, pouvaient souhaiter retourner dans le giron de l'État. La porte leur était définitivement fermée.

Les ingénieurs du corps des Mines ou des Ponts et Chaussées étaient, eux, dans une situation plus favorable qui favorisait leurs congés dans le secteur privé et leur retour éventuel dans l'administration. En 1851, un premier décret a prévu, de manière très libérale, pour les ingénieurs des Mines qu'un congé illimité puisse être accordé « pour s'attacher au service des compagnies, prendre du service à l'étranger ou pour toute autre cause »[28] (art. 8 § 1er). En revanche, seules les cinq premières années sont prises en compte pour l'avancement et la retraite. Ces dispositions sont étendues ensuite aux ingénieurs des Ponts. En 1879, un nouveau décret n'accorde plus qu'un congé renouvelable suspendu à l'appréciation d'un « intérêt public » par le ministre, et réservé aux ingénieurs ayant cinq ans d'activité ; en échange, les droits à la retraite et à l'avancement sont conservés[29]. Nouveau changement en 1899, le congé illimité est rétabli, mais les droits à la retraite et à l'avancement conservés pendant cinq ans seulement. La notion d'« intérêt public » qui subsiste est interprétée largement

---

10816.

27   Carré de Malberg, Nathalie : Le Grand État-major financier : les inspecteurs des Finances 1918–1946, Paris 2011, p. 338–339.

28   Bulletin des Lois de la République française, n° 476, 1851, p. 1273, décret du 24 décembre 1851 portant règlement sur le service des Mines.

29   Bulletin annoté des lois et décrets, 30 octobre 1879, p. 310, décret du 30 octobre 1879 relatif au congé renouvelable des ingénieurs des Ponts et Chaussées et des Mines.

par le ministre, de nombreuses activités privées pouvant en relever pourvu qu'elles aient une dimension plus industrielle que financière, et les congés se multiplient. La seule exigence formelle est que l'activité en entreprise ait une dimension technique et pas financière, pour éviter que les ingénieurs ne compromettent leur corps dans des faillites[30]. Charles Ledoux déclare ainsi une fonction de directeur technique lorsqu'il demande un congé renouvelable pour rejoindre Peñarroya en 1882. Il reçoit une rémunération annuelle de 15 000 F, soit deux fois et demi son salaire d'ingénieur en chef ; s'y ajoute un intéressement d'un vingtième des bénéfices dépassant 5 % du capital immobilisé. Le congé est renouvelé à deux reprises avant d'être transformé en congé illimité en 1897. Ledoux se déclare alors directeur tout court de la société ; selon sa notice nécrologique dans les *Annales des mines*, il exercerait en fait la fonction de directeur général de la société depuis 1892[31]. En l'absence d'administrateur délégué, il a, aux côtés du conseil d'administration, la responsabilité de l'ensemble de la gestion quotidienne de l'entreprise. En février 1898, il demande sa mise à la retraite du corps, indiquant que le conseil de Peñarroya vient de le relever de ses fonctions de directeur et qu'il n'exerce plus de fonction active, oubliant d'indiquer qu'il vient d'être nommé administrateur délégué[32]. Sa mise à la retraite de l'administration n'intervient qu'en août 1899.

De même, en 1904, lorsque l'ingénieur François Villain (1863–1940) demande un congé pour être à la fois directeur de la Société lorraine de charbonnages et administrateur de la Société des forges et aciéries du Nord et de l'Est (SFANE), le corps n'est pas dupe : « l'affaire présente un caractère trop aléatoire pour avoir motivé à elle seule la demande de cet ingénieur. M. Villain a surtout en vue les fonctions d'administrateur de la SFANE »[33]. En l'absence de directeur général, il serait comme administrateur délégué amené à s'occuper de la direction des mines de cette importante entreprise sidérurgique, mais l'administration préfère fermer les yeux : « Il a été entendu avec M. le directeur qu'on accorde-

---

30   Thépot (1998): Les ingénieurs, p. 397.

31   Louis Aguillon, notice nécrologique, Annales des mines, 12e série, 1928, tome 13, annales.org / archives / x / ledoux.html (consulté le 9 mai 2014).

32   AN, F14 / 11414, lettre de Ledoux au ministre des Travaux publics, 12 février 1898.

33   AN, F14 / 11635, dossier de carrière François Villain, note de l'inspecteur général [illisible] pour le directeur du personnel, 27 avril 1904.

rait à M. Villain un congé pour prendre la direction des Sociétés lorraines de charbonnages, mais qu'on ne dirait rien de la position d'administrateur des Aciéries de l'Est. » L'autre administrateur délégué qui décède peu après en charge de la branche métallurgique n'étant pas remplacé, Villain se retrouve de fait patron de l'ensemble tout en restant en congé du corps jusqu'en 1921.

Le régime ne se durcit véritablement, face à la multiplication des congés, qu'avec un décret de 1908 : la nouvelle « mise en disponibilité sans traitement pour convenance personnelle » ne fixe pas de condition particulière pour l'activité privée exercée, mais elle n'accorde plus aucun droit à l'avancement et à la retraite, et surtout les ingénieurs dans cette situation sont considérés comme démissionnaires après cinq ans. Mais, face au risque que les démissions se multiplient et que l'administration perde le contrôle qu'elle pouvait exercer sur les carrières privées, l'application des nouvelles dispositions s'avère très souple. L'administration ferme les yeux sur ingénieurs en disponibilité depuis plus de cinq ans, et oublie, à l'image de Villain, de leur demander de démissionner. La volonté de favoriser l'essaimage du corps dans l'industrie l'emporte.

Même après 1946, les ingénieurs des Mines bénéficient jusqu'en 1984 de dispositions dérogatoires en matière de mise en disponibilité : un décret de 1950 prévoit qu'elle soit accordée, non pas seulement à titre exceptionnel comme les autres fonctionnaires, mais « en vue de prêter leur concours à une entreprise relevant de leur compétence technique », ce qui est très large. En revanche, cette disponibilité n'a qu'une durée de cinq années non renouvelable, contre un maximum de neuf ans dans le régime général. Mais, là encore, l'application n'est pas très stricte. L'administration se décide ainsi qu'en 1960 à mettre à la retraite toute une vague d'ingénieurs comme Raymond Vieux (directeur général de la Cie des phosphates de Gafsa), Maurice Borgeaud (directeur général d'Usinor) ou Jean-Jacques Desportes (PDG de Kuhlmann) en congés renouvelés depuis respectivement 1937, 1938 et 1943.

En sens inverse, il existe depuis 1906 une restriction quant à l'activité d'un ingénieur des Mines ou des Ponts et Chaussées qui ferait son retour dans l'administration : « Aucun fonctionnaire ou agent relevant du ministère des Travaux publics ne peut être attaché au service du contrôle ou de la surveillance d'une compagnie dans laquelle il a servi, s'il n'a cessé d'appartenir à cette compagnie depuis cinq ans au moins[34]. » Mais cette disposition n'est guère contraignante, il se trouve toujours suffisamment de postes qu'il puisse occuper. Et avec la nationalisation des chemins de fer en 1937, de l'électricité, du gaz et des mines en 1945–1946, la règle ne s'applique plus dans les nouvelles sociétés nationales qu'il est possible de rejoindre en simple détachement.

L'exercice de fonctions privées après le départ définitif de la fonction publique

Pendant longtemps, les restrictions aux activités que pouvaient exercer un ancien fonctionnaire ne concernaient ceux que en congé ou en disponibilité. Au pire, s'ils ne respectaient pas la réglementation, ils pouvaient être contraints à la sortie prématurée du corps par démission ou mise à la retraite. Ainsi, le décret déjà cité de 1906 prévoit que

> « les ingénieurs […] qui ont participé soit à l'instruction préalable à l'institution ou à la transmission d'une concession, soit au contrôle de la gestion du concessionnaire, ne peuvent entrer au service de ce concessionnaire que lorsqu'un intervalle de cinq ans au moins s'est écoulé depuis qu'ils ont cessé d'être chargés de l'examen des affaires concernant son entreprise. Tout ingénieur […] en congé illimité qui contreviendrait [à ces] prescriptions serait considéré comme démissionnaire »[35].

On retrouve bien l'idée actuelle du risque de conflit d'intérêt possible lorsqu'un contrôleur entre au service de celui qu'il contrôlait, mais la pratique n'est pas formellement interdite pour qui veut bien prendre le risque de quitter définitivement la fonction publique.

Après la sortie du corps, la seule limite légale était l'article 175 de l'ancien code pénal qui sanctionnaient en effet pénalement, d'amende et d'emprisonnement, le fait pour

---

34 Recueil de lois, ordonnances, décrets, règlements et circulaires concernant les différents services du ministère des Travaux publics, 1906, p. 229, décret du 22 mai 1906 relatif au congé illimité des ingénieurs des ponts et chaussées et des mines, art. 2.

35 Ibid., art. 1er.

« tout fonctionnaire public [...], chargé à raison même de sa fonction de la surveillance ou du contrôle direct d'une entreprise privée et qui, [...] pendant un délai de cinq ans après la cessation de la fonction prendra ou recevra une participation par travail, conseils ou capitaux (sauf par dévolution héréditaire en ce qui concerne les capitaux) dans les concessions, entreprises ou régies qui étaient directement soumises à sa surveillance ou à son contrôle. »

Ces dispositions sont reprises dans une formulation voisine dans l'article 432–13 du nouveau code pénal. Mais les poursuites seraient peu fréquentes et les condamnations très rares (seulement 14 condamnations définitives recensées de 1984 à 2006 pour un millier de départs de fonctionnaires civils par an)[36]. De plus, le délai a été réduit à trois ans par une loi du 2 février 2007 sur la « modernisation de la fonction publique »…

Le statut de 1946 prévoyait bien qu'« un règlement d'administration publique définira les activités privées, qu'à raison de leur nature un fonctionnaire qui a cessé définitivement ses fonctions [...] ne pourra exercer » (art. 136) pendant une durée de six ans pour les fonctionnaires de catégorie A, avec la possibilité d'une retenue sur pension, voire déchéance de ses droits pour un retraité, mais le décret d'application n'a jamais été pris[37]. La loi de 1984 sur les fonction publique d'État reprend des dispositions semblables, et il ne faut cette fois-ci attendre que sept ans pour que le décret soit adopté, en 1991 : au-delà des incompatibilités du code pénal, il vise plus largement

« les activités lucratives dans une entreprise privée, lorsque par leur nature ou leurs conditions d'exercice et au regard des fonctions précédemment exercées par l'intéressé, ces activités compromettraient le fonctionnement du service auquel il

---

36 Rapport n° 113 du sénateur Hugues Portelli au nom de la commission des lois sur le projet de loi de modernisation de la fonction publique, 13 décembre 2006, chap. III, www.senat.fr / rap / l06–113 / l06–113.html (consulté le 13 mai 2014).

37 Le décret n° 59–309 du 14 février 1959 relatif au régime particulier de certaines positions de fonctionnaires et à certaines modalités de cessation de fonctions restait muet sur la question, JORF, 20 février 1959, p. 2155–2159.

appartenait, mettraient en cause l'indépendance ou la neutralité de ce service ou porteraient atteinte à la dignité des anciennes fonctions exercées par le fonctionnaire »[38].

Il ne s'agit pas dans ce cas de sanctionner pénalement de telles pratiques, mais de permettre à l'administration en principe obligatoirement informée par l'ancien fonctionnaire pendant cinq ans de l'exercice d'activités privées de les interdire éventuellement, après consultation d'une commission de déontologie… La loi déjà évoquée de 2007 a toutefois fortement restreint le champ d'application : d'une part, le délai de contrôle des activités a été réduit à trois ans, et d'autre part, la saisine de la commission n'a plus été obligatoire que « pour les agents chargés soit d'assurer la surveillance ou le contrôle d'une entreprise privée, soit de conclure des contrats de toute nature avec une entreprise privée ». C'est pourquoi l'administration n'a pas jugé utile en février 2009 de saisir la commission pour François Pérol, secrétaire général adjoint de l'Élysée parti diriger la nouvelle banque BP-CE, issue d'une fusion à l'initiative de l'État : ses responsabilités étaient considérées en tant que membre de cabinet trop générales et pas assez techniques… À la suite de cette affaire, dont l'instruction judiciaire est toujours en cours, Pérol ayant été récemment mis en examen pour prise illégale d'intérêts[39], la loi a été modifiée en août 2009 : il est maintenant prévu que « la saisine de la commission est également obligatoire pour les collaborateurs du Président de la République et les membres d'un cabinet ministériel »[40].

Les rapports annuels de la commission de déontologie depuis 1995[41] permettent de se faire une idée de son activité. Elle est saisie chaque année de plusieurs centaines de dossiers de départ dans le privé pour la seule fonction publique d'État, mais le nombre d'avis d'incompatibilités semble très faible, de l'ordre de 1 à 2 % des cas examinés. Plus fréquents (entre un quart et tiers

---

38 Décret n° 91–109 du 17 janvier 1991 pris pour l'application de l'article 72 de la loi du 11 janvier 1984, art. 1er, JORF, 29 janvier 1991, p. 1502.

39 « Mis en examen pour prise illégale d'intérêt, M. Pérol entend rester à la tête de la BPCE », Le Monde, 7 février 2014 (consulté en ligne sur www.lemonde.fr).

40 Loi n° 2009–972 du 3 août 2009 relative à la mobilité et aux parcours professionnels dans la fonction publique, art. 17, JORF, 6 août 2009, p. 13116.

41 Intégralement consultables en ligne, www.fonction-publique.gouv.fr / fonction-publique / carriere-et-parcours-professionnel–16 (consulté le 13 mai 2014).

de l'ensemble des dossiers) seraient les avis de compatibilité avec réserves. Parmi les quelques fonctionnaires supérieurs concernés, on peut citer le cas d'un ancien préfet devenu conseiller du PDG d'un groupe de construction et d'exploitation d'autoroutes, qui doit s'abstenir d'intervenir pendant trois ans au profit des sociétés du groupe auprès des autorités administratives dans la seule région où il exerçait[42].

Les hauts fonctionnaires, en particulier les membres des grands corps, ne sont pas les plus touchés par ces dispositions, souvent d'application trop étroite pour ces responsables généralistes ; elles concernent plus les techniciens. Les entreprises, lorsqu'elles embauchent un ingénieur des Mines ou un inspecteur des Finances, ne le recrutent pas pour un réseau ou une compétence précis dans un service ou domaine particulier. Elles font appel à des dirigeants polyvalents qui ont des entrées dans l'ensemble des services de l'État. Même lorsqu'il n'existait pas ces dispositions, il n'y avait souvent pas de lien direct entre l'activité administrative et la branche choisie dans le privé. La preuve d'un conflit d'intérêt reste donc difficile à établir. Des affaires en cours, comme celles de François Pérol ou Aquilino Morelle qui touchent aussi bien la présidence Sarkozy que celle de François Hollande, montrent cependant l'actualité de la question.

Conclusion

La question d'un possible conflit d'intérêt entre ses missions administratives antérieures et ses nouvelles activités privées se pose particulièrement pour les hauts fonctionnaires français, amenés depuis longtemps, sans que cela ait nécessairement de lien avec le périmètre du secteur public au fil des nationalisations ou des privatisations, à poursuivre de belles carrières dirigeantes dans les grandes entreprises, dans une ampleur qui n'a pas d'équivalent dans les autres pays. L'interdiction de le faire concomitamment, même sous la forme accessoire d'un mandat d'administrateur, a fini par s'imposer au XXe siècle au

---

42   Avis n° 11.A035 du 16 février 2011, Commission de déontologie de la fonction publique: Accès des agents publics au secteur privé, rapport au Premier Ministre, Paris 2011, p. 32.

moins. Mais la question a continué de se poser après une sortie provisoire ou définitive de la fonction publique. Les administrations de tutelle ont toujours eu une politique hésitante en la matière. Longtemps, elles se sont contentées d'exiger la démission d'un fonctionnaire qui ne respectait pas les règles des congés. Aujourd'hui, les restrictions au passage dans le privé peuvent viser même le fonctionnaire démissionnaire. Mais l'application s'avère plutôt souple voire laxiste ; l'État a, surtout dans le contexte budgétaire actuel, de moins en moins les moyens d'offrir des carrières attractives à tous les hauts fonctionnaires qu'il recrute dans les grands corps ; s'il veut continuer d'attirer à travers ses concours les meilleurs éléments d'une génération, il doit leur offrir des portes de sortie, qui contribuent par ailleurs à maintenir des liens avec les entreprises.

Ehrbare Kaufmänner und unlauterer Wettbewerb
Der Verein gegen das Bestechungsunwesen 1911–1935

Volker Köhler und Anna Rothfuss

Das frühe 20. Jahrhundert war für Europa und besonders Deutschland eine Zeit des politischen Umbruches. Es war geprägt von dem Ersten Weltkrieg und der Weltwirtschaftskrise, aber auch von Kontinuitätslinien in der Wirtschaft. Lenkt man den Fokus der historischen Analyse auf das Phänomen der Korruption, so lassen sich die ersten drei Jahrzehnte des 20. Jahrhunderts als eine Abfolge großer Korruptionsskandale betrachten: Kornwalzer (1913), Barmat (1924/25) oder auch Sklarek (1929–32) waren Korruptionsfälle, die von einer breiten Öffentlichkeit, im Parlament und in den Zeitungen intensiv debattiert wurden.[1] Doch die politische Presse und die Bühne des Reichstages waren nicht die einzigen Orte, an denen über Korruption gesprochen wurde. Neben großen Skandalen gab es noch andere Modi der Korruptionskommunikation. Wir möchten in diesem Aufsatz ein Beispiel aus dem Bereich der Wirtschaft und des organisierten Lobbyismus vorstellen. Es handelt sich um den 1911 gegründeten Verein gegen das Bestechungsunwesen. Der Verein, wie

---

[1] Zur Verbindung von Korruption / Skandal und politisch-medialem Diskurs: Bösch, Frank: Grenzen des »Obrigkeitsstaates«. Medien, Politik und Skandale im Kaiserreich, in: Müller, Sven Oliver / Torp, Cornelius (Hg.): Das Deutsche Kaiserreich in der Kontroverse, Göttingen 2009, S. 136–153; Bösch, Frank: Öffentliche Geheimnisse. Skandale, Politik und Medien in Deutschland und Großbritannien 1880–1914, München 2009; Kohlrausch, Martin: Medienskandale und Monarchie. Die Entwicklung der Massenpresse und die »große Politik« im Kaiserreich, in: Requate, Jörg (Hg.): Das 19. Jahrhundert als Mediengesellschaft. Les médias au XIXe siècle, München 2009, S. 116–132; Geyer, Martin H.: Der Barmat-Kutisker-Skandal und die Gleichzeitigkeit des Ungleichzeitigen in der politischen Kultur der Weimarer Republik, in: Daniel, Ute (Hg.): Politische Kultur und Medienwirklichkeiten in den 1920er Jahren, München 2010, S. 47–80; Das Parlament als Ort der Korruptionskommunikation: Mergel, Thomas: Parlamentarische Kultur in der Weimarer Republik. Politische Kommunikation, symbolische Politik und Öffentlichkeit im Reichstag, Düsseldorf 2002, S. 377–384.

er im Folgenden genannt wird, war ein Unikum in der politisch aufgeladenen Korruptionskommunikation des frühen 20. Jahrhunderts. Das Beispiel des Vereins belegt, dass Korruptionskommunikation weder auf Skandale noch auf eine breite mediale Wahrnehmung angewiesen war, um wichtige Zwecke zu erfüllen.[2] Vielmehr gelang es dem Verein durch eine Fokussierung auf juristische Normen, wirtschaftliche Praxis und gezielte Interessenvertretung bei politischen Amts- und Mandatsträgern seine Ziele durchzusetzen und seine Agenda zu verbreiten.

Auf den folgenden Seiten sollen sein Vorgehen und seine Ziele als Beispiel einer sehr spezifischen Korruptionskommunikation vorgestellt werden. Die Analyse orientiert sich an verschiedenen W-Fragen (Wer? Was? Wie? Wo und schlussendlich resümierend Warum?). Mit Hilfe dieses Fragenkatalogs kann der Charakter des Vereins nachgezeichnet werden. Um adäquate Antworten auf diese Fragen geben zu können, muss man sich vorab im Klaren darüber sein, mit welchen Werkzeugen und aus welchen Blickwinkeln man sie zu beantworten sucht. Daher sollen zunächst zentrale Begriffe sowie der zeitliche Kontext geklärt werden. So ist zu definieren, was unter Korruptionskommunikation verstanden werden soll. Der Begriff stammt aus der historischen Korruptionsforschung, wie sie in kulturgeschichtlicher Perspektive seit 2006 vor allem von Jens Ivo Engels vorangetrieben, aber gerade auch im Hinblick auf kommunikative Aspekte durch Niels Grünes systemtheoretischen Ansatz sinnvoll ergänzt wurde.[3] In dem sich daraus ergebenden Gedankengebäude

---

2   Zur erfolgreichen Instrumentalisierung von Korruption durch Skandalierung, vgl. beispielhaft: Klein, Annika: Korruption und Korruptionsskandale in der Weimarer Republik, Göttingen 2014 (= Schriften zur politischen Kommunikation 16).

3   Unter anderem: Engels, Jens Ivo: Politische Korruption in der Moderne. Debatten und Praktiken in Großbritannien und Deutschland im 19. Jahrhundert, in: Historische Zeitschrift 282 (2006), S. 312–350; Grüne, Niels: »Und sie wissen nicht, was es ist«. Ansätze und Blickpunkte historischer Korruptionsforschung, in: Slanička, Simona / Grüne, Niels (Hg.): Korruption. Historische Annäherungen an eine Grundfigur politischer Kommunikation, Göttingen 2010, S. 11–34; Grüne, Niels: »Gabenschlucker« und »verfreundete rät»- Zur patronagekritischen Dimension frühneuzeitlicher Korruptionskommunikation, in: Asch, Ronald G. / Emich, Birgit / Engels, Jens Ivo (Hg.): Integration, Legitimation, Korruption. Politische Patronage in Früher Neuzeit und Moderne, Frankfurt a.M. 2011, S. 215–232.

ist Korruption ein Aushandlungsphänomen (moderner) Gesellschaften.[4] Korruption ist in dieser Konzeption immer Zuschreibung, niemals Praktik.[5] Kommunikation über Korruption ist demnach die Verständigung über gemeinsame Normen in verschiedenen Teilsphären der Gesellschaft. Eine dieser Teilsphären umfasst die Wirtschaft, zu der auch der Verein gehörte. Im Rahmen seiner Korruptionskommunikation versuchte er primär Handlungsnormen für richtiges Wirtschaften festzulegen und aus seiner Sicht falsche oder unvorteilhafte Wirtschaftsweisen durch den Korruptionsvorwurf zu delegitimieren. Das war insofern bedeutend, als dass sich die großen Korruptionsskandale der Zeit, besonders der Weimarer Republik, nicht mit *wirtschaftlichen,* sondern mit *politischen* Systemfragen beschäftigten, vor allem der Frage, ob die Eliten des Kaiserreichs bzw. die Republik selbst korrupt seien. Der Verein bediente sich dagegen einer juristischen Sprache und eines Rekurses auf Rechtsnormen, die infolge sich wandelnder soziopolitischer und wirtschaftlicher Rahmenbedingungen entstanden.

Durch die zunehmende Industrialisierung der deutschen Wirtschaft und vor allem durch die Herausforderungen und Chancen des entstehenden, mit der Reichseinigung 1871 vollendeten, nationalen Binnenmarktes, entstand eine neue Wettbewerbssituation. Wirtschaftsvertreter pochten früh auf eine Vereinheitlichung der Regeln auf diesem neuen Spielfeld. Dabei taten sich besonders kleine und mittelständische Unternehmen hervor, die bereits in den 1880er Jahren begannen, sich in Vereinen und Verbänden zu organisieren, um für die Schaffung neuer gesetzlicher Regelungen für den Wettbewerb in der wirtschaftlichen Sphäre einzutreten.[6] Diese Versuche blieben nicht ungehört

---

4   Das Gedankengebäude ist vor allem auf zwei Konferenzen entstanden, deren Tagungsbände vorliegen: Engels, Jens Ivo / Fahrmeir, Andreas / Nützenadel Alexander (Hg.): Geld, Geschenke, Politik. Korruption im neuzeitlichen Europa, München 2009 (= Historische Zeitschrift, Beihefte, Band 48); Grüne / Slanička (2010): Korruption.

5   Diese Bemerkung basiert auf der von Jens Ivo Engels vorgebrachten analytischen Unterscheidung von Debatten und Praktiken bei der Untersuchung von Korruptionsphänomenen: Engels (2006): Politische Korruption in der Moderne.

6   Archivmaterialien zu diesen frühen Verbänden sind leider nur noch vereinzelt vorhanden. Nachweisen lässt sich der Verein gegen Unwesen in Handel und Gewerbe in Dresden (Nachweis 1881), der Verein gegen Unwesen in Handel und Gewerbe zu Hamburg (Nachweis 1894) und der Verein gegen Unwesen in Handel und Gewerbe

und fanden 1896 im sogenannten Gesetz gegen den unlauteren Wettbewerb (UWG) Ausdruck. Doch auch dieses Gesetz ging Vertretern der Wirtschaft aufgrund seines sehr spezifischen Anwendungsbereiches nicht weit genug.[7] 1909 kam es daher zu einer Novelle, die eine Erweiterung der Tatbestände vorsah und erstmals auch Angestelltenbestechung verfolgbar machte.[8] Während der Lesungen im Reichstag wurde eine Generalklausel als § 1 hinzugefügt, welche es erstmals Gerichten ermöglichte, „im geschäftlichen Verkehr zu Zwecken des Wettbewerbs" vorgenommene Verstöße „gegen die guten Sitten" im Rahmen des eigenen Ermessens zu ahnden.[9] Als unlauterer Wettbewerb im Wortlaut dieses Gesetzes galt neben Delikten wie Inseratenschwindel (§ 3) oder irreführende Ausschreibungen von Rabattaktionen (§ 7–9) vor allem Bestechung im Wirtschaftsbetrieb (§ 12). Bestechung von nicht im öffentlichen Dienst stehenden Angestellten oder Beamten war damit erstmals Straftatbestand.[10] Allerdings wurde dieser nicht zwangsläufig unter Führung der Staatsanwaltschaft, sondern vor allem auf dem Weg einer aufwändigeren Privatklage (§ 22, dritter Satz), verfolgt. Auch blieb der Kreis der Klagebefugten

---

Köln (Eintragung in das Vereinsregister 1903, der Verein selbst sieht seinen Ursprung aber bereits 1885: Löhr, Hanns: Von 1885 bis 1985. Darstellung der Entwicklung des Vereins gegen Unwesen in Handel und Gewerbe Köln e.V, in: 100 Jahre Verein gegen Unwesen in Handel und Gewerbe Köln e.V. 1885–1985, o.O. 1985, S. 3–36.

7   Zu diesen spezifischen Anwendungsbereichen gehörten beispielsweise unlautere Angaben über Produkte oder Angebote. Es gab keine Generalklausel, welche es den Richtern ermöglicht hätte, Praktiken, die nicht durch das Gesetz verboten wurden, nach eigenem Ermessen zu ahnden.

8   Zu der Debatte und zeitgenössischen Stimmen zu der Novelle beispielhaft: Rosenthal, Alfred: Die Novelle wider dem unlauteren Wettbewerb. Warnungen und Vorschläge, Mannheim 1908, S.19–21; Verhandlungen des Deutschen Reichstages, 193. Sitzung, 25.1.1909, S. 6528–6552.

9   Verhandlungen des Deutschen Reichstages, 193. Sitzung, 25.1.1909, S. 6528–6552 und 259. Sitzung 17.5.1909, S. 8489–8499; für den Gesetzestext vgl. Baumbach, Adolf: Das gesamte Wettbewerbsrecht. Systematischer Kommentar zum Wettbewerbsgesetz, Warenbezeichnungsgesetz und den einschlägigen Vorschriften anderer Gesetze, erw., überarb, Berlin 1931[2]; zur Anwendung der Generalklausel: Fuld, Ludwig: Die Rechtsprechung zu dem Reichsgesetze gegen den unlauteren Wettbewerb, Hannover 1914, S. 1–44.

10   Weitere Paragraphen des UWG, welche Strafbestimmungen enthielten, waren: §4, 6, 8, 10, 15, 17, 18, 20.

eingeschränkt. Nur dem geschädigten Wettbewerber oder Verbänden zur Förderung gewerblicher Interessen wurde der Gang vor das Gericht eingeräumt (§ 22). Vor diesem Hintergrund gründete sich der Verein am 6. Mai 1911 in Berlin. Wie er in seinem „Aufruf zum Beitritt" schrieb, ging es ihm vor allem darum, dem „einzelne[n] Industrielle[n] und Kaufmann" „Selbsthilfe" zu ermöglichen das heißt, besser gegen Verstöße gegen das UWG vorzugehen. Der Verein sah sich dazu berufen, eine „Verbreitung" der Gesetzeskenntnisse sicherzustellen und Anlauf- und Sammelstelle für allerlei Probleme mit dem „Bestechungsunwesen" zu sein.[11]

Der Verein reihte sich damit in die Folge von Vereins-, Verbands, und Klubgründungen ein, welche den stetig zunehmenden Organisationsgrad der modernen Wirtschaft begleiteten. Er steht damit beispielhaft auch für die im Kaiserreich zunehmend selbstbewusster auftretende Wirtschaftswelt.[12] Nach dem politischen Systemwechsel 1918 / 19 konnte der Verein seine Rolle im Geflecht der deutschen Wirtschaftsverbände weiter erhalten. Während unzählige Akteursgruppen in medial zugespitzten (Korruptions-)Debatten um die Deutungshoheit über das politische System kämpften, zog sich der Verein auf die gesetzlichen Vorgaben des Strafgesetzbuches zurück und blieb dieser Linie bis in den Mai 1935 treu, als er durch die Nationalsozialisten in den „Verein gegen Bestechung" umgewandelt wurde.[13] Somit war der Verein ein interessantes Beispiel von organisatorischer Kontinuität: Er gründete sich im Kaiserreich, blieb während des Ersten Weltkrieges aktiv und konnte seine Nische auch in der Zeit der Weimarer Republik verteidigen. Ausschlaggebend dafür war vor allem auch die soziale Zusammensetzung und Beständigkeit seiner Mitglieder, auf die wir im Folgenden zu sprechen kommen wollen.

---

11 Vereinsmitteilungen Nr. 1 (30.10.1911), S. 2. Vereinsmitteilungen im Folgenden VM.

12 Ullmann, Hans-Peter: Interessenverbände in Deutschland, Frankfurt a.M. 1988, v.a. S. 9–123.

13 VM, Nr. 76 (4.6.1933), S. 1154–1155. bzw. Vereinsmitteilungen des Vereins gegen Bestechung (VMVGB), Nr. 1 (23.7.1935), S. 1.

Wer war der Verein gegen das Bestechungsunwesen?
Mitgliederstruktur und Führung

Bei Gründung gehörten dem Verein insgesamt 835 Mitglieder an. Die Zusammensetzung entsprach einem bunten Strauß „aus 3 Staatsbehörden, 10 Städten, 14 Handelskammern, 51 Verbänden und Vereinen, 752 Industrie- und Handelsbetrieben und 5 anderen (Generalsekretäre, Rechtsanwälte, Syndici).“[14] In den Folgejahren wuchs die Mitgliederzahl beständig an. Schon im Oktober 1915 war sie auf 1413 Mitglieder gestiegen, zwölf Jahre später, 1927, benannte die Statistik als Höhepunkt 1606 Mitglieder, bevor es im Zuge der Weltwirtschaftskrise zu einem Einbruch der Zahlen kam. 1930 hatte der Verein 1409 Mitglieder und diese Zahl sank in den Folgejahren bis auf den Tiefpunkt von 774 im Dezember 1933, um sich dann bis zum Mai 1935 auf hohem dreistelligem Niveau einzupendeln.[15] Rein quantitativ bildeten kleine und mittlere Betriebe Zeit seines Bestehens das Fundament des Vereins. Betrachtet man den auf den Versammlungen gewählten Ausschuss, so lässt sich das Bild verfeinern. In diesem Exekutivorgan saßen etwa 50 Vertreter. Auffällig ist, dass es zwar einerseits viele Veränderungen bei den gewählten Ausschussmitgliedern gab, die Vertreter der Chemieindustrie aber kontinuierlich einen der beiden größten Blöcke im Ausschuss stellten, während andere Industriezweige einmal mehr, einmal weniger prominent vertreten waren.[16] Ergänzt man diesen Befund nun um die Erkenntnis, dass die Vorsitzenden des Vereins, Dr. Heinrich von Brunck, Robert Hüttemüller, Lothar Brunck und Dr. Lothar Buhl, alle in leitender Position bei der BASF beschäftigt waren, ergibt sich das Bild eines stark von der chemischen Industrie beeinflussten Verbandes[17]. Diesen Eindruck verstärkt, dass bereits 1904 erste Initiativen einer solchen Vereinsgründung von der Handelskammer Ludwigshafen ausgingen, in der

---

14   VM Nr. 1 (30.10.1911), S. 4.
15   Für die Mitgliederzahlen: VMVGB Nr. 11 (23.7.1935), S. 2. Dass die Weltwirtschaftskrise dem Verein zu schaffen machte, belegen auch Aufrufe, die gerade in Zeiten der Krise die Korruptionsbekämpfung als zentrales Anliegen der Unternehmer anpreisen: „An unsere Mitglieder!", in: VM Heft 70 (6.10.1931), S. 1097f.
16   Vgl. dazu Mitgliederstatistiken von 1912, 1927 u. 1930: StaBi Berlin: Fn 3346 / 1.
17   Die BASF ging 1925 in die IG Farben auf.

auch die BASF federführend vertreten war.[18] Von der hohen Bedeutung der Chemieindustrie für den Verein zeugen weiterhin Briefe, welche 1926 vom Aufsichtsratsvorsitzenden der IG Farben Carl Duisberg archiviert wurden. Sie dokumentieren den Disput über den sogenannten Verpflichtungsschein, ein Instrument des Vereins, welches später noch detailliert beschrieben wird. An dieser Stelle reicht es zu bemerken, dass der Schein inner- und außerhalb des Vereins von Vertretern der Elektro- und Maschinenindustrie abgelehnt, von Vertretern der chemischen Industrie aber befürwortet wurde. Der schwelende Konflikt eskalierte, als es dem Verein gelang, den Verpflichtungsschein in das offizielle Auftragsvergabeprocedere des Reichsfinanzministeriums zu integrieren.[19] In der Folge konnte sich die ablehnende Haltung der elektrischen und Maschinenindustrie auch innerhalb des Reichsverbandes der deutschen Industrie (RDI) durchsetzen, obwohl dessen Vorsitzender Carl Duisberg war. Somit hatten es die Vertreter der Elektro- und Maschinenindustrie geschafft, einen einflussreichen Fürsprecher für sich zu gewinnen, wie in einem RDI-Rundschreiben von 1926 deutlich wurde. In diesem wertete man den Verpflichtungsschein als „unwürdig" ab, da er eine „seriöse Firma" dazu nötige, das eigentlich Selbstverständliche, nämlich das Einhalten der Gesetze, zu bescheinigen.[20] Aufgrund dieses Stimmungsumschwunges im RDI, des größten deutschen industriellen Interessenverbandes, konnte der Verein nun nicht weiter auf seinen Anfangserfolg im Reichsfinanzministerium aufbauen. Er sah sich im Gegenteil sogar genötigt den Schein inhaltlich abzuschwächen, um seinen größten Kritikern den Wind aus den Segeln zu nehmen und dessen Anwendung zu gewährleisten. Auch innerhalb des Vereins kam es durch diesen Konflikt zu Veränderungen. So trat Siemens-Ingenieur Carl Köttgen als Vertreter der elektrischen Industrie aus dem Vorstand des Vereins zurück, da seine „Stellung als Vorstandsmitglied [...] reichlich unbequem" wurde.[21] Gegenüber Duisberg gab Köttgen zu, dass es für ihn unmöglich sei, eine Stel-

---

18 Kontze, Fr.: Das Bestechungsunwesen in Handel und Verkehr. Mit Berücksichtigung der deutschen und der neuen ausländischen Gesetzgebung, München 1907, S. 6.

19 Zur Ablehnung der Elektro-und Maschinenindustrie: Bayer Werksarchiv, Bestand 28/14, vor allem Brief vom 2.12.1926 (RDI-Rundschreiben). Wir danken Annika Klein für den Hinweis auf diesen Quellenbestand.

20 Bayer Werksarchiv, Bestand 28/14. Anlage zum Brief des RDI vom 8.12.1926.

21 Bayer Werksarchiv, Bestand 28/14. Briefwechseln Köttgen-Duisberg vom 22.12.1926.

lung im Vorstand des Vereins innezuhaben, da diese zur ständigen Konfrontation mit den dort ebenfalls befindlichen Vertretern der IG Farben führe und somit mittelfristige die guten Geschäftsbeziehungen zwischen Siemens und dem Chemie-Trust zu trüben drohe.[22]

Wenn auch in diesem Fall unterlegen, so zeigt sich der Verein doch als Werkzeug der Chemieindustrie im Machtkampf der verschiedenen Industriezweige. Über den Verein konnten grundlegende Richtungsstreits mitausgetragen werden, ohne dass diese direkten Einfluss auf die Geschäftsbeziehungen genommen hätten. So trat Carl Köttgen zurück, bevor die Diskussionen über den Verpflichtungsschein zu Verstimmungen im täglichen Geschäftsverkehr führen konnten.

Der Verein fungierte also durch alle politischen Brüche des frühen 20. Jahrhunderts hinweg als Interessenvertretung der Chemieindustrie und mittelgroßer Betriebe anderer Branchen, welche sich unter dem Banner der Bestechungsbekämpfung zusammentaten. Somit illustriert der Verein beispielhaft die Beharrungskraft und Adaptionsfähigkeit bürgerlicher Eliten in einer sich stark wandelnden politischen Umwelt zu Beginn des 20. Jahrhunderts, die unter anderem Charles S. Maier und Moritz Föllmer in ihren Studien herausgearbeitet haben.[23]

Was kommunizierte der Verein? Ziele unternehmerischer Interessenpolitik

Doch was hielt die Ansammlung von Kommunen, Verbänden und Kleinbetrieben zusammen? Was war das gemeinsame Leitbild? Zunächst war dies in der Tat der juristische Kampf gegen Bestechung. Der Verein, als klageberechtigter Verband, bot seinen Mitgliedern die Möglichkeit, bei Verstößen gegen das UWG stellvertretend vor Gericht zu ziehen. Zugleich transportierte der Verein eine positive, gesamtgesellschaftliche Botschaft. Aufbauend auf zeitgenössischen Vorstellungen vom „ehrbaren Kaufmann" sowie später auch dem

---

22 Ebd.
23 Föllmer, Moritz: Die Verteidigung der bürgerlichen Nation. Industrielle und hohe Beamte in Deutschland und Frankreich 1900–1930, Göttingen 2002; und klassisch: Maier, Charles S.: Recasting bourgeois Europe, Princeton 1981.

Weimarer Diskurs über die Gesundung des „Volkskörpers", präsentierte sich der Verein auf den Jahreshauptversammlungen, vertreten vor allem durch Justizrat Ludwig Fuld aus Mainz, als Kämpfer für eine gute Sache.[24] Das Selbstbild des Kämpfers passte der Verein dabei fortwährend seiner politischen Umgebung an. Während im Kaiserreich der Kampf gegen Bestechung innerhalb der Privatwirtschaft im Vordergrund stand, änderte sich dies in den letzten Jahren des Ersten Weltkrieges und den Umbruchsjahren 1918 / 19. Es rückten nun die Verflechtungsprozesse zwischen Privatwirtschaft und Staat in den Mittelpunkt der Kritik. „Schiebereien" und Bestechung von Kriegswirtschaftsorganisatoren wurden kritisiert.[25] Schon bald verschob sich der Fokus noch weiter in Richtung staatliche Sphäre. Auch unter Eindruck des Erzberger-Helfferich-Prozesses (1919), in dem die Beziehungen des Parlamentariers Matthias Erzberger mit wirtschaftlichen Betrieben öffentlich problematisiert wurden, kritisierte der Verein bis in die Mitte der 1920er Jahre Bestechlichkeit von Parlamentariern und Beamten.[26] Die republikanische Verwaltung wurde dabei unvorteilhaft kontrastiert mit dem aus der Zeit vor 1918 übernommenen Topos des unbestechlichen preußischen Beamten, oder gar als „Verwüstung staatlicher Autorität" dargestellt.[27] Auch die in den Blick genommenen Einzelfälle beschäftigten sich in jener Zeit mit der Bestechung von Staatsbeamten, bevor der Verein

---

24 Für den „ehrbaren Kaufmann" den Artikel Dosenheimers: VM Nr. 10 (6.6.1914), S.195–198; zur Geschichte des „ehrbaren Kaufmanns": Klink, Daniel: Der ehrbare Kaufmann, Berlin 2007, Diplomarbeit, Institut für Management, Humboldt-Universität zu Berlin, http://www.der-ehrbare-kaufmann.de/files/der-ehrbare-kaufmann.pdf (28.02.2014 15:43Uhr); für den Bezug auf den Volkskörper-Diskurs die Rede Fulds auf der Jahreshauptversammlung 1925, in: VM Nr. 49 (12.7.1925), S.839–841; für den Diskurs des „kranken Volkskörpers" im Allgemeinen: Moritz Föllmer: Der »kranke Volkskörper«. Industrielle, hohe Beamte und der Diskurs der nationalen Regeneration in der Weimarer Republik, in: Geschichte und Gesellschaft 27 (2001), S. 41–67.

25 Zu Kriegswirtschaft und Korruption: Kroeze, Ronald / Klein, Annika: Governing the First World War in Germany and the Netherlands. Bureaucratism, Parliamentarism and Corruption Scandals, in: Journal of Modern European History 11 (2013), S. 109–129; für die Kritik in den Vereinsmitteilungen vgl. unter anderem VM Nr. 20 (12.12.1916), S. 327–332; VM Nr. 24 (18.5.1917), S. 358.

26 Was im Übrigen nicht unter das UWG fiel, sondern durch die §§ 331–335 des StGB abgedeckt wurde.

27 VM Nr. 34 (10.11.1919), S. 447; VM Nr. 37 (22.7.1920), S. 447, 478 und 483.

sich dann Ende der 1920er Jahre wieder stärker auf Verstöße gegen das UWG konzentrierte.[28] Bei allen Bezügen zu gesamtgesellschaftlichen Debatten und Moralvorstellungen blieb der Verein jedoch immer auf dem Boden des Wirtschaftsrechtes verhaftet. So argumentierte Fuld 1919 gegen eine Einverleibung des UWG in das zu reformierende Strafgesetzbuch, da er gerade im Hinblick auf den Bestechungsparagraphen 12 die Strafnorm zwar aufrechterhalten wolle, aber doch die Verankerung im Wirtschaftsrecht für unauflöslich hielt. Er plädierte in diesem Sinne auch gegen ein Anklagemonopol der Staatsanwaltschaft und wollte das im UWG eingeräumte Verbandsklagerecht auf Bestechungsfälle gegen Beamte ausdehnen.[29]

Resümiert man diese verschiedenen Aspekte der Selbstdarstellung des Vereins, erscheint das Bild eines im juristischen Diskurs argumentierenden, wirtschaftlich orientierten Verbands. Dessen Ziel war es, die eigene Idee vom richtigen Wirtschaften durchzusetzen und damit einen nach einheitlichen Spielregeln funktionierenden Wirtschaftsraum zu schaffen. Oberster Richter dieses Raumes war jedoch nicht zwangsläufig der Staat, sondern die im Verein organisierten Vertreter der Wirtschaft. Der Verein betrachtete die Wirtschaft dabei als eigenständigen Raum mit spezifischen Regeln, wie das Bemühen zeigte, das UWG nicht im neuen Strafgesetzbuch aufgehen zu lassen. Sein Streben, die eigenen Ideen mit den normativen Diskursen der Zeit (Kaufmann, Volksgemeinschaft) zu verbinden, demonstrierte gleichzeitig aber auch, dass er das Funktionieren der Wirtschaft als gesamtgesellschaftlich wichtiges Phänomen begriff.[30]

---

28   Unter anderem: „Ausbreitung der Bestechung unter den Beamten", in: VM Nr. 37 (22.7.1920), S. 447.

29   VM Nr. 34 (10.11.1919), S. 449.

30   Dieser Befund deckt sich mit Konzept der Ordnungsethik, also den überwölbenden, gesamtgesellschaftlichen Ordnungs- und Gemeinwohlbegriffen, unter die sich auch Unternehmen einzuordnen haben. Vgl. den Beitrag von Engels / Ostendorf in diesem Band.

Wie kommunizierte der Verein? Vorgehensweise und Strategien

Seine Vorstellung von richtigem Wirtschaften suchte der Verein auf unterschiedliche Art und Weise zu vermitteln. Hauptinstrument waren dabei die sogenannten *Vereinsmitteilungen*, die zwischen Oktober 1911 und Mai 1935 in unregelmäßigen Abständen mehrmals im Jahr erschienen. Auch während des Ersten Weltkriegs wurden die Zeitschriften weiter veröffentlicht, 1917 sogar mit beispielloser Häufigkeit von sieben Ausgaben im Jahr.[31] Die *Mitteilungen* selbst geben keinen Hinweis darauf, in welcher Auflage sie publiziert wurden, sicher ist jedoch, dass sie sich nicht an eine breite Öffentlichkeit richteten, sondern vor allem unter den Mitgliedern zirkulierten. Die Zeitschrift diente dabei der Weitergabe von organisatorischen Nachrichten und der Berichterstattung über die Entwicklung des Vereins und seines Engagements. So war der jährliche Report über die Hauptversammlung fester Bestandteil und der Vorstand berichtete regelmäßig über den Kontakt zu ausländischen Ligen, die Repräsentation des Vereins im Ausland oder den Kontakt zu Handelskammern, Verbänden und Ministerien.[32] Letztere waren für den Verein gleich in mehrerlei Hinsicht von großer Bedeutung, denn der Verein unternahm selbst kaum Anstrengungen Mitglieder zu werben oder durch außenwirksame Maßnahmen, wie beispielsweise Presseberichterstattung potentielle Interessenten auf sich aufmerksam zu machen.[33] Bei der Mitgliederwerbung vertraute er hauptsächlich auf die Mittlerrolle der Handelskammern und Branchenverbände, die er aufforderte, für sich zu werben „und gleichzeitig dahin [zu]wirk[...]en, dass

---

31 VM Nr. 21–27, Jahrgang 1917.

32 Beispielhaft zur Situation in England: VM Nr. 65 (16.6.1930), S. 1060; zur Situation in Österreich und Ungarn: VM Nr. 41 (14.12.1921), S. 627; zur internationalen Vernetzung beispielhaft Österreichischer Verein gegen das Bestechungsunwesen: VM Nr. 44 (2.1.1923), S. 714; Bericht über den Internationalen Kongress der Handelskammern und wirtschaftlichen Verbände (8.–12.7.1914) und über die Rede des ersten stellvertretenden Vorsitzenden Herrn Waldschmidt vor der Versammlung der Londoner Chamber of Commerce (22.6.1914): VM Nr. 11 (15.7.1914); zum Londoner Kongress 1926: VM Nr. 51 (29.3.1926), S. 895; VM Nr. 52 (25.11.1926), S. 927f.

33 Über die Beziehung des Vereins zur Presse unter anderem: VM Nr. 3 (1.7.1912), S. 48f; Jahresbericht und Erklärung der Hauptversammlung vom 22. Oktober 1919, in: VM Nr. 34 (10.11.1919), S.450–453, bes. S. 453, Spalte 4.

der Beitritt aller einem Verband angehörigen Firmen geschlossen erfolgt."[34] Weiterhin waren Handelskammern, Verbände und Ministerien für den Verein ideale Kommunikationsträger, die es ermöglichten, seine ökonomischen Wertvorstellungen direkt an Geschäftstreibende heranzutragen und um deren Akzeptanz und Anwendung zu werben. In ausgreifenden Artikeln vermittelten aktive Mitglieder den Wertehorizont des Vereins.[35] Um leichten Zugang zu diesen Inhalten zu schaffen, nahmen sie dabei, wie bereits erwähnt, Bezug auf zeitgenössische Korruptionsdebatten und gesellschaftliche Diskurse. Die zentralen Bezugspunkte blieben aber stets die strafrechtlichen Bestimmungen. Folglich war es den Autoren gerade in den Anfangsjahren wichtig, die Möglichkeiten des UWG im Kampf gegen Bestechung hervorzuheben. Daher wurde das Gesetz wiederholt in den *Vereinsmitteilungen* thematisiert und seine Auslegung und Anwendung erläutert.[36] Im Vordergrund standen hierbei die §§ 12 und 13. Während § 12 die Bestechung im geschäftlichen Verkehr unter Strafe stellte, erläuterte § 13 die Möglichkeiten betroffener Gewerbetreibender und Verbände, zivilrechtlich Unterlassung zu erstreiten.[37] Unterstützend bot der Verein kostenlose Vorträge und Informationsmaterial an.[38] Die so vermittelten juristischen Grundkenntnisse sollten Mitgliedern erlauben, bei Bedarf selbst eine Verfolgung von Bestechung auf Grundlage des UWG anzustreben.

Doch der Verein war nicht nur an der Instruktion seiner Mitglieder, der Vermittlung seiner Normen- und Wertevorstellungen interessiert, sondern versuchte auch durch Einflussnahme auf die Wirtschaftspraxis tätig zu werden. Prominentes Beispiel dafür war der oben bereits erwähnte Verpflichtungsschein

---

34 Zweiter Aufruf zum Beitritt zum Verein gegen das Bestechungsunwesen E.V., 5.Mai. 1914, Beilage der VM Nr. 10 (6.6.1914).

35 Beispielhaft der im Vorangegangenen bereits erläuterte Artikel: Klink (2007): Der ehrbare Kaufmann; VM Nr. 10 (6.6.1914), S. 194–198 oder auch „Eröffnungsansprache des Vorsitzenden", VM Nr. 49 (12.7.1925), S. 845.

36 Der Text des UWG von 1909: Baumbach (1931): Wettbewerbsrecht; Ein knapper Überblick über die Entwicklung des UWG: Emmerich, Volker: Unlauterer Wettbewerb. Ein Studienbuch, München 20026, S. 397; VM Nr. 2 (15.3.1912), S. 23–27.

37 VM Nr. 21 (12.1.1917), S. 334.

38 Vorträge wurden beispielsweise von Generalsekretär Dr. Pohle selbst gehalten, weiterhin gab es kostenlose Broschüren unter anderem von Justizrat Fuld. Beispielhaft: VM Nr. 2 (15.3.1912), S. 29; Fuld (1914): Rechtsprechung.

aus dem Jahr 1911. Dabei handelte es sich um eine an § 12 UWG orientierte, freiwillige Verpflichtung mehrerer miteinander in geschäftlicher Beziehung stehender Unternehmen, auf „Schmiergelder" jeglicher Art zu verzichten. Ein Verstoß gegen diese Verpflichtung wurde durch eine vorher im Schein vereinbarte, zusätzliche Konventionalstrafe geahndet.[39] Während seines gesamten Bestehens bewarb der Verein den Schein kontinuierlich als Mittel zur „Wiederherstellung des gleichen und freien Wettbewerbs im geschäftlichen Verkehr" und setzte sich – vergeblich – für dessen obligatorische Implementierung in die Auftragsvergabe ein.[40] Als Vorbilder dienten ihm dabei beispielhaft die BASF oder auch das preußische Kriegsministerium, deren Verwendung des Verpflichtungsscheins lobend hervorgehoben wurde.[41] Auch die Bestrebungen des Reichsfinanzministers von Schlieben, 1925 die Berücksichtigung des Verpflichtungsscheins in allen Ressorts durchzusetzen, pries der Verein als beispielhaft, auch wenn das Vorhaben, wie am Beispiel Duisbergs gesehen, auf Widerstand in Teilen der Industrie stieß.[42] Der Verein begriff den Verpflichtungsschein vorrangig als eine Ergänzung zu bestehender juristischer Bestimmungen gegen Bestechung. Da die Durchsetzung der gesetzlichen Grundlagen noch nicht zufriedenstellend vorgenommen wurde, sah er sich in der Verantwortung, seinen Mitgliedern Instrumente zur Selbsthilfe an die Hand zu geben.[43]

Weiterhin kritisierte der Verein wiederholt, dass die Staatsanwaltschaft in den ersten Jahren nach 1909 bei Strafantrag nur selten öffentliches Interesse an der Strafverfolgung konstatierte und sich somit nicht in die Verfahren

---

39   VM Nr. 1 (30.10.1911), S. 4–5. Verpflichtungsschein: Beilage in VM Nr. 2 (15.3.1912).

40   VM Nr. 4 (30.1.1913), S. 79–80. So der Aufruf des Vereins an Reichskanzler und Ministerpräsidenten vom 16.3.1925: BArch R43 I / 2642, fol. 30–32.

41   VM Nr. 4 (30.1.1913), S. 80; VM Nr. 5 (30.1.1913), S. 86–87.

42   BArch R43 I / 2642, Bl. 34f.; beispielsweise im März 1925: BArch R43 I / 2642, Bl. 34f.; den aus der Initiative des Vereins hervorgegangenen Verpflichtungsschein druckt der Verein in den Vereinsmitteilungen ab: VM Nr. 49 (12.7.1925), S. 838f. und geht auf die aufkommende Kritik detailliert ein in: VM Nr. 54 (5.7.1925), S. 945–947.

43   VM Nr. 1 (30.10.1911), S. 2; VM Nr. 6 (3.6.1913), S. 108–110. Der Verweis auf Selbsthilfe war nicht ausschließlich ein Anliegen des Vereins. Schon vor der Vereinsgründung gab es im Kaiserreich Debatten, die sich mit strafrechtlichen Bestimmungen gegen Bestechung und Selbsthilfe auseinandersetzten. Vgl. beispielhaft: Kontze (1907): Bestechungsunwesen.

einschaltete.[44] Dagegen argumentierte der Verein, Bestechung schädige Volkswirtschaft und öffentliche Moral nachhaltig. Folglich gebe es in jedem Fall
ein öffentliches Interesse an der Strafverfolgung. Er plädierte erfolglos dafür,
öffentliches Interesse immer dann anzunehmen, wenn ein Verein oder Verband
Strafantrag stellte.[45] Eine solche Regelung, die die Schwere von Bestechungs-
delikten betont hätte, hätte im Sinne des Vereins die gesellschaftliche Brisanz
des Themas unterstrichen. Weiterhin hätte diese Regelung die exklusive Rolle
des Vereins als Verbandskläger und damit seine Bedeutung als Anlaufstelle
für Gewerbetreibende weiter zementiert. Doch auch ohne eine solche gesetzliche Verankerung wurde der Verein des Öfteren von Mitgliedern angerufen,
um an ihrer Stelle spezifische Vergehen zur Anklage zu bringen. Von diesen
und zahlreichen anderen Verfahren berichtete der Verein zwischen 1911 und
1933 in seinen *Mitteilungen*. Die Prozesse, die er in den Blick nahm, fanden
in den allen deutschen Staaten statt und umfassten verschiedene Branchen.
Die Mehrzahl der Fälle war regional begrenzt und betraf vor allem kleine
oder mittelständische Betriebe. Die Berichterstattung des Vereins über diese
kleinen Fälle erfüllte die Funktion eines Prangers: Die Verfolgung durch die
Justiz wurde befürwortet und die Vergehen stigmatisiert, um so den eigenen
Moralkodex zu stärken. Im Gegensatz dazu behandelte der Verein die großen
Korruptionsprozesse, die reichsweit bekannte Skandale auslösten, wie beispielsweise Kornwalzer, Sklarz (1919–1922) oder Barmat, in seinen *Vereinsmitteilungen* stets mit großer Zurückhaltung.[46] In den meisten Fällen zitierte
er regierungsfreundliche Blätter, die den Skandalverlauf in unspektakulärer
Weise nachzeichneten. Eigener Kommentare enthielt er sich ganz. Damit hob
der Verein sich deutlich von anderen Interessen- und Medienvertretern des
Kaiserreichs oder der Weimarer Republik ab, welche die Korruptionsskandale
sensationell aufbauschten und je nach politischer Couleur Versuche der Instrumentalisierung unternahmen.[47]

---

44 VM Nr. 6 (3.6.1913), S. 108–110.
45 Zu diesem Zweck richtet der Verein 1913 auch eine Erklärung an alle Justizverwaltun-
    gen der Bundesstaaten: Ebd., S. 108–110.
46 Beispielhaft: VM Nr. 7 (1.9.1913), S. 133–137 (Kornwalzer); VM Nr. 63 (18.12.1929)
    S. 1033, Nr. 65 (16.6.1930), S. 1058, Nr. 71 (16.12.1931),S. 1105, Nr. 72 (1.4.1932),
    S. 1113, Nr. 73 (4.7.1932), S. 1121 (Sklarek).
47 Beispielhaft: Klein, Annika: Korruption und Korruptionsskandal, 2014.

Wo agierte der Verein? Arenen der Kommunikation

Da der Verein seine Kommunikationskanäle bewusst wählte, gelang es ihm, die Arenen der öffentlichen Empörung zu meiden. Er trat mit der breiten Öffentlichkeit daher nur indirekt in Kontakt. Er bediente sich eines eigenen Pressedienstes, welcher die großen Zeitungen mit kurzen, faktischen Meldungen zu aktuellen Bestechungsprozessen belieferte, unternahm aber keine Versuche, die *Vereinsmitteilungen* zu einem massenwirksamen Medium auszugestalten.[48] Der Verein wandte sich an Minister, Kanzler und Parlamente, baute aber keine öffentliche Kampagne für seinen Verpflichtungsschein auf. Er kämpfte für seine Position im Gerichtssaal, aber am liebsten mit Rückendeckung der Staatsanwaltschaft.

In ihrer Gesamtheit zeichnen diese verschiedenen Strategien das Bild eines sehr bewusst hinter den Kulissen agierenden Vereins. Er nutzte nicht-öffentliche Kanäle, um seine Anliegen verschiedenen Akteursgruppen zu kommunizieren und voranzubringen. Diese konnten dann freilich wieder öffentlich wirken, wie etwa bei der Implementierung des Verpflichtungsscheins. Auch das UWG selbst sollte stärker in die Öffentlichkeit wirken, so sprach Generalsekretär Pohle auf der Hauptversammlung 1919 beispielhaft von der erzieherischen und aufklärerischen Rolle des Strafrechts, als er provozierend fragte: „Warum fand früher die Strafjustiz unter freiem Himmel meist auf dem Marktplatz statt?"[49] Die massenmediale Öffentlichkeit, der „Markplatz"[50] der industrialisierten Gesellschaft, war für den Verein Werkzeug, manchmal auch Bühne, auf der er sein Endprodukt, die gewonnene Gerichtsverhandlung oder den Verpflichtungsschein, als Symbol einer für ihn gerechteren Wirtschaftsordnung präsentieren konnte. Er selbst hielt sich dabei als Vermittlungs- und Sammlungsstelle im Hintergrund und agierte stattdessen in kleineren Zirkeln der Mitglieder, der politischen Amts- und Mandatsträger und im Gerichtssaal.

---

48 Vgl. Fußnote 30.
49 VM Nr. 34 (10.11.1919), S. 453.
50 Ebd.

Fazit: Verborgene Interessenpolitik, Agenda, Intentionen, Ausblick

Durch sein selbsterwähltes Nischendasein gelang es dem Verein über die Jahre, seine Ziele im Großen und Ganzen unbehindert zu verfolgen und zu erreichen. Es ging ihm dabei vor allem um Durch- und Umsetzung einer spezifischen Wirtschaftsordnung auf dem Wege spezifischer, oft juristischer Normierungen des Geschäftslebens. Als moralisch verwerflich und damit nicht mehr in die moderne Zeit passend, wurden alle Formen der Bestechung und Korruption zurückgewiesen und in juristischer Theorie und Praxis versucht, diese zu bekämpfen. Gleichzeitig sprach sich der Verein für eine „gegenseitige Bevorzugung der Mitglieder bei der Vergabe von Aufträgen" aus.[51] Somit entstand durch den Verpflichtungsschein, zugespitzt ausgedrückt, eine Struktur, welche Zulieferernetzwerke anstatt durch Bestechung durch deren garantierte Ablehnung konstituierte. Den Erfolg dieses Verfahrens belegte der große Ansturm auf den Verpflichtungsschein: Bereits kurz nach der ersten Ausgabe 1911 hatten „mehr als 300 Mitglieder über 22000 Exemplare" des Scheines bestellt.[52] Neben dem damit intendierten Schutz der kleinen, im Verein organisierten Betriebe gegen „schmierende" Wettbewerber, konnte die prominent vertretene Chemieindustrie, so ist zumindest anzunehmen, eine stabile Zuliefererkette aufbauen, welche durch den Verpflichtungsschein gebunden wurde. Gleichzeitig zeigt der oben erläuterte Rücktritt von Siemens-Ingenieur Carl Köttgens, dass der Verein auch Spielstein im Kampf um die Vorherrschaft in der deutschen Gesamtindustrie war, wo Industriezweige und Industrielle mit unterschiedlichen Interessen und Ausrichtungen, ständig miteinander fochten.[53]

---

51   VM Nr. 1 (30.10.1911), S. 5.

52   VM Nr. 2 (15.3.1912), S. 27.

53   Hier ist vor allem an die Auseinandersetzungen in der Zollpolitik zwischen exportorientierter Elektro- und Chemieindustrie auf der einen und binnenmarktorientierter Schwerindustrie auf der anderen Seite zu denken, aber auch an Kämpfe zwischen einzelnen Individuen wie Paul Silverberg und Alfred Hugenberg in der Weimarer Republik, siehe dazu unter anderem: Gehlen, Boris: Hilfe zur Selbsthilfe. Paul Silverberg, der RDI und die Bank für deutsche Industrieobligationen 1929 bis 1933. Ein Beitrag zur Wirksamkeit persönlicher Vernetzung, in: Vierteljahrschrift für Sozial- und Wirtschaftsgeschichte 94 (2007), S. 1–26.

Der Verein gegen das Bestechungsunwesen und die Strategien, die er zur Verfolgung seiner Ziele einsetzte, sind nun nicht einzigartig unter den Interessenverbänden des frühen 20. Jahrhunderts.[54] Seine thematische Zu- und Einordnung als Teil der Korruptionskommunikation repräsentiert aber eine bisher noch nicht beachtete Facette in der Korruptionsforschung. In der Vergangenheit lenkte die Anlehnung an eine Definition von Korruption als Missbrauch eines öffentlichen Amtes den Blick häufig auf die Sphäre des Politischen, auf Beamte und Regierungen, auf die Medien, auf Diskurse und Skandale.[55] Die Untersuchung des Vereins richtete das Augenmerk dagegen auf eine bislang vernachlässigte Form der Korruptionskommunikation. Dieser Beitrag ist somit auch Plädoyer dafür, den der Korruptionskommunikation zugrunde liegenden gesellschaftlichen Prozessen der Normenbildung und des Normenwandels in der Sphäre der Wirtschaft nachzuspüren. Dabei können Ansätze der *Corporate Governance*-Forschung, die Unternehmen in der Entwicklung gesellschaftlicher *Governance*-Strukturen einen stärkeren Stellenwert verleihen, neue Perspektiven eröffnen. Als Ausgangspunkt für eine solche Verknüpfung von Forschungsfeldern kann der Verein in der hier vorgestellten Form dienen.

54   Zur Wirkungsweise von Interessenverbänden unter anderem: Ullmann (1988): Interessenverbände; Weisbrod, Bernd: Schwerindustrie in der Weimarer Republik. Interessenpolitik zwischen Stabilisierung und Krise, Wuppertal 1978; Gessner, Dieter: Agrarverbände in der Weimarer Republik. Wirtschaftliche und soziale Voraussetzungen agrarkonservativer Politik vor 1933, Düsseldorf 1976; Ullmann, Hans-Peter: Der Bund der Industriellen. Organisation, Einfluß und Politik klein- und mittelbetrieblicher Industrieller im Deutschen Kaiserreich 1895–1914, Göttingen 1976; Kaelble, Hartmut: Industrielle Interessenpolitik in der Wilhelminischen Gesellschaft. Centralverband Deutscher Industrieller 1895–1914, Berlin 1967; Puhle, Hans-Jürgen: Agrarische Interessenpolitik und preussischer Konservatismus im wilhelminischen Reich (1893–1914). Ein Beitrag zur Analyse des Nationalismus in Deutschland am Beispiel des Bundes der Landwirte und der Deutsch-konservativen Partei, Bonn 1975.

55   Für die in der historischen Korruptionsforschung dominierende Definition: Johnston, Michael: The Search for Definitions: The Vitality of Politics and the Issue of Corruption, in: International Social Science Journal 48 (1996), S. 321–335; Mit einer solchen Definition haben in der Vergangenheit beispielsweise das Themenheft „Corruption and the Rise of Modern Politics", JMEH 1 / 2013 und implizit Annika Klein gearbeitet Klein (2014): Korruption und Korruptionsskandale.

Abschließend lohnt es, ein Blick auf die Thesen des bulgarischen Politikwissenschaftlers Ivan Krastev zur Entwicklung der Korruptionskommunikation im 20. Jahrhundert zu werfen. Krastev konstatierte in einem zugespitzten Essay von 2009 eine Fokussierung der Debatten seit den 1990er Jahren auf ökonomische, quantifizierende Darstellungen von Korruption.[56] Diese Fokussierung sei durch ein Akteursbündnis von US-Regierung, internationalen Finanzinstituten und großen Investoren mit Hilfe von NGOs wie insbesondere Transparency International herbeigeführt worden, um eigene Interessen durchzusetzen. Motiviert wurde die amerikanische Privatwirtschaft dabei vor allem durch den Wunsch, Handlungsspielräume zu erweitern, die 1977 durch das Verbot der Bestechung ausländischer Beamter beschnitten wurden.[57] In den 1990er Jahren kam die Regierung Clinton diesem Anliegen nach und begann sich intensiv der globalen Bekämpfung von Korruption zu widmen. Auch große Organisationen wie Weltbank oder Internationaler Währungsfonds (IWF), die nach Ende des Kalten Krieges nach neuen Aufgabenfeldern suchten, begannen sich vermehrt der Thematik zuzuwenden. So gelang es, durch Quantifizierung und Verwissenschaftlichung des Korruptionsbegriffs gemeinsam eine vermeintlich objektive, universale Korruptionskritik zu schaffen, welche die Kommunikation über Korruption dominierte, und dabei gleichzeitig die eigentliche, eigennützige Agenda, in den Hintergrund treten ließ.

Die Darstellungen Krastevs zur Situation in den 1990er Jahren lassen Ähnlichkeiten mit dem Verein erkennen. In beiden Fällen wurde der Versuch unternommen, das privatwirtschaftliche Spielfeld durch Einführung einheitlicher, gesetzlicher Regelungen einzuebnen; in beiden Fällen wurde eine eigentlich moralisch aufgeladene, mediale Korruptionskommunikation auf eine vermeintlich objektive Ebene reduziert und instrumentalisiert. In beiden Fällen wurden auf diese Weise versucht ökonomische Interessen durchzusetzen. Der große Unterschied ist jedoch, dass der Verein hinter den medialen Kulissen

---

56 Für den nachfolgenden Absatz: Krastev, Ivan: Die Obsession mit Transparenz: Der Washington-Konsens zur Korruption, in: Randeria, Shalini / Eckert, Andreas (Hg.): Vom Imperialismus zum Empire: Nicht-westliche Perspektiven auf Globalisierung, Frankfurt a.M. 2009.

57 Vgl. dazu die Informationen auf der Webseite des Department of Justice zum Foreign Corrupt Practices Act von 1977: http://www.justice.gov / criminal / fraud / fcpa / (14.4.2014).

agierte, während es gerade Transparency International verstand, die mediale Korruptionskommunikation zu steuern und dadurch Wirkungsmacht zu
erlangen. Instrumentalisierung von Korruptionskommunikation durch Ver-
engung auf eine nicht moralisierende Bedeutungsebene scheint also etwas zu
sein, dass nicht nur den Verein auszeichnete, sondern auch in anderen Zeiten
und Räumen vorkam. Gerade im Bereich der Privatwirtschaft scheint dieses
Vorgehen von der Geschichtswissenschaft bisher vernachlässigt worden zu sein.

Le régime de Vichy et l'échec d'une « économie morale » dans un contexte de pénurie et d'occupation

Fabrice Grenard

Les différentes mesures de contrôle, de rationnement et de répartition mises en place dans toutes les branches de l'économie par le régime de Vichy, au lendemain de la défaite de 1940, instaurent un dirigisme sans précédent en France et tendent à supprimer toute forme de libéralisme économique[1]. Présentées parfois comme des mesures de circonstances, destinées à lutter contre la pénurie et le chaos économique dans lequel la défaite avait plongé le pays, ces différentes réglementations cherchaient aussi à développer un nouvel ordre économique, où se mélangeaient à la fois des aspects modernistes (concentration, planification et organisation industrielle) et plus traditionalistes (« retour à la terre »)[2], mais qui était aussi présenté comme plus « moral » que le capitalisme libéral qui s'était développé dans l'entre-deux-guerres. Les nouveaux dirigeants souhaitaient supprimer le « règne de l'argent », la « corruption » et la « spéculation » qui caractérisaient à leurs yeux le libéralisme. Mais le décalage entre les principes affichés et la réalité fut particulièrement cruel pour le nouveau régime. Tout le discours sur la volonté de moraliser l'économie se retourna ainsi rapidement contre lui alors que l'essor du marché noir et la multiplication des trafics, des scandales et des affaires de corruption le décrédibilisaient auprès des Français. Sa dimension autoritaire, la censure et l'absence de débats démocratiques n'empêchèrent nullement le développement, à partir de quelques affaires particulières, de soupçons de corruption au sein

---

1   Plusieurs travaux importants ont été menés ces dernières années sur la politique économique de Vichy et ses conséquences. Voir notamment Dard, Olivier / Daumas, Jean-Claude / Marcot, François (éd) : L'Occupation, l'État français et les entreprises, Paris 2000. et Joly, Hervé (éd) : Les Comités d'organisation et l'économie dirigée du régime de Vichy, Caen 2004.

2   Rousso, Henry : L'économie, pénurie et modernisation, in : Azéma, Jean-Pierre / Bédarida, François (éd), La France des années noires, vol. 1, Paris 1993.

du nouveau régime. Cela joua un rôle important dans les désillusions et la désaffection qui se manifestèrent à son égard dès sa première année d'existence[3].

Dimension circonstancielle et structurelle de la mise en place d'une « économie administrée » [4] par le régime de Vichy

Si les Allemands ont pu exercer certaines pressions pour en accélérer la mise en œuvre, afin de la faire fonctionner à leur avantage[5], l'instauration d'une importante réglementation économique par Vichy à l'automne 1940 s'inscrit avant tout dans le cadre de motivations proprement françaises. Le nouveau régime ne faisait d'ailleurs dans de nombreux domaines que reprendre des textes législatifs qui avaient été adoptés par les derniers gouvernements de la IIIème République lors de la « drôle de guerre » mais n'étaient pas entrés en vigueur du fait des évènements militaire[6].

---

3 En raison de la censure et de la restriction des débats, les phénomènes de corruption sont plus difficilement saisissables pour les régimes autoritaires ou les dictatures. Des travaux récents ont pourtant montré l'importance de la corruption pour des régimes tels que le IIIe Reich (Bajohr, Frank : Parvenus und Profiteure. Korruption in der NS-Zeit, Frankfurt / Main 2001.) ou l'Espagne franquiste (Vaz, Céline : Entre intérêts privés et intérêt public, la figure de l'architecte municipal dans l'Espagne franquiste, in Monier, Frédéric / Dard, Olivier / Engels, Jens Ivo (éd) : Faveurs et corruption : les patronages politiques dans l'Europe contemporaine, Paris 2014.). Pour un aperçu historiographique sur la question de la corruption à l'époque contemporaine, Monier, Frédéric : La corruption injustifiable : débats publics, pratiques de pouvoir, cultures politiques (XIXe-XXe siècles), (www.ihej.org / frederic-monier-lhistoire-de-la-corruption).

4 Cette notion « d'économie administrée » permet de mieux illustrer l'emprise de l'administration sur l'ensemble des activités et des filières économiques que l'expression « d'économie dirigée ». Margairaz, Michel / Rousso, Henry : Vichy, la guerre et les entreprises, in : Histoire, économie et société 11 (1992), p 41–66.

5 L'occupant avait tout intérêt à ce que des institutions d'encadrement de l'économie soient développées par Vichy car cela facilitait sa politique de prélèvement et d'exploitation.

6 Les décrets-lois à caractère économique adoptés par Paul Reynaud début mars 1940 prévoyaient un renforcement du contrôle des prix et l'entrée en vigueur du rationnement. La distribution des cartes d'alimentation avait commencé dans les mairies en mai 1940, avant d'être interrompue par l'offensive allemande de mai 1940.

Au cours des semaines qui suivent sa défaite, la France se trouve plongée dans une crise économique profonde, provoquée par une multitude de facteurs : destructions liées au combat, manque de main-d'œuvre du fait de la capture d'1,5 million de prisonniers, division du pays en différentes zones qui ne peuvent plus communiquer entre elles, interruption des circuits d'approvisionnement extérieurs[7]. Cette situation nécessite des mesures urgentes destinées à faire face aux pénuries et à lutter contre le déséquilibre croissant entre l'offre et la demande avec ses conséquences inévitables au niveau de l'évolution des prix (inflation).

L'ensemble des mesures adoptées sur le plan économique au cours de l'automne 1940 a donc bien d'abord des motivations circonstancielles. A travers la mise en place d'une répartition autoritaire des ressources, d'une politique de contrôle des prix (prix bloqués ou taxés)[8] et d'une restriction de la consommation (rationnement), Vichy cherche à instaurer une économie totalement « administrée ». En ce sens, l'administration contrôle l'ensemble des activités de production, de distribution ainsi que la fixation des prix, afin d'éviter une trop forte inflation et de permettre à l'ensemble des acteurs économiques d'obtenir leur juste part dans les ressources disponibles, aussi bien sur le plan industriel[9] qu'agricole[10].

Mais il apparaît rapidement, à travers la façon dont elles sont expliquées au public, que ces mesures économiques s'inscrivent également pleinement dans le cadre de la Révolution nationale. Elles possèdent en effet une véritable dimension politique, illustrant la volonté du nouveau régime de rompre avec

---

7   Pour un tableau de la crise économique de l'été 1940, Sauvy, Alfred : La vie économique des Français de 1939 à 1946, Paris 1978.

8   Pour les produits industriels, les prix de vente sont bloqués à leur niveau de septembre 1939, l'administration n'autorisant des hausses exceptionnelles que lorsqu'elles apparaissent justifiées par une hausse du cours des matières premières. Le blocage des prix ne pouvant fonctionner pour les produits agricoles, dont les cours fluctuent en fonction des récoltes, les prix sont « taxés » par l'administration qui les fixe de façon autoritaire.

9   Sur les différentes mesures destinées à encadrer l'industrie, voir Rousso, Henry : L'organisation industrielle de Vichy, in : Vichy, L'événement, la mémoire et l'histoire, Paris 1992, p. 79–109.

10 Sur la politique agricole de Vichy, voir Cépède, Michel : Agriculture et alimentation en France durant la Seconde Guerre mondiale, Paris 1961.

des pratiques économiques passées. Il s'agit en la matière d'une thématique classique, que l'on peut observer à l'époque contemporaine lors de la plupart des périodes de révolution et de transition politique, lorsqu'un nouveau régime développe un projet de régénération politique, économique et social[11]. Alors que le capitalisme libéral est décrit par le nouveau pouvoir comme le système des inégalités, des spéculateurs et de l'argent roi, les mesures adoptées symbolisent l'instauration d'une économie qui serait « plus morale ». Le rationnement est par exemple présenté comme une mesure de justice sociale. C'est ce qu'exprime Pétain dans un discours du 13 août 1940, annonçant que l'une de ses tâches prioritaires consistait à « donner aux pauvres comme aux riches leur juste part dans les ressources de la nation »[12]. Le classement des Français en différentes catégories (E, J, A, C, V, T) apparait comme un moyen de rationnaliser la consommation de chacun selon son âge, sa profession, son lieu de vie[13]. La politique de contrôle des prix est elle aussi présentée comme un moyen de supprimer des comportements économiques considérés comme « amoraux » (les profits faciles, la spéculation). Le discours prononcé par Pétain le 10 octobre 1940, afin de justifier l'ensemble des mesures adoptées depuis son arrivée au pouvoir, est à cet égard particulièrement instructif. Le maréchal estime que dans le cadre de l'économie libérale, les « prix étaient livrés sans défense à l'esprit de lucre et de spéculation ». Il explique que « le contrôle vigilant des prix doit permettre de maintenir le pouvoir d'achat de la monnaie » mais également de « s'opposer à ceux qui spéculent, soit par intérêt personnel, soit par intérêt politique »[14]. L'un des « technocrates » les plus emblématiques du nouveau régime, principal initiateur de l'appareil dirigiste de Vichy sur le

---

11   Monier : Corruption injustifiable, p. 3–4.

12   Pétain, Philippe : allocution du 13 août 1940, in : Discours aux Français, Paris 1989, p.73.

13   Sur l'instauration et le fonctionnement du rationnement, Alary, Eric / Vergez-Chaignon, Bénédicte / Gauvin, Gilles : Les Français au quotidien 1939–1949, Paris 2006, p. 209–215. ainsi que Veillon, Dominique : Vivre et survivre en France (1939–1947), Paris 1995, p. 109–127. La catégorie « E » était celle des enfants. La catégorie « J », celle des adolescents ; la catégorie « A » des adultes menant une activité normale ; la catégorie « C » des travailleurs agricoles ; la catégorie « V » des personnes âgées ; la catégorie « T » des travailleurs de force.

14   Pétain (1989) : message, p. 92–93.

plan industriel, le secrétaire général à l'Industrie et au Commerce intérieur Jean Bichelonne présentait quant-à-lui sa politique comme « la base d'une économie nouvelle » fondée sur « la mise en œuvre d'une répartition coordonnée et harmonieuse des produits »[15].

Le décalage entre les principes et la pratique et l'impopularité du nouveau régime économique

Pour réussir, un tel système d'économie administrée devait à la fois fonctionner en circuit totalement fermé[16] et rencontrer l'adhésion des acteurs économiques qui y étaient soumis. Or, sur ces deux points, l'échec est en réalité patent dès les premiers mois qui suivent son instauration, entraînant un fossé très grand entre les principes affichés et la réalité de l'activité économique qui se développe dans le pays. Cette situation oblige le régime lui-même à accepter des entorses au système, qui ne font en réalité qu'encourager les pratiques économiques illicites. Dans une large mesure, les effets concrets obtenus sur le plan économique apparaissent ainsi contraires aux objectifs recherchés, ce qui contribue fortement à l'impopularité du régime, dès la première année de son existence.

La volonté de Vichy d'instaurer une économie en circuit fermé était symbolisée par l'existence des bons d'achats et de tickets des rationnement. Ce système était censé instaurer un contrôle total des produits tout au long des filières de distribution, du producteur jusqu'au consommateur. Le répartiteur s'interposait à tous les échelons de la distribution entre fournisseurs et usagers. Un commerçant en articles textiles par exemple percevait des « points textiles » qu'il versait à un compte spécial. Cela lui servait à se réapprovisionner en faisant « remonter » les droits à matières représentés par ces points vers

---

15   Bichelonne, Jean : Les aspects fondamentaux de l'économie dirigée en France, in : Usine, 42 (1941).

16   L'historien Michel Margairaz a bien souligné dans sa thèse les efforts au début de l'Occupation pour développer une « politique du circuit » sur le plan monétaire et financier. Margairaz, Michel : L'État, les finances et l'économie. Histoire d'une conversion (1932–1952), Paris 1991, p. 541–590.

son fournisseur auquel il remettait un « chèque point »[17]. Le même système fonctionnait pour la plupart des denrées alimentaires : les consommateurs procédaient à leurs achats en échange de tickets, les détaillants devaient pour se réapprovisionner apporter aux organes départementaux compétents les coupons qu'ils recevaient des particuliers et les bons d'approvisionnement donnés par les collectivités. Ils obtenaient en échange des bons de réapprovisionnement leur permettant d'obtenir auprès des organismes répartiteurs la quantité de produits qu'ils pouvaient mettre en vente[18].

Mais très rapidement, les fuites se multiplient, de nombreuses transactions s'effectuant sans respecter les principes de répartition en vigueur. Dès la fin 1940, les organismes de contrôle évoquent l'essor d'un important marché noir, aussi bien pour les matières premières dans l'industrie que pour les produits alimentaires. Cette généralisation des trafics démontre de façon très précoce la faillite d'une économie dirigée censée fonctionner en circuit fermé[19]. La fabrication et la mise en vente de faux tickets et faux bons d'achats perturbent également les circuits de distribution : leurs détenteurs obtiennent plus que ce dont ils devraient avoir normalement droit. Cela se traduit ensuite par des répartitions insuffisantes, faute de marchandises, pour les autres commerçants ou consommateurs[20].

Très vite, la possibilité que l'économie française puisse marcher en circuit totalement fermé, avec une « répartition harmonieuse des ressources » pour reprendre l'expression de Bichelonne, apparaissait, dans ces conditions, totalement illusoire. Cela ruinait l'espoir de voir disparaître des pratiques économiques « amorales », qui ne faisaient que croître en réalité avec l'essor du marché noir où excellaient les trafiquants et spéculateurs. Les prix qui y étaient pratiqués accroissaient considérablement les inégalités sociales entre ceux qui avaient

---

17 Rousso (1993) : L'organisation, p.93.

18 Veillon (1995) : Vivre et survivre, p. 112–113.

19 Mouré, Kenneth : Réalités cruelles. State Controls and the Black Market for Food in Occupied France, in : Zweiniger-Bargielowska, Ina / Duffett, Rachel / Drouard, Alain (éd) : Food and War in Twentieth Century Europe, Londres 2011, p.169–182.

20 Un rapport de la préfecture de police de Paris du 7 décembre 1940 mentionne « l'essor d'un trafic honteux qui se fait en marge du commerce normal ». En janvier et février 1941, plusieurs milliers de fausses cartes d'alimentation sont saisies dans Paris. Grenard, Fabrice : La France du marché noir, Paris 2012, p.19–56.

les moyens de s'y approvisionner (et donc souffraient moins des pénuries) et ceux qui ne pouvaient le faire.

Outre ses dysfonctionnements, l'économie administrée que tentait d'instaurer Vichy se heurtait également à l'hostilité de la plupart des acteurs économiques qui y étaient soumis alors que pour bien fonctionner, elle nécessitait au contraire que chacun accepte les sacrifices liés. Lors de leur mise en place, les différentes mesures de répartition et de restriction avaient pourtant semblé recevoir l'assentiment d'une large partie de la population. Plusieurs préfets soulignèrent dans leurs rapports mensuels de l'automne 1940 la satisfaction de leurs administrés face à des mesures censées améliorer leur approvisionnement[21]. Un rapport de gendarmerie établi en Saône-et-Loire lors de l'entrée en vigueur du rationnement observait que la population considérait cette mesure comme « nécessaire à la lutte contre la vie chère »[22]. Mais dès la fin de l'année 1940 et le début de l'année 1941, un changement de ton important était perceptible. Les différentes mesures adoptées sur le plan économique faisaient l'objet d'une désapprobation générale, constituant sans doute le premier grand facteur d'impopularité du régime.

Les synthèses des interceptions des contrôles téléphoniques du mois de décembre 1940 situaient par exemple parmi les principales critiques formulées à l'égard du gouvernement « le refus du dirigisme » et « l'hostilité systématique vis-à-vis des taxes et contrôles imposés par les pouvoirs publics »[23]. Cette impopularité s'expliquait à la fois par les nombreuses contraintes que provoquaient les différentes mesures de réglementation, mais aussi par le fait qu'elles apparaissaient dans une large mesure économiquement non viables[24]. Les prix par exemple étaient fixés à des niveaux beaucoup trop bas pour permettre

---

21   Dans son rapport de novembre 1940, le préfet de Haute-Savoie écrivait: « les décisions relatives au rationnement sont très favorablement commentées, parce qu'elles suppriment en ce domaine les privilèges de la fortune » (Archives nationales -AN-, F 1 CIII, Haute-Savoie 1940–1944).

22   Cité par Sanders, Paul : Histoire du marché noir, Paris 2001, p. 40.

23   AN, F 7 14 930, synthèse décadaire des interceptions téléphoniques, décembre 1940.

24   En fixant les prix de vente à des niveaux relativement bas, le régime de Vichy cherchait à favoriser les consommateurs au détriment des producteurs. Mais les prix « taxés » ou « bloqués » ne permettaient pas aux commerçants de couvrir leurs marges, favorisant les ventes à « prix illicites ». Boldorf, Marcel : Les effets de la politique des prix sur la

de compenser la hausse des coûts de revient. De même, les répartitions de matières premières apparaissaient systématiquement inférieures à celles souhaitées. Enfin, les rations alimentaires ne permettaient de satisfaire en moyenne que 1500 calories quotidiennes, soit un niveau largement inférieur aux 2500 calories jugées normalement nécessaires par les nutritionnistes pour pouvoir mener une vie normale[25].

Le contexte d'occupation étrangère donnait également un caractère antipatriotique à toutes ces mesures que les Français croyaient imposées par les Allemands pour mieux exploiter et piller l'économie française. De fait, l'ensemble des décisions économiques étaient bien soumises à l'approbation du vainqueur. Les Allemands refusèrent que les prix soient fixés à un niveau trop élevé pour favoriser les circuits d'échange en leur faveur. « Ils ne veulent à aucun prix que nos prix assignent les leurs », rapportait en septembre 1940 le représentant français à la commission d'armistice, l'intendant Casanoue au ministre de l'Agriculture Caziot[26]. L'occupant demandait également à ce que les rations alimentaires soient fixées à un niveau inférieur par rapport à celles en vigueur outre-Rhin : les premières grilles de rationnement présentées par Vichy furent ainsi systématiquement rabaissées[27].

Dans ces conditions, comme l'observaient dans leurs rapports mensuels les directeurs de succursales de la Banque de France, particulièrement attentifs aux évolutions économiques locales, tous les acteurs économiques critiquèrent ouvertement les différentes mesures adoptées et cherchèrent à les contourner. Négociants et commerçants, accablés de tâches comptables et administratives, considéraient que le nouveau système instauré par Vichy les transformait en « fonctionnaires », réduisant leur rôle à de « simples agents répartiteurs des denrées ». Ils protestaient contre le temps passé à collecter et rassembler les tickets,

---

consommation, in Effosse, Sabine / de Ferrière le Vayer, Marc / Joly, Hervé (éd) : Les entreprises de biens de consommation sous l'Occupation, Tours 2010, p. 17–28.

25 Sur le niveau des rations au cours de la période : Grenard, Fabrice : Le rationnement, in Leleu, Jean Luc / Passera, Françoise / Quellien, Jean / Daeffler, Michel (éd) : La France pendant la Seconde Guerre mondiale. Atlas historique, Paris 2010, p. 144–145.

26 AN 3 W 30, Haute Cour de justice, dossier Caziot, correspondance entre l'intendant Casanoue et Caziot.

27 La ration quotidienne de pain fut abaissée sous la pression allemande de 400 à 350 grammes.

mais aussi contre des approvisionnements insuffisants et des prix taxés à des niveaux beaucoup trop bas[28]. « Attaché à ses habitudes », l'industriel craignait que « l'étatisation de son industrie, la répartition d'office des matières premières, la direction imposée de la vente de sa fabrication (…) ne tuent l'esprit d'entreprise »[29]. Les paysans se plaignaient « que des fonctionnaires, des revendeurs, des grossistes se réunissent sans leurs représentants et disposent, sans eux, de leur lait, de leur beurre, de leurs récoltes, de leur bétail et de leur argent »[30]. Les consommateurs, enfin, protestaient contre les mauvaises conditions d'approvisionnement (queues, gestion des tickets) et l'insuffisance des rations qui leur étaient distribuées. Les agents de la préfecture de police de Paris, chargés de cerner l'évolution de l'état d'esprit des consommateurs en se glissant dans les files d'attentes, observaient ainsi dans leur rapport de synthèse d'août 1941 :

> « l'opinion est convaincue qu'il y a mauvaise répartition et injustice. Les pouvoirs publics sont accusés d'organiser la famine (…). Le public se plaint de l'insuffisance des rations allouées (…) La question du ravitaillement prime sur tout le reste et le gouvernement français est très impopulaire »[31].

Comment le régime favorise lui-même des pratiques économiques illicites

L'échec patent des mesures adoptées depuis l'automne 1940, qui ne parvenaient pas à remplir leurs objectifs, obligea le régime de Vichy à prendre certaines décisions, constituant des entorses mêmes aux principes affichés un an plus tôt. Trois exemples permettent de comprendre comment profiteurs et trafiquants ont pu utiliser les mesures adoptées par le gouvernement pour se livrer à leurs activités. Il s'agit de la législation sur le colis familial tout d'abord, celle sur le petit ravitaillement familial ensuite, et enfin, des nouvelles directives appliquées dans l'industrie pour la répression de la fraude.

---

28 Banque de France (BdF), rapport économique des directeurs de succursales, zone occupée (ZO), février 1941.
29 BdF, rapport économique des directeurs de succursales de la ZO février 1941.
30 BdF, ZO, janvier 1941.
31 Archives de la préfecture de police de Paris, BA 1807, rapport du 9 août 1941.

Dès les débuts de l'Occupation, bien que cela soit interdit (la loi empêchait les relations directes entre producteurs et consommateurs) les populations rurales ayant un accès plus facile aux différentes ressources alimentaires envoyaient régulièrement à leurs familles et amis demeurant en ville des colis contenant des denrées. Afin d'introduire un peu plus de souplesse en matière d'approvisionnement alimentaire, le gouvernement adopta, à l'initiative du secrétaire État au Ravitaillement Paul Charbin, une législation destinée à encadrer et réglementer l'envoi de colis postaux à des fins alimentaires. Le 13 octobre 1941, un arrêté permettait ainsi aux producteurs agricoles d'expédier librement des quantités limitées de denrées au moyen du « colis familial ». Ces colis devaient répondre à trois conditions : être expédiés par les producteurs eux-mêmes, être inférieurs à 50 kilos, et ne contenir que certaines denrées qui ne pouvaient elles-mêmes dépasser un poids déterminé[32].

Le colis familial connut rapidement un vif succès. Le préfet des Côtes-du-Nord précisait en décembre 1941 que « plus de 5 000 colis, dont 1 700 colis express partent chaque jour de son département »[33]. Pour la seule année 1942, 13 547 000 colis furent expédiés pour un poids de 279 000 tonnes[34]. Cette législation donna cependant rapidement lieu à de nombreux abus. Le colis familial devait permettre aux petits producteurs de pouvoir faire profiter leur famille, proche ou même éloignée, d'une partie de leur production. Mais la dénomination est apparue largement usurpée puisqu'aucune justification d'un lien de parenté entre expéditeur et destinataire ne fut jamais exigée. Dans ces conditions, l'institution du colis familial entraîna la constitution d'un important commerce parallèle et certains agriculteurs ont pu faire de ce système une activité très lucrative, en abusant de la situation. Les faits rapportés par le préfet de la Creuse dans son rapport de février 1942 apparaissent particulièrement significatifs :

> « Au cours de ces derniers mois, l'examen quotidien des interceptions postales m'a permis de constater que de très nombreuses personnes, sous couvert d'envois familiaux, avaient organisé des entreprises de ravitaillement ayant un caractère nettement

---

32 AN, 72 AJ, AFIP, 22 février 1942 (« les denrées autorisées dans les colis familiaux »).
33 Cité par Veillon (1995) : Vivre et survivre, p. 173.
34 Sauvy, Alfred : La vie économique des Français de 1939 à 1946, Paris 1978, p. 135.

commercial (…) un même individu a pu envoyer 1200 kilos de lapin en un nombre élevé de colis, tandis qu'un trio venu de Nice à bicyclette s'installait à Guéret pour y écumer le département en expédiant au chef de l'organisation de multiples colis sous des noms différents »[35].

Une autre mesure législative servit directement les trafiquants et augmenta le nombre de fuites hors des circuits économiques contrôlés par l'administration : la tolérance du petit ravitaillement familial dans les campagnes. Dans un souci de définir précisément ce qu'était le marché noir, le gouvernement adopta le 15 mars 1942 une loi précisant les conditions de sa répression[36]. Depuis la fin de l'année 1941, les différentes réunions interministérielles consacrées à la préparation de cette loi avaient insisté sur la nécessité d'effectuer une distinction entre les petits trafics à caractère familial et les infractions plus graves, à but lucratif[37]. Pour les trafics s'accompagnant de manœuvres frauduleuses, la loi du 15 mars 1942 renforçait ainsi considérablement les sanctions, portant à 10 ans de prison et 10 millions de francs d'amende le maximum des peines prononçables par les tribunaux. Mais la loi précisait bien que ces pénalités nouvelles « ne frapperont pas tous ceux qui en dehors de tout esprit de lucre ne visent qu'à satisfaire les besoins de leur approvisionnement familial »[38]. Cela signifiait que le gouvernement ferait preuve désormais d'indulgence à l'égard des citadins qui se rendaient directement dans les fermes pour essayer d'acheter auprès des producteurs les compléments alimentaires indispensables pour compléter le rationnement officiel.

En agissant de la sorte, le gouvernement favorisait une nouvelle fois une multitude de fuites en dehors des circuits du Ravitaillement général. Les trafiquants professionnels allaient également pouvoir mettre à profit cette disposition législative nouvelle pour développer des méthodes permettant d'échapper à la répression. Un phénomène nouveau se développa ainsi au cours de l'année

---

35   Rapport du préfet de la Creuse, février 1942, in : AN F 60 1009 (Xavier Vallat, dossier Ravitaillement).

36   Journal officiel de l'État français du 19 mars 1942, p.1075.

37   Les différents comptes-rendus de ces réunions interministérielles se trouvent in : AN BB 18 3302.

38   Préambule de la loi du 15 mars 1942 tendant à réprimer le marché noir, JO du 19 mars 1942, p. 1075.

1942 : l'embauche par les trafiquants de personnes modestes, notamment des chômeurs, qui étaient rétribuées pour effectuer des collectes de produits alimentaires dans les campagnes ou des transports clandestins. Cela permettait de fractionner au maximum les opérations. L'administration du contrôle économique, chargée de réprimer les trafics, s'inquiétait profondément de cette situation nouvelle :

> « A l'heure actuelle, les trafiquants professionnels paraissent de plus en plus s'assurer le concours de nombreuses personnes de condition modeste qui essayent de trouver dans leurs trafics un appoint sérieux à leur salaire. La multiplicité de ces intermédiaires (17 ont été inculpés dans une seule affaire) complique sérieusement la tâche de notre service »[39].

Le même phénomène pouvait être observé dans la commercialisation des produits industriels. Comme pour les trafics de denrées alimentaires, les agents chargés de la répression de la fraude industrielle devaient tenir compte de la situation et des motivations des délinquants. Dans une circulaire du 4 février 1943, le directeur de la direction générale du Contrôle économique (DGCE), Jean de Sailly, précisait aux agents qui seraient amenés à effectuer des contrôles dans les entreprises :

> « Il faut s'efforcer en toute circonstance de comprendre les difficultés réelles auxquelles se heurtent, à l'heure actuelle, les entreprises (…) il conviendra d'éviter les contrôles systématiques portant sur des entreprises qui, par suite d'un défaut de la répartition, se trouvent pratiquement empêchées de respecter les prix légaux pour l'achat de certaines fournitures, nécessaires cependant au maintien de leur activité »[40].

Les services de contrôle en venaient ainsi à reconnaître que la débrouille et les pratiques commerciales clandestines pouvaient dans certains cas apparaître comme inévitables. Mais ils laissaient aussi la porte ouverte à la généralisation

---

39 Rapport du Contrôle économique, 5 décembre 1942, compte-rendu par l'AFIP (AN 72 AJ).

40 Circulaire n° 16 du 4 février 1943, Centre des archives économiques et financières (CAEF), B 49 896.

des petits trafics en tout genre, allant du simple troc jusqu'au marché noir, pour l'obtention des matières premières dans le monde industriel. Cette possibilité de s'approvisionner clandestinement faisait surtout la bonne affaire des trafiquants professionnels, notamment ceux qui s'étaient spécialisés dans les ventes de matières premières et possédaient des stocks clandestins. Cela ne pouvait également qu'avoir des effets sur les prix de vente que les producteurs étaient obligés d'augmenter pour couvrir leurs frais et notamment leurs achats de matières premières sur le marché noir. De fait, un système se généralisa à partir de 1942 dans la plupart des filières industrielles, celui de la soulte, consistant pour les vendeurs à demander des dessous-de-tables en plus des prix officiels qui étaient facturés et correspondaient à la législation en vigueur[41].

L'image d'une administration gangrénée par la corruption

Outre le fossé séparant les principes affichés et la pratique, un autre facteur a pu expliquer l'échec de Vichy à incarner un nouveau système économique qui serait plus « moral » que celui de l'avant-guerre. Il s'agit de l'image de corruption généralisée que renvoie le nouveau régime à travers le sentiment qu'à tous les niveaux de l'administration, du ministre jusqu'aux petits agents chargés du contrôle, les différentes mesures de répartition pouvaient favoriser un système de corruption généralisé.

La situation exceptionnelle de pénurie et les différentes mesures adoptées pour tenter de contrôler et répartir de façon rationnelle les ressources disponibles réactivaient la figure de « l'État nourricier »[42], si forte sous l'Ancien Régime, mais qui s'était effacé depuis la disparition des dernières famines au XIXe siècle. Il y avait ainsi une très forte attente de la population à l'égard de l'Etat et des différentes mesures adoptées, comme le montrent les espoirs

---

41   Grenard, Fabrice : « La soulte, une pratique généralisée pour contourner le blocage des prix », in : Effosse, Sabine / de Ferrière le Vayer, Marc / Joly, Hervé (éd) : Les entreprises de biens de consommation sous l'Occupation, Tours 2010, p. 29–43. Les organismes de contrôle constatèrent notamment à partir de 1943 une généralisation de la « soulte » dans le textile (bonneterie), le cuir, la coutellerie, la production vinicole.

42   Kaplan, Steven : Le pain maudit, Paris 2010, p. 51.

soulevés à l'automne 1940 par l'entrée en vigueur du rationnement, susceptible d'améliorer l'approvisionnement et de favoriser plus de justice sociale
en permettant à chacun d'avoir sa juste part dans les ressources disponibles.
Mais les différentes réglementations adoptées donnaient également à l'État un
pouvoir économique sans précédent à l'époque contemporaine, avec la possibilité de contrôler à la fois la production et les filières de distribution. Cela
faisait ressurgir le spectre d'un État omnipotent, susceptible de favoriser certains acteurs économiques au détriment d'autres, là où la liberté du marché et
la libre concurrence étaient censées faire disparaître ce genre d'intervention[43].
Les pouvoirs exorbitants accordés aux différents échelons de la distribution
aux répartiteurs risquaient également d'encourager une importante corruption dès lors que certains producteurs ou commerçants étaient prêts à tout
pour bénéficier d'avantages sur le plan de la répartition tant la pénurie de
ressources était criante.

De multiples affaires sous l'Occupation enracinèrent l'idée que les administrations intervenant dans le contrôle des produits alimentaires ou industriels étaient gangrénées par la corruption. Celles-ci ont impliqué des petits
contrôleurs -fermant les yeux devant les trafics qu'ils étaient censés réprimer
contre une somme d'argent ou un prélèvement sur les objets trafiqués[44]- mais
aussi des hauts fonctionnaires, notamment des directeurs départementaux du
Ravitaillement général favorisant certaines fuites vers le marché noir contre des
pots de vin[45]-, jusqu'à des conseillers ministériels -impliqués dans des trafics

---

43 L'idée que l'intervention de l'État créait forcément des injustices en privilégiant certains
   secteurs au détriment d'autres était l'un des principaux arguments avancés depuis l'économiste Adam Smith par les libéraux pour justifier la non-intervention de l'État sur le
   plan économique.

44 Les contrôleurs qui profitaient de leurs fonctions pour se livrer à des trafics personnels étaient susceptibles de sanctions exemplaires devant une juridiction d'exception,
   le Tribunal d'État, qui eut à juger plusieurs affaires de ce genre, notamment lors de sa
   séance du 19 octobre 1942 au cours de laquelle un agent du Ravitaillement général fut
   condamné à dix ans de prison pour transports clandestins et vente illicite de viande
   (AN, 4 W, Tribunal d'État, section de Paris, audience du 19–10–1942).

45 Ainsi en janvier 1944, le directeur départemental du Ravitaillement général de la Hau-
   te-Loire est sanctionné d'une mutation par l'Inspection générale de son ministère pour
   avoir couvert des fuites importantes de produits vers le marché noir (AN, F 23 IGR 7,
   rapport au ministre de l'Agriculture et du Ravitaillement, 3 février 1944).

d'influence[46] – voire le ministre lui-même. Ainsi Jean Achard, secrétaire d'État au Ravitaillement, fut obligé de démissionner en juillet 1941 car il était soupçonné d'avoir trempé dans des affaires de marché noir et d'avoir favorisé par ses décisions certains grossistes ou négociants dont cet ancien responsable de syndicats agricoles était proche avant-guerre[47].

Ces affaires, bien qu'isolées, suffirent à donner le sentiment d'une corruption généralisée à tous les étages de la répartition des ressources. Une partie de ces affaires relevait par ailleurs de purs fantasmes, à l'image de celle concernant Achard, ce dernier ayant surtout servi de bouc émissaire face aux difficultés croissantes du ravitaillement au cours des six premiers mois de l'année 1941. Son procès devant la Haute Cour et l'étude attentive de l'évolution de ses revenus et de son mode de vie démontrent à la Libération qu'il n'avait nullement profité de ses fonctions pour s'enrichir comme le lui avait reproché toute la presse parisienne au printemps 1941[48]. De même, les archives judiciaires révèlent bien quelques cas de contrôleurs ayant profité de leurs fonctions pour se livrer à des petits trafics. Mais la majorité des agents du Contrôle économique ont fait correctement leur travail, dans des conditions particulièrement difficiles du fait du manque de moyens mais aussi de la très forte hostilité du public à leur égard[49].

Tout le problème en réalité résidait dans les pouvoirs importants qui avaient été donnés à l'administration en matière de répartition et de contrôle des filières de distribution. A chaque défaillance du système, les acteurs concernés avaient ainsi tendance à rendre comme principal responsable les fonctionnaires qui intervenaient dans la répartition ou les professionnels à qui avait été délégué le rôle de répartiteur dans leur secteur[50]. Ces derniers étaient soupçonnés de

---

46 Au cours de l'été 1943, une affaire dite « du sucre » éclate, concernant une tentative de détournement d'un important stock de sucre appartenant au Ravitaillement général vers le marché noir international, avec la complicité de plusieurs membres du cabinet de Pierre Laval (Grenard, Fabrice : Les scandales du ravitaillement, Payot 2012, p.153–163).

47 Grenard (2012) : Les scandales, p.75–91.

48 AN, 3 W 45 (Haute Cour de justice, procès Jean Achard).

49 Grenard, Fabrice : L'administration du Contrôle économique, in : Revue d'histoire moderne et contemporaine 57 (2010), pp. 132–158.

50 Si l'administration en établissait les plans, la répartition effective s'effectuait, sous le contrôle de représentant de l'État, par des professionnels (producteurs, commerçants,

se livrer à des pratiques de nature variées (népotisme, pots de vin, favoritisme, trafics personnels) qui avaient toutes tendances à fausser la répartition en favorisant certaines filières au détriment d'autres. Ainsi, les consommateurs qui ne pouvaient obtenir auprès de leurs commerçants leur ration normale les accusaient de préférer vendre au marché noir une partie de leurs stocks plutôt que de satisfaire leur clientèle normale. Selon les Renseignements généraux parisiens, il se disait fréquemment dans les files d'attente que « les commerçants préféraient se livrer à des trafics d'arrière-boutique avec des clients privilégiés »[51]. Un commerçant qui recevait dans le cadre de la répartition un approvisionnement inférieur à ce qu'il aurait normalement dû avoir accusait les répartiteurs de favoriser certains de ses concurrents. A la fin de l'année 1940, la préfecture de police de Paris observait ainsi une tension palpable entre les différents acteurs de la filière de la viande : « des critiques sont actuellement adressées par de nombreux détaillants de la boucherie contre leurs confrères répartiteurs auxquels ils reprochent de profiter de leurs fonctions pour s'attribuer des lots de viande de beaucoup supérieurs à leurs besoins commerciaux et au pourcentage devant leur être attribué »[52]. Un industriel qui ne parvenait pas à obtenir des matières premières pour son entreprise se retournait lui aussi contre les organismes répartiteurs en les accusant d'être responsables d'une répartition injuste et inégalitaire, privilégiant quelques intérêts particuliers et personnels à l'intérêt général.

Ce genre d'accusations fut largement repris dans la presse collaborationniste parisienne, qui bénéficiait du soutien de l'occupant et échappait donc dans une large partie au contrôle du régime de Vichy, devenu au lendemain du renvoi de Pierre Laval en décembre 1940 la cible de nombreuses attaques destinées à déstabiliser le gouvernement Darlan. Le journal de Marcel Déat,

---

grossistes) désignés par les pouvoirs publics pour être les répartiteurs dans leur filière.

51 Archives de la Préfecture de Police de Paris, rapports hebdomadaires sur la situation de Paris, 15 juin 1941. De nombreuses lettres de délation concernent également des consommateurs accusant leurs commerçants de se livrer au marché noir. Dans la majorité des cas, les enquêtes qui sont menées conclut à une « machination de la part d'un client mécontent ». Grenard, Fabrice : Dénonciation et marché noir, in Joly, Laurent (éd) : La délation dans la France des années noires, Paris 2012, p. 139–161.

52 Archives de la Préfecture de Police de Paris, BA 1807 (Ravitaillement et restrictions), note du 8 mars 1941.

L'Œuvre, dénonce ainsi à de nombreuses reprises au cours du printemps et de l'été 1941 les « répartiteurs qui sont à tous les postes de commande et dirigent l'économie au gré de leurs seuls profits immédiats et contre l'intérêt général »[53]. Ce journal compare les répartiteurs du ravitaillement général à de véritables « dictateurs au gigot »[54] tirant toute les ficelles de la distribution et agissant à des fins personnelles plutôt que dans l'intérêt des Français. Des attaques d'une nature semblable sont également portées à la même période par le PCF, dénonçant les scandales du ravitaillement et la complicité du régime à l'égard des trafiquants du marché noir pour tenter de mobiliser les classes ouvrières contre Vichy. Un numéro de *L'Humanité clandestine* de janvier 1941 assurait ainsi que « la disette dont souffre le peuple provient du marché noir scandaleusement favorisé par les autorités ».

Si la répartition fonctionnait mal et pouvait donner le sentiment, à travers ses insuffisances, qu'il existait de nombreuses injustices, ce n'était pourtant pas forcément à cause des répartiteurs mais surtout parce qu'il n'y avait pas grand-chose à répartir. Mais comme le régime de Vichy voulait taire l'importance des prélèvements allemands qui privaient la population française d'une partie non négligeable des ressources disponibles, les responsabilités de l'insuffisance des produits disponibles se sont déplacées au niveau de la répartition, érigeant les répartiteurs en véritable bouc-émissaire des difficultés d'approvisionnement. Ce n'était pas forcément leur comportement qui était à l'origine de répartition insuffisante. Leur mission apparaissait en réalité largement compromise dès lors que les ressources à répartir étaient insuffisantes et très inférieures aux besoins.

Cependant quelques affaires particulièrement médiatisées suffirent à déconsidérer totalement les administrations qui étaient chargées d'appliquer les différentes mesures d'économie dirigée sous l'Occupation, discréditant également le régime en démontrant une nouvelle fois son incapacité à appliquer les principes qui étaient avancés pour la mise en place d'une « économie morale ». Certaines campagnes de presse lui firent particulièrement mal, contribuant à développer les rumeurs sur la corruption des ministres et fonctionnaires. Ce

---

53 Braibant, Marcel : Le ravitaillement serait assuré si nous avions plus de coopératives, in : L'Œuvre, 11 juin 1941.
54 Laban, Maurice, Vers la création d'un nouvel organisme répartiteur de la viande, in L'Œuvre, 5 juillet 1941.

fut le cas de la campagne de presse initiée par *L'Œuvre* de Marcel Déat au début 1941 puis reprise par l'ensemble des journaux parisiens au printemps contre Jean Achard, et à travers sa personne, toute l'administration du Ravitaillement général[55]. Ce fut également le cas de la campagne radiophonique *La Grande Colère des Ventres* du journaliste Jean Herold Paquis sur les ondes de *Radio Paris*, ce dernier n'hésitant pas à lancer des appels au meurtre contre des fonctionnaires du Ravitaillement. La violence des émissions était telle que ce sont les Allemands eux-mêmes qui finirent par demander la suspension d'Herold Paquis afin d'éviter une révolte généralisée contre les services du Ravitaillement général. Les services du Ravitaillement général, dont l'occupant avait besoin puisque le bon fonctionnement de ses prélèvements dépandait de l'importance de la collecte effectuée par cette administration du Ravitaillement[56].

L'incapacité de Vichy à tenir ses promesses, en instaurant une économie qui aurait été plus « morale » que celle qui s'était développée dans le cadre du capitalisme libéral, a indéniablement constitué un facteur important de désillusion à l'égard du nouveau régime. Le fossé s'est élargi entre d'un côté le discours sur une économie plus juste et une société plus égalitaire et de l'autre côté la réalité économique et sociale du pays. De plus, la multiplication des affaires et des scandales liés aux différentes mesures de répartition et de ravitaillement a indéniablement pesé dans le « processus de détachement » de l'opinion à l'égard de Vichy, bien décrit par l'historien Pierre Laborie, et qui se développpa de façon assez précoce, dès le printemps et l'été 1941[57]. Cela démontre combien les aspects économiques sont importants à prendre en compte pour expliquer certaines évolutions politiques, a fortiori dans des périodes de pénurie, qui confèrent à l'économie une dimension exceptionnelle.

---

55 Grenard (2012) : Les scandales, chapitre 4 (Jean Achard, un secrétaire d'Etat dans la tourmente).
56 Ory, Pascal : Les collaborateurs, Paris 1976, p. 81.
57 Laborie, Pierre : L'opinion française sous Vichy, Paris, 1990. Tout en ayant le grand mérite de bien mesurer la précocité du détachement de l'opinion de Vichy, l'auteur insiste toutefois assez peu sur les facteurs économiques qui ont pu en être à l'origine.

Autorenverzeichnis

Prof. Dr. Olivier Dard:
Professor für Zeitgeschichte an der Universität Paris-Sorbonne und Forscher an der IRICE (UMR 8138). Er interessiert sich insbesondere für die Politikgeschichte des 20. Jahrhunderts.

Steffen Dörre:
Wissenschaftlicher Mitarbeiter der Professur für Geschichte der Neuzeit an der Christian-Albrechts-Universität zu Kiel. Er beschäftigt sich in kulturhistorischer Perspektive mit Phänomenen der ökonomischen Globalisierung sowie mit Wirtschaftskriminalität in der Bundesrepublik. Aktuell arbeitet er an einer Studie zur Globalisierungswahrnehmung ökonomischer Eliten sowie an einer Wirtschaftsgeschichte West-Berlins.

Prof. Dr. Jens Ivo Engels:
Professor für Neuere und Neueste Geschichte an der TU Darmstadt, arbeitet zur Geschichte der Korruption seit der Frühen Neuzeit, Umweltgeschichte, technischen Infrastrukturen und sozialen Bewegungen.

Prof. Dr. Andreas Fahrmeir:
Professor für Neuere Geschichte unter besonderer Berücksichtigung des 19. Jahrhunderts an der Goethe-Universität Frankfurt a.M., arbeitet zur Geschichte von Stadt und Bürgertum, Migrationsgeschichte, deutsch-britischen Geschichte und der politischen Geschichte des 19. Jahrhunderts.

Dr. Fabrice Grenard:
Spezialist für die Besatzungszeit Frankreichs im Zweiten Weltkrieg und die Nachkriegszeit, insbesondere für Fragen der Versorgung der Bevölkerung und den Schwarzmarkt. Von ihm liegen zwei Monographien zum französischen Schwarzmarkt 1940–1949 und über die Scandales du Ravitaillement sowie mehrere Artikel vor.

Prof. Dr. Hervé Joly:
Directeur de recherche am CNRS, laboratoire Triangle (Université de Lyon), arbeitet über Unternehmens- und Unternehmergeschichte im 19. und 20. Jahrhundert. Zu seinen jüngeren Veröffentlichungen gehört eine Monographie über den Gillet-Konzern aus Lyon. Er forscht zudem über Kriegswirtschaft im Ersten und Zweiten Weltkrieg, sowie über staatliche Funktionseliten und ihre Ausbildung in Frankreich (grandes écoles und grands corps d'État).

Dr. Annika Klein:
Wissenschaftliche Mitarbeiterin am Lehrstuhl für Neuere Geschichte (Schwerpunkt 19. Jh.) der Goethe-Universität Frankfurt a.M. Ihre Dissertation zum Thema „Korruption und Korruptionsskandale in der Weimarer Republik" ist im Frühjahr 2014 erschienen. Ihr Habilitationsprojekt beschäftigt sich mit „Personalentscheidungen durch Wettbewerb: Examina für den öffentlichen Dienst in Frankreich, 1850–1950" im Rahmen der Forschergruppe „Personalentscheidungen in gesellschaftlichen Schlüsselpositionen".

Volker Köhler:
Wissenschaftlicher Mitarbeiter im deutsch-französischen Forschungsprojekt „Korruption in der Moderne" an der TU Darmstadt. Im Rahmen seiner Dissertation beschäftigt er sich mit mikropolitischen Praktiken in der Weimarer Republik.

Matthias Kuhnert:
Wissenschaftlicher Mitarbeiter am Historischen Seminar der LMU. Er promoviert an der Leibniz Graduate School „Enttäuschung im 20. Jahrhundert. Utopieverlust – Verweigerung – Neuverhandlung", die vom Institut für Zeitgeschichte München-Berlin und vom Historischen Seminar der LMU München getragen wird, zu humanitären NGOs in Großbritannien zwischen Ende der 1940er und Anfang der 1990er Jahre.

Dr. Jean-René Maillot:
Lehrer in der Académie de Créteil. Zu seinen Forschungsgebieten zählen die Rezeption des Nationalsozialismus in Frankreich, intellektuelle Biographien

unter der Einwirkung der zwei Weltkriege sowie die Konzentrationslager-Literatur.

Prof. Dr. Frédéric Monier:
Professor für Zeitgeschichte an der Universität Avignon und Forscher im Centre N. Elias. Er arbeitet zur französischen Geschichte zwischen 1880 und 1945. Dabei interessieren ihn vor allem Verschwörungen und Geheimnisse sowie Klientelismus und Korruption.

Julian Ostendorf:
Student der Politikwissenschaft an der Universität Potsdam, zuvor Bachelor in Geschichte und Politik an der TU Darmstadt.

Dr. Dominique Pinsolle:
Arbeitet über die Beziehungen zwischen Medien, Politik und Finanzwirtschaft in Frankreich sowie über die Geschichte der Sabotage in Europa und Nordamerika im späten 19. und 20. Jahrhundert.

Anna Rothfuss:
Promoviert an der TU Darmstadt im Rahmen des DFG-Projekts „Korruption in der Moderne" zu Korruptionsdebatten im Deutschen Kaiserreich und der Dritten französischen Republik zwischen 1870 und 1914.

Dr. Stephan Ruderer:
Projektleiter des DFG-Einzelprojekts „Politische Korruption in Argentinien und Uruguay 1860–1920" an der Universität Münster. Er hat an der Universität Heidelberg über „Vergangenheitspolitik in Chile" promoviert und danach im Exzellenzcluster „Religion und Politik" der Universität Münster über die katholische Kirche und die Militärdiktaturen in Argentinien und Chile gearbeitet.

RUBEN QUAAS

FAIR TRADE

EINE GLOBAL-LOKALE GESCHICHTE
AM BEISPIEL DES KAFFEES

Fair Trade ist in. Die zunehmende Nachfrage nach fair gehandelten Waren bewirkt, dass auch Wissenschaftsdisziplinen das Phänomen einer Moralisierung der Märkte in den Blick nehmen. An historischen Studien fehlt es aber bislang. Das Buch von Ruben Quaas zur Geschichte des Fairen Handels füllt diese Lücke. Im Vordergrund stehen dabei die handelnden Akteure – wobei bewusst die Perspektive der Produzenten im globalen Süden einbezogen wird – und der Kaffee als umsatzstärkste Fair-Trade-Ware. Ausgehend von der Entwicklung in der BRD kann der Autor zeigen, dass die Wertzuschreibungen der Waren und das Verständnis eines Fairen Handels immer von der Interpretation globaler Zusammenhänge und von lokalen Wert- und Normvorstellungen geprägt sind. Das Buch bietet den Diskussionen um Sinn und Nutzen von Fair Trade ein historisches Fundament und eröffnet so neue Perspektiven für künftige Debatten.

2015. CA. 368 S. EINIGE S/W- UND FARB. ABB. FRANZ. BR. 155 X 230 MM.
ISBN 978-3-412-22513-1

BÖHLAU VERLAG, URSULAPLATZ I, D-50668 KÖLN, T:+49 221 913 90-0
INFO@BOEHLAU-VERLAG.COM, WWW.BOEHLAU-VERLAG.COM | WIEN KÖLN WEIMAR